资产评估机构从事证券服务业务合规手册

(2024年)

中国证监会会计司
中国资产评估协会 编写

中国财经出版传媒集团
中国财政经济出版社
北京

图书在版编目（CIP）数据

资产评估机构从事证券服务业务合规手册.2024年／中国证监会会计司，中国资产评估协会编写.--北京：中国财政经济出版社，2024.5

ISBN 978－7－5223－3123－2

Ⅰ.①资… Ⅱ.①中… ②中… Ⅲ.①证券业务－中国－手册 Ⅳ.①F832.51－62

中国国家版本馆CIP数据核字（2024）第087648号

责任编辑：张晓彪　　　　　责任印制：史大鹏
封面设计：陈宇琰　　　　　责任校对：胡永立

资产评估机构从事证券服务业务合规手册（2024年）
ZICHAN PINGGU JIGOU CONGSHI ZHENGQUAN FUWU YEWU HEGUI SHOUCE （2024 NIAN）

中国财政经济出版社 出版

URL：http：//www.cfeph.cn
E－mail：cfeph@cfeph.cn

（版权所有　翻印必究）

社址：北京市海淀区阜成路甲28号　邮政编码：100142
营销中心电话：010－88191522
天猫网店：中国财政经济出版社旗舰店
网址：https：//zgczjjcbs.tmall.com
北京鑫海金澳胶印有限公司印刷　各地新华书店经销
成品尺寸：165mm×240mm　16开　18.5印张　273 000字
2024年5月第1版　2024年5月北京第1次印刷
定价：70.00元
ISBN 978－7－5223－3123－2
（图书出现印装问题，本社负责调换，电话：010－88190548）
本社图书质量投诉电话：010－88190744
打击盗版举报热线：010－88191661　QQ：2242791300

前　言

资本市场是以高质量信息披露为基础的市场。资产评估机构作为独立的第三方专业机构，能够为上市公司等市场主体提供独立、客观的价值信息和公允的价值尺度，为提高资本市场信息披露质量、保护投资者合法权益、发挥资本市场优化资源配置功能等提供基础保障，是资本市场的重要"看门人"之一。

2020年3月1日，新《证券法》正式实施，资产评估机构从事证券服务业务由审批制改为备案制。从事证券服务业务的资格放开，为更多资产评估机构进入资本市场执业提供了机遇。备案制实施以来，从事证券服务业务的资产评估机构增长较快，证券评估监管面临较大挑战。财政部、证监会为资产评估机构从事证券服务业务备案，不代表对其执业能力的认可。2023年，中国资产评估协会对未接受过财政部门或资产评估协会检查的、首次备案的证券评估机构首单证券业务开展专项检查，旨在充分发挥行业协会自律监管职能，提升资产评估行业公信力，促进资产评估行业高质量发展。

2023年2月9日，中共中央办公厅、国务院办公厅印发《关于进一步加强财会监督工作的意见》，旨在进一步加强财会监督工作，更好发挥财会监督职能作用，明确提出要构建起财政部门主责监督、有关部门依责监督、各单位内部监督、相关中介机构执业监督、行业协会自律监督的财会监督体系，资产评估机构执业监督明确作为财会监督体系的重要组成部分之一。资产评估机构要严格依法履行资产评估职责，确保独立、客观、公正、规范执业；切实加强对执业质量的把控，完善内部控制制度，建立内部风险防控机制，加强风险分类防控，提升内部管理水平，规范承揽和开展业务，建立健全事前评估、事中跟踪、事后评价管理体系，强化质量管理责任；持续提升一体化管理水平，实现人员调配、财务安排、业务承接、技术标准、信息化建设的实质性一体化管理。

2023年10月30日至31日，中央金融工作会议在北京举行。会议强调，要全面加强金融监管，有效防范化解金融风险。切实提高金融监管有效性，依法将所有金融活动全部纳入监管，全面强化机构监管、行为监管、功能监管、穿透式监管、持续监管，消除监管空白和盲区，严格执法、敢于亮剑，严厉打击非法金融活动。证券评估机构需进一步加强自身专业能力建设，不断提升证券执业质量。

2024年4月4日，国务院发布《关于加强监管防范风险推动资本市场高质量发展的若干意见》（国发〔2024〕10号，以下简称《意见》）。《意见》指出，要以习近平新时代中国特色社会主义思想为指导，全面贯彻党的二十大和二十届二中全会精神，紧紧围绕打造安全、规范、透明、开放、有活力、有韧性的资本市场，以强监管、防风险、促高质量发展为主线，更好发挥资本市场功能作用，推进金融强国建设，服务中国式现代化大局。在强监管方面，将构建全方位、立体化的资本市场监管体系，全面落实监管"长牙带刺"、有棱有角。进一步压实发行人第一责任和中介机构"看门人"责任，建立中介机构"黑名单"制度。

资本市场利益格局日趋复杂，社会诚信环境有待改善，公司业务模式复杂多变，跨境经营更加普遍，部分公司造假动机依然强烈，第三方配合造假追责困难，证券执业风险相对较高。在全面注册制改革下，对资产评估机构等中介机构的责任要求和能力

前 言

要求与日俱增。《证券法》《刑法修正案（十二）》等法律的修订出台进一步压实了资产评估等中介机构资本市场"看门人"的法律职责，加大了行政责任、民事责任和刑事责任的追究力度，大幅提升了资产评估机构未勤勉尽责的违法违规成本。为加强对资产评估机构从事证券服务业务的警示和指引，帮助已备案或拟进入证券评估市场的资产评估机构了解其在内部管理和承接相关证券评估业务时应履行的责任和义务、应当承担的业务风险和法律风险，引导其增强合规意识、规范执业行为，中国证监会会计司会同中国资产评估协会组织有关行业专家编写了《资产评估机构从事证券服务业务合规手册》（以下简称《合规手册》）。本手册阐明了证券评估市场执业的总体原则，概述了有关监管体系框架，介绍了从事证券服务业务的有关特别规定和质量管理要求，列举了违反证券评估市场有关规定的法律责任和相关案例。希望通过本手册为资产评估机构从事证券服务业务提供有益指导和借鉴，进入资本市场执业的资产评估机构要树立"质量为先"的发展理念，强化风险评估，承接与自身专业胜任能力相匹配的证券服务业务，严格遵守执业准则，恪守职业道德，勤勉尽责，公正执业，共同维护资本市场规范、有序发展。

本次《合规手册》的修订，充分考虑了上版之后制度规则的变化，更新了资产评估机构从事证券服务业务的有关规定及典型案例等，并同步更新了法律法规制度清单。修订过程中，北京中企华资产评估有限责任公司、中联资产评估集团有限公司、安永资产评估（上海）有限公司、北京天健兴业资产评估有限公司承担了大量基础性工作，在此一并表示感谢！《合规手册》相关内容基于网站公开信息整理，部分法律法规可能已修订或正在更新，我们将在后续适时予以更新。由于编写时间较紧，相关内容难免存在错误和疏漏，在执行中请以相关部门正式文件为准。

目　　录

1. 总体原则 ··· 1
2. 监管框架 ··· 3
   2.1 证券评估市场行政监管 ·· 3
       2.1.1 监管体系 ··· 3
       2.1.2 近五年处理处罚情况 ··································· 5
   2.2 证券评估市场自律监管 ·· 6
       2.2.1 监管体系 ··· 6
       2.2.2 近五年监管情况 ··· 7
3. 从事证券服务业务的特别规定 ······································· 9
   3.1 一般规定 ·· 9
       3.1.1 证券评估业务 ·· 9
       3.1.2 组织形式 ··· 9
       3.1.3 备案要求 ··· 9
       3.1.4 勤勉尽责及相关声明 ·································· 10
       3.1.5 配合监管 ·· 19
       3.1.6 文件保管 ·· 20
       3.1.7 保守秘密 ·· 20
       3.1.8 禁止性规定 ··· 21
       3.1.9 出具报告及资产评估相关信息的披露 ············ 22

3.2 特殊规定 ······ 73
3.2.1 交易类证券评估业务 ······ 73
3.2.2 财报类证券评估业务 ······ 94
3.2.3 基础设施公募REITs类证券评估业务 ······ 106

4. 从事证券服务业务对质量控制和内部管理的特殊要求 ······ 115
4.1 总体要求 ······ 115
4.2 具体规定 ······ 116
4.2.1 质量控制体系建设 ······ 116
4.2.2 内部管理制度建设 ······ 122
4.2.3 职业风险防范机制 ······ 125
4.2.4 职业道德有关要求 ······ 126

5. 法律责任与重要案例介绍 ······ 129
5.1 行政处罚类 ······ 129
5.1.1 行政处罚规定 ······ 129
5.1.2 行政处罚案例介绍 ······ 132
5.2 行政监管措施类 ······ 132
5.2.1 行政监管措施规定 ······ 132
5.2.2 行政监管措施案例介绍 ······ 133
5.3 自律监管类 ······ 134
5.3.1 自律监管规定 ······ 134
5.3.2 自律监管案例介绍 ······ 135
5.4 民事赔偿类 ······ 135
5.4.1 民事赔偿责任规定 ······ 135
5.4.2 民事赔偿案例介绍 ······ 136
5.5 刑事处罚类 ······ 136
5.5.1 刑事责任规定 ······ 136
5.5.2 刑事处罚案例介绍 ······ 137

附录1　相关案例介绍 ······ **138**

1-1　行政处罚相关案例 ······ **138**

1-1-1　交易类相关案例（2023年）······ **138**

1-1-2　交易类相关案例（2021年）······ **142**

1-1-3　财报类相关案例（2023年）······ **149**

1-1-4　财报类相关案例（2022年）······ **158**

1-1-5　其他类相关案例（2021年）······ **161**

1-1-6　财政部相关案例（2023年）······ **162**

1-1-7　财政部相关案例（2023年）······ **164**

1-2　行政监管措施相关案例 ······ **166**

1-2-1　交易类相关案例（2023年）······ **166**

1-2-2　交易类相关案例（2022年）······ **168**

1-2-3　交易类相关案例（2021年）······ **171**

1-2-4　财报类相关案例（2023年）······ **173**

1-2-5　财报类相关案例（2022年）······ **176**

1-2-6　财报类相关案例（2020年）······ **178**

1-2-7　其他类相关案例（2023年）······ **180**

1-2-8　其他类相关案例（2023年）······ **183**

1-2-9　其他类相关案例（2023年）······ **187**

1-3　自律监管相关案例 ······ **188**

1-3-1　上交所纪律处分案例（2022年）······ **188**

1-3-2　上交所监管措施案例（2021年）······ **191**

1-3-3　深交所监管措施案例（2023年）······ **194**

1-3-4　深交所监管措施案例（2022年）······ **195**

1-3-5　中评协自律惩戒案例（2023年）······ **196**

1-3-6　中评协自律惩戒案例（2023年）······ **198**

1-4　民事赔偿相关案例 ······ **199**

附录 2　财政部近两年资产评估行业联合检查公告 …………… **214**

　　2-1　财政部关于 2021 年度资产评估机构联合检查
　　　　情况的公告 ………………………………………… 214

　　2-2　财政部关于 2022 年度资产评估行业联合检查
　　　　情况的公告 ………………………………………… 216

附录 3　证监会近两年证券资产评估市场分析报告 …………… **219**

　　3-1　2021 年度证券资产评估市场分析报告 …………… 219

　　3-2　2022 年度证券资产评估市场分析报告 …………… 229

附录 4　法律法规制度一览表 ……………………………………… **248**

1. 总体原则

证券市场是充分竞争、信息高度公开透明的市场。证券市场各参与方必须严格遵守法律法规，严格遵循证券市场的基本原则。资产评估机构是证券市场重要的专业服务机构之一，对保障上市公司等市场主体的信息披露质量发挥着重要作用，是证券市场的重要"看门人"之一。资产评估机构从事证券服务业务应当遵循证券市场的基本原则，接受证券监督管理机构等相关部门的监督管理。

原则1：公开、公平、公正

证券的发行、交易活动，必须遵循公开、公平、公正的原则。

来源：

《证券法》第三条；

《期货和衍生品法》第六条。

原则2：自愿、有偿、诚实信用

证券市场各方具有平等的法律地位，应当遵循自愿、有偿、诚实信用的原则。

来源：

《证券法》第四条；

《期货和衍生品法》第七条。

原则 3：禁止欺诈、内幕交易和操纵市场的行为

证券市场各方必须遵守法律、行政法规，禁止欺诈、内幕交易和操纵市场的行为。

来源：

《证券法》第五条；

《期货和衍生品法》第六条。

原则 4：勤勉尽责、恪尽职守

会计师事务所、律师事务所以及从事证券投资咨询、资产评估、资信评级、财务顾问、信息技术系统服务的机构均属于证券服务机构。证券服务机构从事证券服务业务，应当勤勉尽责、恪尽职守，按照相关业务规则为证券的发行、上市、挂牌、交易及其他相关活动提供服务。

来源：

《证券法》第一百六十条；

《期货和衍生品法》第九十八条。

2. 监管框架

证监会、财政部依据《证券法》《资产评估法》等对资产评估机构从事证券服务业务实施行政监督管理，证券交易场所、中国资产评估协会（简称中评协）等自律组织，分别在证监会和财政部的监督和指导下，依据法律法规、自律组织章程、业务规则、资产评估准则等，对资产评估机构从事证券服务业务实施自律管理。

2.1 证券评估市场行政监管

2.1.1 监管体系
2.1.1.1 证监会监管体系

证监会依照法律法规和国务院授权，对资产评估机构从事证券服务业务实行监督管理。证监会会计司、各派出机构、会内相关司局等共同构建了包括备案管理、日常监管、监督检查、稽查执法等在内的资产评估机构从事证券服务业务综合监管体系。其中，证监会会计司作为证券市场评估监管的主管部门，负责统筹规划、组织协调、督促指导全系统评估监管工作，制定并解释相关监管制度与规则，组织开展监督检查等工作，依法对资产评估机构采取监管措施，建立完善监管信息系统等；各派出机构受证监会垂直领导，负责辖区一线评估监管工作，对辖区内从事证券服务业务的资产评估机构进行监督管理，根据实际情况和有关安排开展对资产评估机构的备案管理、监督检查、执法调查等工作，依法对资产评估机构采取处理处罚措施；会内相关司局包括发行司、公众司、上市司、期货司、稽查局、行政处罚委、国际司、债券司等部门，根据各自监管职责，开展相应业务条线的评估监管工作，其中稽查部门负责统筹评估违法违规行为的立案和调查，行政处罚委负责统筹审理调查完毕的案件，拟定行政处罚意见。

在综合监管体系下，证监会各司局、各派出机构各司其职，分工协作，确保对资产评估机构的日常监管、线索发现、检查调查、审理处罚等监管顺畅高效。如图1所示。

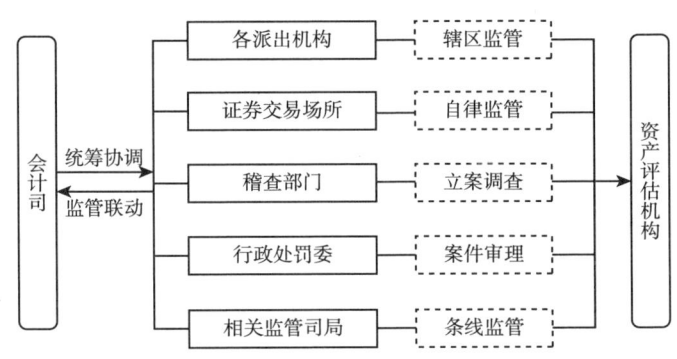

图1 证监会监管流程图

2.1.1.2 财政部监管体系

财政部负责全国资产评估行业的行政管理。财政部依照法律法规要求，制定有关监督管理办法和资产评估基本准则，对资产评估机构从事证券服务业务实施监督管理，并负责监督检查资产评估机构从事证券服务业务情况。其中，资产管理司承担资产评估管理有关工作，监督评价局承担监督检查资产评估行业执业质量有关工作。财政部监督评价局与中评协建立了资产评估行业联合监管工作机制，将财政部门的行政监管和行业自律监管有机结合。在对从事证券服务业务的资产评估机构开展年度执业质量联合检查时，财政部监督评价局和中评协对检查发现的问题进行联合审理，并分别作出行政处罚和行业自律惩戒，实行"一查双罚"。

2.1.2 近五年处理处罚情况

2.1.2.1 证监会处理处罚情况

近年来，证监会坚持"建制度、不干预、零容忍"的方针，不断加强事中事后监管，加大监督检查和稽查执法力度，从严打击评估违法违规行为，净化证券评估市场生态。2019年，证券监管部门对3家资产评估机构及其资产评估师进行了3家次、8人次的行政处罚；2021年，证券监管部门对3家资产评估机构及其资产评估师进行了3家次、4人次的行政处罚；2022年，证券监管部门对1家资产评估机构及资产评估师进行了1家次、2人次的行政处罚；2023年，证券监管部门对3家资产评估机构及资产评估师进行了3家次、7人次的行政处罚。除行政处罚外，2019年至2023年，证券监管部门还对资产评估机构及资产评估师采取了责令改正、监管谈话、出具警示函等行政监管措施，具体情况如图2所示。

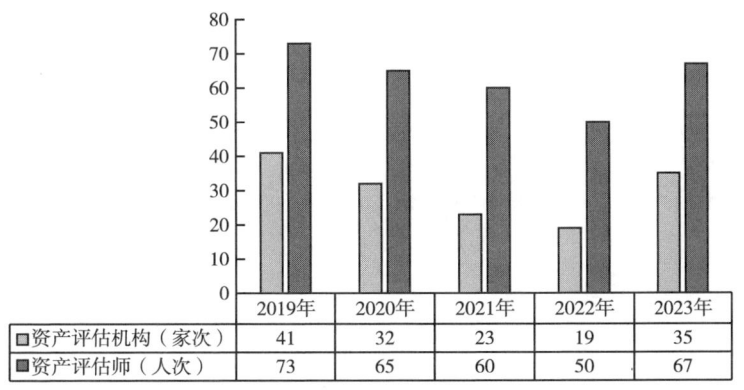

图2 2019—2023年证券监管部门采取行政监管措施情况

2.1.2.2 财政部处理处罚情况

按照"双随机、一公开"的要求，2019年，财政部监督评价局、中评协在共同协商的基础上，采取随机的方式分别抽选10家和5家从事证券服务业务的资产评估机构进行监督检查，并组织28家监管局对从事证券服务业务的资产评估机构开展专项检查；2020年，在排除2018年以来接受证监会、财政部和中评协全面检查的资产评估机构后，随机抽选了2家从事证券服务业务的资产评估机构开展行政检查；2021年，财政部监督评价局与中评协联合组织7家财政部监管局对15家证券评估机构进行检查；2022年，组织5个联合检查组对8家证券评估机构进行检查；2023年，组织7个联合检查组对15家证券评估机构进行检查。

2020年，财政部公告2019年行政检查结果，对1家资产评估机构及其1名资产评估师予以行政处罚；2021年，财政部对2018年度执业质量检查中发现的问题进行了处理，对2名资产评估师予以行政处罚；2022年，财政部对2021年度资产评估机构联合检查中发现的问题进行了处理，对1家资产评估机构和4名资产评估师予以行政处罚；2023年，财政部对2022年度资产评估机构联合检查中发现的问题进行了处理，对2家资产评估机构和4名资产评估师予以行政处罚；2023年，财政部对2023年度资产评估机构联合检查中发现的问题进行了处理，对4家资产评估机构和7名资产评估师予以行政处罚。

2.2 证券评估市场自律监管

2.2.1 监管体系
2.2.1.1 证券交易场所监管体系

证券交易场所包括上海证券交易所（简称上交所）、深圳证券交易所（简称深交所）、北京证券交易所（简称北交所）、全国中小企业股份转让系统有限责任公司（简称全国股转公司），受证监会监督和管理，以《证券法》等法律法规为核心，以证监会发布的规章制度为框架，通过不断完善自律规则等，对资产评估机构为证券发行、上市、挂牌、重大资产重组、资产交易等提供服务的行为进行自律监管。证券交易场所已初步形成包含发行上市（挂牌）、持续监管、退市监管在内的资本市场"全链条"资产评估监管体系。由公司监管部门和评估监管部门分工协作，以问询函、风险提示函、约谈等方式开展资产评估监管；对于涉及监管措施和纪律处分的重大事项，提交纪律处分委员会表决，并据结果实施自律监管措施和纪律处分。

2.2.1.2　中评协监管体系

中评协接受财政部的业务指导和监督，承担着《资产评估法》赋予的法定职责和协会章程赋予的行业自律管理职责，通过建立和完善行业自律监管体制机制，制定资产评估执业准则和职业道德准则并组织实施，对资产评估机构和资产评估专业人员执业行为予以规范，并定期对从事证券服务业务的资产评估机构出具的资产评估报告进行检查。对自律检查中发现的问题，由中评协惩戒委员会审议，根据自律监管规定对相关资产评估机构和资产评估专业人员进行自律惩戒。

2.2.2　近五年监管情况

2.2.2.1　证券交易场所监管情况

根据自律规则相关规定，证券交易场所对资产评估机构和资产评估师实施的纪律处分主要包括：通报批评、公开谴责、暂不受理专业机构或者其从业人员出具的相关业务文件、收取惩罚性违约金等；自律监管措施主要包括：口头警示、书面警示、约见谈话、要求中介机构或者要求聘请中介机构核查并发表意见、公开致歉、暂停受理或者办理相关业务等。2019 年至 2023 年，上交所和深交所对资产评估机构及资产评估师采取纪律处分和自律监管措施总计9次,其中5次监管警示,2次通报批评,2次公开谴责。

2.2.2.2 中评协监管情况

中评协按照"双随机、一公开"的检查原则,定期对从事证券服务业务的资产评估机构执业质量开展自律检查。根据自律监管相关规定,对资产评估机构及资产评估专业人员实施的自律惩戒主要包括:警告、严重警告、通报批评、公开谴责、取消会员资格。2019年至2023年,中评协对资产评估机构及资产评估师实施行业自律惩戒情况如图3所示。

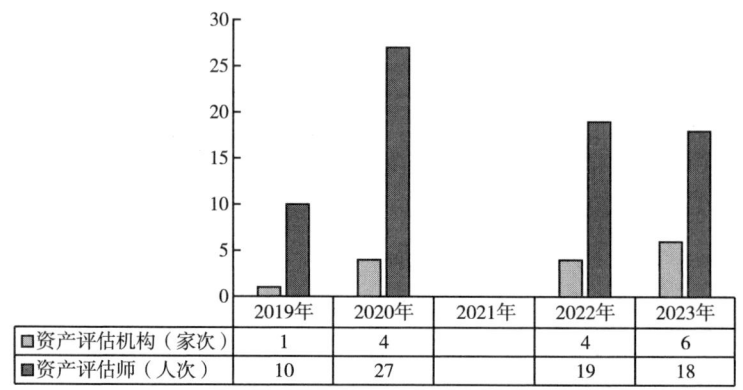

图3 2019—2023年中评协实施行业自律惩戒情况

3. 从事证券服务业务的特别规定

3.1 一般规定

3.1.1 证券评估业务

资产评估机构为证券发行、上市、挂牌、交易的主体及其控制的主体、并购标的等制作、出具资产评估报告,为证券公司及其资产管理产品制作、出具资产评估报告,以及证监会和财政部规定的其他业务,属于证券服务业务。

来源:

《证券服务机构从事证券服务业务备案管理规定》;

《资产评估机构从事证券服务业务备案办法》。

3.1.2 组织形式

从事证券服务业务的资产评估机构应当依法采用合伙或者公司形式。

来源:

《资产评估法》第十五条。

3.1.3 备案要求

资产评估机构从事证券服务业务,应当向证监会和财政部备案，并保证备案信息的真实、准确、完整、及时。资产评估机构从事证券服务业务备案需通过证监会会计师事务所与资产评估机构备案系统或资产评估机构备案信息管理系统填报备案信息，并应进行首次从事证券服务业务备案、重大事项备案、年度备案等。证监会和财政部通过网站等方式公告备案资产评估机构名单及相关基本信息。为资产评估机构从事证券服务业务备案，不代表对其从事证券服务业务执业能力的认可。

来源：

《证券法》第一百六十条；

《证券服务机构从事证券服务业务备案管理规定》；

《资产评估机构从事证券服务业务备案办法》。

3.1.4 勤勉尽责及相关声明

资产评估机构及其资产评估师必须严格遵守法律法规、监管规则、业务规则和行业公认的业务标准和道德规范，诚实守信，勤勉尽责，保护投资者合法权益，审慎履行职责，作出专业判断与认定，对所依据的文件资料内容的真实性、准确性、完整性进行核查和验证，对招股说明书或其他信息披露文件中与其专业职责有关的内容及其所出具文件的真实性、准确性、完整性负责，对与其专业相关的业务事项履行特别注意义务，对其他业务事项履行普通注意义务，并承担相应法律责任。

3.1.4.1 IPO 评估

为在上交所、深交所 IPO 的公司承担评估业务的资产评估机构通常应在招股说明书正文后作出如下声明：

本机构及签字资产评估师已阅读招股说明书，确认招股说明书与本机构出具的资产评估报告无矛盾之处。本机构及签字资产评估师对发行人在招股说明书中引用的资产评估报告的内容无异议，确认招股说明书不致因上述内容而出现虚假记载、误导性陈述或重大遗漏，并承担相应的法律责任。

声明应由签字资产评估师及所在资产评估机构负责人签名，并由资产评估机构加盖公章。通常申请文件中有关人员签名下方应以印刷体形式注明其姓名，并由签名人亲笔签名，不得以名章、签名章等代替。

证监会作出予以注册决定后、发行人股票上市交易前，保荐人以及证券服务机构应当持续履行尽职调查职责。

来源：

《首次公开发行股票注册管理办法》；

《公开发行证券的公司信息披露内容与格式准则第57号——招股说明书》；

《公开发行证券的公司信息披露内容与格式准则第58号——首次公开发行股票并上市申请文件》。

3.1.4.2　北交所公开发行股票评估

为在北交所公开发行股票的公司承担评估业务的资产评估机构通常应在招股说明书正文后作出如下声明：

本机构及签字资产评估师已阅读招股说明书，确认招股说明书与本机构出具的资产评估报告无矛盾之处。本机构及签字资产评估师对发行人在招股说明书中引用的资产评估报告的内容无异议，确认招股说明书不致因上述内容而出现虚假记载、误导性陈述或重大遗漏，并对其真实性、准确性、完整性承担相应的法律责任。

声明应由签字资产评估师及所在资产评估机构负责人签名，并由资产评估机构加盖公章。通常申请文件中有关人员签名下方应以印刷体形式注明其姓名，并由签名人亲笔签名，不得以名章、签名章等代替。

证监会作出予以注册决定后、发行人股票上市交易前，保荐人以及证券服务机构应当持续履行尽职调查责任。

来源：

《北京证券交易所向不特定合格投资者公开发行股票注册管理办法》；

《公开发行证券的公司信息披露内容与格式准则第 46 号——北京证券交易所公司招股说明书》；

《公开发行证券的公司信息披露内容与格式准则第 47 号——向不特定合格投资者公开发行股票并在北京证券交易所上市申请文件》。

3.1.4.3　转板上市评估

北交所上市公司向上交所科创板或深交所创业板转板上市的，为转板上市的公司承担评估业务的资产评估机构应在转板上市报告书正文后按规定作出如下声明：

本机构及签字资产评估师已阅读转板上市报告书，确认转板上市报告书与本机构出具的资产评估报告无矛盾之处。本机构及签字资产评估师对转板公司在转板上市报告书中引用的资产评估报告的内容无异议，确认转板上市报告书不致因上述内容而出现虚假记载、误导性陈述或重大遗漏，并对其真实性、准确性、完整性承担相应的法律责任。

声明应由签字资产评估师及所在资产评估机构负责人签名，并由资产评估机构加盖公章。通常申请文件的原始纸质文件所有需要签名处，应载明签名字样的印刷体，并由签名人亲笔签名，不得以名章、签名章等代替。

来源：

《中国证监会关于北京证券交易所上市公司转板的指导意见》；

《北京证券交易所上市公司向上海证券交易所科创板转板办法（试行）》；

《上海证券交易所科创板发行上市审核规则适用指引第 3 号——转板上市申请文件》；

《上海证券交易所科创板发行上市审核规则适用指引第 4 号——转板上市报告书内容与格式》；

《深圳证券交易所关于北京证券交易所上市公司向创业板转板办法（试行）》；

《深圳证券交易所创业板发行上市审核业务指引第 3 号——全国中小企业股份转让系统挂牌公司向创业板转板上市报告书内容与格式》；

《深圳证券交易所创业板发行上市审核业务指引第 4 号——全国中小企业股份转让系统挂牌公司向创业板转板上市申请文件》。

3.1.4.4　股转系统公开转让评估

为股转系统申请挂牌公司股票公开转让提供评估服务的资产评估机构应在公开转让说明书正文后按规定作出如下声明：

本机构及签字资产评估师已阅读公开转让说明书，确认公开转让说明书与本机构出具的资产评估报告无矛盾之处。本机构及经办人员对申请挂牌公司在公开转让说明书中引用的专业报告的内容无异议，确认公开转让说明书不致因上述内容而出现虚假记载、误导性陈述或者重大遗漏，并对其真实性、准确性和完整性承担相应的法律责任。

声明应由经办人员及所在机构负责人签名，并由机构加盖公章。通常申请文件所有需要签名处，应载明签名字样的印刷体，并由签名人亲笔签名，不得以名章、签名章等代替。

来源：

《非上市公众公司监督管理办法》；

《非上市公众公司信息披露管理办法》；

《非上市公众公司信息披露内容与格式准则第 1 号——公开转让说明书》；

《非上市公众公司信息披露内容与格式准则第 2 号——公开转让股票申请文件》。

3.1.4.5 再融资评估

3.1.4.5.1 上市公司

上市公司再融资主要包括上市公司向不特定合格投资者公开发行股票、向特定对象发行股票、向特定对象发行可转换公司债券和向特定对象发行优先股等。

承担评估业务的资产评估机构通常应在募集说明书正文后作出如下声明：

本机构及签字资产评估师已阅读募集说明书，确认募集说明书与本机构出具的评估报告不存在矛盾。本机构及签字资产评估师对发行人在募集说明书中引用的评估报告的内容无异议，确认募集说明书不因引用上述内容而出现虚假记载、误导性陈述或重大遗漏，并对其真实性、准确性和完整性承担相应的法律责任。

声明应由签字的资产评估师及单位负责人签名，并由资产评估机构加盖公章。通常上市公司募集说明书所有需要签名处，应载明签名字样的印刷体，并由签名人亲笔签名，不得以名章、签名章等代替。

证监会作出予以注册决定后、上市公司证券上市交易前，保荐人以及证券服务机构应当持续履行尽职调查职责。

来源：

《上市公司信息披露管理办法》；

《上市公司证券发行注册管理办法》；

《北京证券交易所上市公司证券发行注册管理办法》；

《公开发行证券的公司信息披露内容与格式准则第 32 号——发行优先股申请文件》；

《公开发行证券的公司信息披露内容与格式准则第 34 号——发行优先股募集说明书》；

《公开发行证券的公司信息披露内容与格式准则第 48 号——北京证券交易所上市公司向不特定合格投资者公开发行股票募集

说明书》；

《公开发行证券的公司信息披露内容与格式准则第 49 号——北京证券交易所上市公司向特定对象发行股票募集说明书和发行情况报告书》；

《公开发行证券的公司信息披露内容与格式准则第 50 号——北京证券交易所上市公司向特定对象发行可转换公司债券募集说明书和发行情况报告书》；

《公开发行证券的公司信息披露内容与格式准则第 51 号——北京证券交易所上市公司向特定对象发行优先股募集说明书和发行情况报告书》；

《公开发行证券的公司信息披露内容与格式准则第 52 号——北京证券交易所上市公司发行证券申请文件》；

《公开发行证券的公司信息披露内容与格式准则第 59 号——上市公司发行证券申请文件》；

《公开发行证券的公司信息披露内容与格式准则第 60 号——上市公司向不特定对象发行证券募集说明书》；

《公开发行证券的公司信息披露内容与格式准则第 61 号——上市公司向特定对象发行证券募集说明书和发行情况报告书》。

3.1.4.5.2 非上市公众公司

非上市公众公司再融资主要包括非上市公众公司定向发行股票、定向发行优先股和定向发行可转换公司债券等。

从事证券服务业务的资产评估机构通常应在发行说明书正文后按规定作出如下声明：

本机构及签字资产评估师已阅读发行说明书，确认发行说明书与本机构出具的资产评估报告无矛盾之处。本机构及经办人员对申请人在发行说明书中引用的专业报告的内容无异议，确认发行说明书不致因上述内容而出现虚假记载、误导性陈述或重大遗漏，并对其真实性、准确性和完整性承担相应的法律责任。

声明应由经办人员及所在机构负责人签名，并由机构加盖公章。通常申请文件所有需要签名处，应载明签名字样的印刷体，并由签名人亲笔签名，不得以名章、签名章等代替。

来源：

《非上市公众公司信息披露管理办法》；

《非上市公众公司信息披露内容与格式准则第 3 号——定向发行说明书和发行情况报告书》；

《非上市公众公司信息披露内容与格式准则第 4 号——定向发行申请文件》；

《非上市公众公司信息披露内容与格式准则第 7 号——定向发行优先股说明书和发行情况报告书》；

《非上市公众公司信息披露内容与格式准则第 8 号——定向发行优先股申请文件》；

《非上市公众公司信息披露内容与格式准则第 18 号——定向发行可转换公司债券说明书和发行情况报告书》；

《非上市公众公司信息披露内容与格式准则第 19 号——定向发行可转换公司债券发行申请文件》。

3.1.4.6　重大资产重组评估

3.1.4.6.1　上市公司

为上市公司重大资产重组提供服务的资产评估机构通常应在重组报告书正文后作出如下声明：

本机构及签字资产评估师已阅读重大资产重组报告书，确认重大资产重组报告书与本机构出具的资产评估报告无矛盾之处。本机构及经办人员对上市公司在重大资产重组报告书中引用的专业报告的内容无异议，确认重大资产重组报告书不致因上述内容而出现虚假记载、误导性陈述或重大遗漏，并对其真实性、准确性和完整性承担相应的法律责任。

声明应当由经办人员及所在机构负责人签名，并由机构加盖公章。通常申请文件的原始纸质文件所有需要签名处，均应载明签名字样的印刷体，并由签名人亲笔签名，不得以名章、签名章等代替。

来源：

《上市公司信息披露管理办法》；

《上市公司重大资产重组管理办法》；

《公开发行证券的公司信息披露内容与格式准则第26号——上市公司重大资产重组》；

《公开发行证券的公司信息披露内容与格式准则第56号——北京证券交易所上市公司重大资产重组》。

3.1.4.6.2　非上市公众公司

为非上市公众公司重大资产重组提供评估服务的资产评估机构通常应在重组报告书正文后作出如下声明：

本机构及签字资产评估师已阅读重大资产重组报告书，确认重大资产重组报告书与本机构出具的资产评估报告无矛盾之处。本机构及经办人员对公众公司在重大资产重组报告书中引用的专业报告的内容无异议，确认重大资产重组报告书不致因上述内容而出现虚假记载、误导性陈述或重大遗漏，并对其真实性、准确性和完整性承担相应的法律责任。

声明应由经办人员及所在机构负责人签名，并由机构加盖公章。申请文件所有需要签名处，均应为签名人亲笔签名，不得以名章、签名章等代替。

来源：

《非上市公众公司信息披露管理办法》；

《非上市公众公司重大资产重组管理办法》；

《非上市公众公司信息披露内容与格式准则第6号——重大资产重组报告书》。

3.1.4.7　上市公司收购评估

为上市公司收购出具资产评估报告的证券服务机构及其从业人员，应当遵守法律、行政法规、证监会的有关规定，以及证券交易所的相关规则，遵循本行业公认的业务标准和道德规范，诚实守信，勤勉尽责，对其所制作、出具文件的真实性、准确性和完整性承担责任。

来源：

《上市公司信息披露管理办法》；

《上市公司收购管理办法》；

《公开发行证券的公司信息披露内容与格式准则第 16 号——上市公司收购报告书》。

3.1.4.8　发行公司债券评估

资产评估机构应当确认公司债券募集说明书所引用内容与其就本期债券发行出具的相关意见不存在矛盾，对所引用的内容无异议，并对所确认的债券募集说明书引用内容承担相应法律责任。以上交所公司债券发行上市审核规则为例，承担资产评估业务（如有）的机构应在募集说明书正文后作出如下声明：

本机构及签字的资产评估人员已阅读募集说明书及其摘要，确认募集说明书及其摘要与本机构出具的报告不存在矛盾。本机构及签字的资产评估人员对发行人在募集说明书及其摘要中引用的报告的内容无异议，确认募集说明书及其摘要不致因所引用内容而出现虚假记载、误导性陈述或重大遗漏，并对其真实性、准确性和完整性承担相应的法律责任。

声明应由签字的资产评估人员及单位负责人签名，并由资产评估机构加盖公章。公开发行公司债券申请文件信息披露准则规定，申请文件的原始纸质文件所有需要签名处，应载明签名字样的印刷体，并由签名人亲笔签名，不得以名章、签名章等代替。

来源：

《公司债券发行与交易管理办法》；

《公司信用类债券信息披露管理办法》；

《公开发行证券的公司信息披露内容与格式准则第 24 号——公开发行公司债券申请文件》。

3.1.4.9　财报目的评估

财报目的评估业务主要包括资产公允价值评估、资产减值测试涉及的评估、合并对价分摊事项涉及的评估等。目前关于财报目的证券评估业务的相关规定主要针对商誉减值测试。《会计监管风险提示第 8 号——商誉减值》指出，资产评估机构及其从业人员应按照相关法律法规、资产评估准则及依法制定的其他业务规则勤勉执业。

来源：

《会计监管风险提示第 8 号——商誉减值》。

3.1.5　配合监管

证监会依法对资产评估机构进行监督检查或者调查，被检查、调查的单位和个人应当配合，如实提供有关文件和资料，不得拒绝、阻碍和隐瞒。

证监会对资产评估机构出具的文件的真实性、准确性、完整性有疑义的，可以要求资产评估机构作出解释、补充，并调阅其工作底稿。

资产评估机构及其执业人员应当配合证监会的监督管理，在规定的期限内提供、报送或披露相关资料、信息，并保证其提供、报送或披露的资料、信息真实、准确、完整，不得有虚假记载、误导性陈述或者重大遗漏。

来源：

《证券法》第一百七十三条；

《期货和衍生品法》第一百零九条；

《上市公司信息披露管理办法》；

《首次公开发行股票注册管理办法》；

《上市公司证券发行注册管理办法》；

《北京证券交易所向不特定合格投资者公开发行股票注册管理办法》；

《北京证券交易所上市公司证券发行注册管理办法》；

《非上市公众公司监督管理办法》；

《非上市公众公司信息披露管理办法》；

《公司债券发行与交易管理办法》。

3.1.6 文件保管

资产评估机构应当妥善保存客户委托文件、核查和验证资料、工作底稿以及与质量管理、内部管理、业务经营有关的信息和资料，任何人不得泄露、隐匿、伪造、篡改或者毁损。上述信息和资料的保存期限不得少于 10 年，至业务委托结束之日起算。而根据《资产评估法》的规定，评估档案的保存期限不少于 15 年，法定评估业务的保存期限不少于 30 年。

来源：

《证券法》第一百六十二条；

《期货和衍生品法》第一百一十七条；

《资产评估法》第二十九条；

《上市公司信息披露管理办法》。

3.1.7 保守秘密

资产评估机构及其工作人员从事证券服务业务，涉及保密事项的，应与委托人签署保密协议；依法为投资者的信息保密，不得非法买卖、提供或者公开投资者的信息，不得泄露所知悉的商业秘密；在发行证券的信息依法公开前，不得公开或者泄露该信息；对所知悉的重大资产重组信息在依法披露前负有保密义务，禁止利用该信息进行内幕交易。《资产评估法》规定，资产评估专业人员应当对评估活动中知悉的国家秘密、商业秘密和个人隐私予以保密。

来源：

《证券法》第二十三条、第四十一条；

《资产评估法》第十三条；

《期货和衍生品法》第五十五条；

《上市公司重大资产重组管理办法》。

3.1.8 禁止性规定

3.1.8.1 内幕交易及利用未公开信息交易

禁止证券交易内幕信息的知情人和非法获取内幕信息的人利用内幕信息从事证券交易活动。证券交易内幕信息的知情人和非法获取内幕信息的人，在内幕信息公开前，不得买卖该公司的证券，或者泄露该信息，或者建议他人买卖该证券。

禁止资产评估机构及其工作人员，利用因职务便利获取的内幕信息以外的其他未公开的信息，违反规定，从事与该信息相关的证券交易活动，或者明示、暗示他人从事相关交易活动。

为证券发行出具资产评估报告的资产评估机构及其工作人员，在该证券承销期内和期满后六个月内，不得买卖该证券。为发行人及其控股股东、实际控制人，或者收购人、重大资产交易方出具资产评估报告的资产评估机构及其工作人员，自接受委托之日与实际开展工作之日孰早之日起至上述文件公开后五日内，不得买卖该证券。

法律、行政法规规定禁止参与股票交易的人员，在任期或者法定限期内，不得直接或者以化名、借他人名义持有、买卖股票或者其他具有股权性质的证券，也不得收受他人赠送的股票或者其他具有股权性质的证券。在成为上述人员时，其原已持有的股票或者其他具有股权性质的证券，必须依法转让。

来源：

《证券法》第四十条、第四十二条、第五十条、第五十三条、第五十四条；

《期货和衍生品法》第十三条。

3.1.8.2 操纵、扰乱证券市场

禁止任何人以单独或者通过合谋集中资金优势、持股优势或者利用信息优势联合或者连续买卖，与他人串通以事先约定的时间、价格和方式相互进行证券交易等手段操纵证券市场，影响或者意图影响证券交易价格或者证券交易量。禁止任何单位和个人编造、传播虚假信息或者误导性信息，扰乱证券市场。禁止资产评估机构及其从业人员，在证券交易活动中作出虚假陈述或者信息误导。

来源：

《证券法》第五十五条、第五十六条；

《期货和衍生品法》第十二条。

3.1.9 出具报告及资产评估相关信息的披露

为证券发行出具有关文件的证券服务机构和人员，应当按照行业公认的业务标准和道德规范，严格履行法定职责，并对其所出具文件的真实性、准确性和完整性负责。资产评估机构从事证券评估业务，应当根据资本市场信息披露规定，按照各类业务申请文件的需求，提供相应的报告及函件，及时依法履行信息披露义务，并承担相应法律责任。披露的信息应当真实、准确、完整，简明清晰、通俗易懂，不得有虚假记载、误导性陈述或者重大遗漏。

IPO、北交所公开发行股票、转板上市、股转系统公开转让、再融资、重大资产重组、上市公司收购、发行公司债券、财报目的、重大合同和重大交易等相关业务出具的资产评估报告及相关信息披露分别适用以下规定。涉及境内企业境外发行证券和上市评估的适用相关规则。

3.1.9.1 IPO 评估

在上交所、深交所 IPO 需要披露的资产评估报告及有关信息披露要求主要如下：

3.1.9.1.1 资产评估报告及补充专业意见

（1）资产评估报告（如有）

首次公开发行股票并上市申请文件目录包括发行人设立时和最近三年及一期的资产评估报告，发行人运用本次发行募集资金拟收购资产（或股权）的资产评估报告。

（2）补充专业意见（如有）

发行人应根据交易所对申请文件的问询及证监会对申请文件的反馈问题补充、修改材料。保荐人和相关证券服务机构应对相关问题进行尽职调查并补充出具专业意见。

证监会和交易所可以对发行人进行现场检查，可以要求保荐人、证券服务机构对有关事项进行专项核查并出具意见。

3.1.9.1.2 其他信息披露要求

①自注册申请文件申报之日起，发行人及其控股股东、实际控制人、董事、监事、高级管理人员，以及与本次股票公开发行并上市相关的保荐人、证券服务机构及相关责任人员，即承担相应法律责任，并承诺不得影响或干扰发行上市审核注册工作。

②注册申请文件受理后，未经证监会或者交易所同意，不得改动。发生重大事项的，发行人、保荐人、证券服务机构应及时向交易所报告，并按要求更新注册申请文件和信息披露资料。

③证券服务机构出具的文件应作为招股说明书的附件。发行

人在发行股票前应在交易所网站和符合证监会规定条件的报刊、依法开办的网站全文刊登招股说明书，同时在符合证监会规定条件的报刊刊登提示性公告，告知投资者网上刊登的地址及获取文件的途径。发行人可以将招股说明书以及有关附件刊登于其他网站，但披露内容应完全一致，且不得早于在交易所网站、符合证监会规定条件的网站的披露时间。

④招股说明书应准确引用与本次发行有关的中介机构专业意见或报告。

⑤发行人应在招股说明书"概览"中披露资产评估机构（如有）的名称，以及发行人与本次发行有关的保荐人、承销机构、证券服务机构及其负责人、高级管理人员、经办人员之间存在的直接或间接的股权关系或其他利益关系。

来源：

《首次公开发行股票注册管理办法》；

《公开发行证券的公司信息披露内容与格式准则第 57 号——招股说明书》；

《公开发行证券的公司信息披露内容与格式准则第 58 号——首次公开发行股票并上市申请文件》。

3.1.9.2 北交所公开发行股票评估

在北交所公开发行股票需要披露的资产评估报告及有关信息披露要求主要如下：

3.1.9.2.1 资产评估报告及补充专业意见

（1）资产评估报告（如有）

向不特定合格投资者公开发行股票并在北交所上市申请文件目录包括发行人运用本次发行募集资金拟收购资产（包括权益）的资产评估报告；招股说明书备查文件包括资产评估报告。

（2）补充专业意见（如有）

发行人应根据北交所对申请文件的问询及证监会对申请文件

的反馈问题提供补充材料或更新材料。有关中介机构应对相关问题进行尽职调查或补充出具专业意见。

证监会和北交所可以对发行人进行现场检查,可以要求保荐人、证券服务机构对有关事项进行专项核查并出具意见。

3.1.9.2.2　其他信息披露要求

①自注册申请文件申报之日起,发行人及其控股股东、实际控制人、董事、监事、高级管理人员,以及与本次股票公开发行相关的保荐人、证券服务机构及相关责任人员,即承担相应法律责任,并承诺不得影响或干扰发行上市审核注册工作。

②注册申请文件受理后,未经证监会或者北交所同意,不得改动。发生重大事项的,发行人、保荐人、证券服务机构应当及时向北交所报告,并按要求更新注册申请文件和信息披露资料。

③发行人应在符合《证券法》规定的信息披露平台披露招股说明书及其备查文件和证监会要求披露的其他文件,供投资者查阅。发行人可以将招股说明书及其备查文件刊登于其他报刊、网站,但披露内容应当完全一致,且不得早于在符合《证券法》规定的信息披露平台的披露时间。

④招股说明书的编制应准确引用与本次发行有关的中介机构的专业意见或报告,引用第三方数据或结论的,应当注明资料来源,确保有权威、客观、独立的依据并符合时效性要求。

⑤发行人应在招股说明书扉页作出如下声明:"保荐人及证券服务机构承诺因其为发行人本次公开发行股票制作、出具的文件有虚假记载、误导性陈述或者重大遗漏,给投资者造成损失的,将依法承担法律责任。"

⑥招股说明书"概览"应披露资产评估机构(如有)的名称、法定代表人、住所、联系电话、传真,同时应披露有关经办人员的姓名。

⑦招股说明书"概览"应披露发行人与本次发行有关的保荐

人、承销商、证券服务机构及其负责人、高级管理人员、经办人员之间存在的直接或间接的股权关系或其他利害关系。

⑧招股说明书"概览"应披露本次发行费用概算（包括保荐费用、承销费用、律师费用、审计费用、评估费用、发行手续费用等）。

来源：

《北京证券交易所向不特定合格投资者公开发行股票注册管理办法》；

《公开发行证券的公司信息披露内容与格式准则第 46 号——北京证券交易所公司招股说明书》；

《公开发行证券的公司信息披露内容与格式准则第 47 号——向不特定合格投资者公开发行股票并在北京证券交易所上市申请文件》。

3.1.9.3　转板上市评估

北交所上市公司向上交所科创板或深交所创业板转板上市申请文件中与资产评估有关的信息及披露要求主要如下：

3.1.9.3.1　资产评估报告及补充专业意见

（1）资产评估报告（如有）

转板公司设立时和最近 3 年及一期的资产评估报告。

（2）补充专业意见（如有）

转板公司应根据交易所对申请文件的问询提供补充材料。保荐人和相关证券服务机构应对相关问题进行尽职调查并补充出具专业意见。

3.1.9.3.2　其他信息披露要求

①申请文件一经受理，转板公司及其控股股东、实际控制人、董事、监事和高级管理人员，以及与本次转板相关的保荐人、证券服务机构及其相关人员即须承担相应的法律责任。未经同意，不得增加、撤回或更换。

②转板上市报告书应准确引用与本次转板上市有关的中介机构的专业意见或报告。转板公司应在转板上市报告书扉页作如下声明："保荐人及证券服务机构承诺因其为转板公司本次转板上市制作、出具的文件有虚假记载、误导性陈述或者重大遗漏，给投资者造成损失的，将依法赔偿投资者损失。"

③转板上市报告书"概览"应披露本次转板上市的资产评估机构（如有）。转板上市报告书"附件"应列表披露资产评估机构的名称、法定代表人、住所、经办人员姓名、联系电话、传真，以及转板公司与本次转板上市有关的保荐人、证券服务机构及其负责人、高级管理人员、经办人员之间存在的直接或间接的股权关系或其他利益关系。

来源：

《中国证监会关于北京证券交易所上市公司转板的指导意见》；

《北京证券交易所上市公司向上海证券交易所科创板转板办法（试行）》；

《上海证券交易所科创板发行上市审核规则适用指引第3号——转板上市申请文件》；

《上海证券交易所科创板发行上市审核规则适用指引第4号——转板上市报告书内容与格式》；

《深圳证券交易所关于北京证券交易所上市公司向创业板转板办法（试行）》；

《深圳证券交易所创业板发行上市审核业务指引第3号——全国中小企业股份转让系统挂牌公司向创业板转板上市报告书内容与格式》；

《深圳证券交易所创业板发行上市审核业务指引第4号——全国中小企业股份转让系统挂牌公司向创业板转板上市申请文件》。

3.1.9.4 股转系统公开转让评估

公司股票在股转系统公开转让申请文件中与资产评估有关的

信息及披露要求主要如下：

3.1.9.4.1 资产评估报告及补充专业意见

（1）资产评估报告（如有）

公司股票在股转系统公开转让，申请文件目录包括申请人设立时和报告期的资产评估报告。

（2）补充专业意见（如有）

申请文件目录是对公开转让申请文件的最低要求。证监会和股转系统可以要求申请人和中介机构报送和补充文件。如果某些文件对申请人不适用，可不提供，但应当作出书面说明。

证监会可以要求公司及其他信息披露义务人或者其董事、监事、高级管理人员对有关信息披露问题作出解释、说明或者提供相关资料，并要求公司提供证券公司或者证券服务机构的专业意见。证监会对证券公司和证券服务机构出具文件的真实性、准确性、完整性有疑义的，可以要求相关机构作出解释、补充，并调阅其工作底稿。

申请人应根据股转系统对申请文件的审核问询及证监会对申请文件的反馈意见提供补充材料。有关中介机构应对相关问题进行核查并补充出具专业意见。

证监会依法对公司及其他信息披露义务人、证券公司、证券服务机构进行监督检查或者调查，被检查或者调查对象有义务提供相关文件资料。

3.1.9.4.2 其他信息披露要求

①申请文件一经受理，未经同意，不得增加、撤回或更换。

②证券公司、律师事务所、会计师事务所及其他证券服务机构出具的文件和其他有关的重要文件应作为备查文件，予以披露。公司及其他信息披露义务人依法披露的信息，应在符合《证券法》规定的信息披露平台公布。公司及其他信息披露义务人可在公司网站或者其他公众媒体上刊登依本办法必须披露的信息，

但披露的内容应当完全一致,且不得早于在上述信息披露平台披露的时间。公司及其他信息披露义务人应将信息披露公告文稿和相关备查文件置备于公司住所、股转系统(如适用)供社会公众查阅。

③公开转让说明书的编制应准确引用有关中介机构的专业意见或报告,引用第三方数据或结论的,应当注明资料来源,确保有权威、客观、独立的依据并符合时效性要求。

④申请人应在公开转让说明书扉页作出如下声明:"主办券商及证券服务机构承诺因其为申请人本次公开转让股票制作、出具的文件有虚假记载、误导性陈述或者重大遗漏,给投资者造成损失的,将依法承担相应的法律责任。"

⑤申请文件的扉页应标明申请人信息披露事务负责人和相关中介机构项目负责人的姓名、电话、传真及其他方便的联系方式。

⑥申请人公开转让说明书"基本情况"应披露资产评估机构(如有)的名称、法定代表人、住所、联系电话、传真,同时应披露有关经办人员的姓名。

⑦申请人公开转让说明书"基本情况"应充分披露公司、股东、实际控制人、董事、监事、高级管理人员、核心技术(业务)人员以及本次申请挂牌的主办券商及证券服务机构等作出的重要承诺、承诺的履行情况及未能履行承诺的约束措施。

来源:

《非上市公众公司监督管理办法》;

《非上市公众公司信息披露管理办法》;

《非上市公众公司信息披露内容与格式准则第1号——公开转让说明书》;

《非上市公众公司信息披露内容与格式准则第2号——公开转让股票申请文件》。

3.1.9.5 再融资评估

3.1.9.5.1 沪深交易所

上市公司再融资申请文件中与资产评估有关的信息及披露要求主要如下：

（1）向不特定对象发行证券

①资产评估报告（如有）

上市公司申请向不特定对象发行证券，申请文件目录包括本次募集资金收购资产相关的资产评估报告；募集说明书备查文件包括拟收购资产的资产评估报告及有关审核文件。

②补充专业意见（如有）

上市公司向不特定对象发行证券申请文件目录是对发行申请文件的最低要求，证监会和交易所根据需要，可以要求发行人、保荐人和相关证券服务机构补充文件。

上市公司应根据交易所对发行申请文件的审核问询以及证监会对申请文件的注册反馈问题提供补充和修改材料。保荐人和相关证券服务机构应对相关问题进行尽职调查并出具专业意见。

证监会和交易所可以对上市公司进行现场检查，或者要求保荐人、证券服务机构对有关事项进行专项核查并出具意见。

③其他信息披露要求

第一，自注册申请文件申报之日起，上市公司及其控股股东、实际控制人、董事、监事、高级管理人员，以及与证券发行相关的保荐人、证券服务机构及相关责任人员，即承担相应法律责任，并承诺不得影响或干扰发行上市审核注册工作。

第二，申请文件受理后，未经证监会或者交易所同意，不得改动。发生重大事项的，上市公司、保荐人、证券服务机构应当及时向交易所报告，并按要求更新申请文件和信息披露资料。

第三，募集说明书应准确引用与本次发行有关的中介机构的专业意见或报告。募集说明书等证券发行信息披露文件所引用的资产评估报告，应当由从事证券服务业务的资产评估机构出具，并由至少两名资产评估师签署。募集说明书或者其他证券发行信息披露文件不得使用超过有效期的资产评估报告。募集说明书备查文件应在交易所网站和符合证监会规定条件的报刊、依法开办的网站上披露。

第四，募集说明书"本次发行概况"应列表披露资产评估机构（如有）的名称、法定代表人、住所、经办人员姓名、联系电话、传真，以及发行人与本次发行有关的保荐人、承销机构、证券服务机构及其负责人、高级管理人员、经办人员之间存在的直接或间接的股权关系或其他利益关系。

第五，募集资金用于收购资产的，应披露资产定价方式及定价结果合理性的讨论与分析。资产交易价格以资产评估结果作为定价依据的，发行人应披露董事会就评估机构的独立性、评估假设前提的合理性、评估方法与评估目的的相关性以及评估定价的公允性所发表的意见。采取收益现值法等基于未来收益预期的方法对拟购买资产进行评估，且评估结果与经审计的账面值存在显著差异的，发行人应披露董事会就评估机构对增长期、收入增长率、毛利率、费用率、折现率等关键评估参数的选取依据及上述参数合理性所发表的意见。资产交易价格不以资产评估结果作为定价依据的，发行人应披露董事会就收购定价的过程、定价方法的合理性及定价结果的公允性所发表的意见。收购价格与评估报告结果存在显著差异的，发行人应分析差异的原因，并说明收购价格是否可能损害上市公司及其中小股东的利益。

第六，本次收购的资产在最近三年曾进行过评估或交易的，募集说明书应披露评估的目的、方法及结果，以及交易双方的名称、定价依据及交易价格。交易未达成的，也应披露上述信息。

来源：

《上市公司信息披露管理办法》；

《上市公司证券发行注册管理办法》；

《公开发行证券的公司信息披露内容与格式准则第59号——上市公司发行证券申请文件》；

《公开发行证券的公司信息披露内容与格式准则第60号——上市公司向不特定对象发行证券募集说明书》。

（2）向特定对象发行证券

①资产评估报告（如有）

上市公司申请向特定对象发行证券申请文件目录包括本次募集资金收购资产相关的资产评估报告。

②补充专业意见（如有）

申请文件目录是对发行申请文件的最低要求，证监会和交易所根据需要，可以要求发行人、保荐人和相关证券服务机构补充文件。

发行人应根据交易所对发行申请文件的审核问询以及证监会对申请文件的注册反馈问题提供补充和修改材料。保荐人和相关证券服务机构应对相关问题进行尽职调查并出具专业意见。

证监会和交易所可以对上市公司进行现场检查，或者要求保荐人、证券服务机构对有关事项进行专项核查并出具意见。

③其他信息披露要求

第一，自注册申请文件申报之日起，上市公司及其控股股东、实际控制人、董事、监事、高级管理人员，以及与证券发行相关的保荐人、证券服务机构及相关责任人员，即承担相应法律责任，并承诺不得影响或干扰发行上市审核注册工作。

第二，申请文件受理后，未经证监会或者交易所同意，不得改动。发生重大事项的，上市公司、保荐人、证券服务机构应当及时向交易所报告，并按要求更新申请文件和信息披露资料。

第三，募集说明书等证券发行信息披露文件所引用的资产评估报告，应当由从事证券服务业务的资产评估机构出具，并由至少两名资产评估师签署。募集说明书或者其他证券发行信息披露文件不得使用超过有效期的资产评估报告。

第四,募集资金收购资产的,募集说明书应披露董事会关于资产定价方式及定价结果合理性的讨论与分析。资产交易价格以资产评估结果作为定价依据的,发行人应披露董事会就评估机构的独立性、评估假设前提的合理性、评估方法与评估目的的相关性以及评估定价的公允性所发表的意见。采取收益现值法等基于未来收益预期的方法对拟购买资产进行评估,且评估结果与经审计的账面值存在显著差异的,发行人应披露董事会就评估机构对增长期、收入增长率、毛利率、费用率、折现率等关键评估参数的选取依据及上述参数合理性所发表的意见。资产交易价格不以资产评估结果作为定价依据的,发行人应披露董事会就收购定价的过程、定价方法的合理性及定价结果的公允性所发表的意见。收购价格与评估报告结果存在显著差异的,发行人应分析差异的原因,并说明收购价格是否可能损害上市公司及其中小股东的利益。

第五,本次收购资产在最近三年曾进行过评估或交易的,募集说明书应披露评估的目的、方法及结果,以及交易双方的名称、定价依据及交易价格。交易未达成的,也应披露上述信息。

第六,发行情况报告书披露本次发行的基本情况应当包括本次发行资产评估机构名称、法定代表人、经办人员、办公地址、联系电话、传真。

来源:

《上市公司信息披露管理办法》;

《上市公司证券发行注册管理办法》;

《公开发行证券的公司信息披露内容与格式准则第59号——上市公司发行证券申请文件》;

《公开发行证券的公司信息披露内容与格式准则第61号——

上市公司向特定对象发行证券募集说明书和发行情况报告书》。

（3）发行优先股

①资产评估报告

上市公司发行优先股募集资金用于收购资产并以评估作为价格确定依据的，应披露资产评估报告；拟收购资产的资产评估报告及有关批复文件，应作为备查文件披露。上市公司发行优先股申请文件目录包括发行人拟收购资产（包括权益）的资产评估报告（如有）。

②补充专业意见（如有）

上市公司发行优先股申请文件目录是对发行申请文件的最低要求，证监会和证券交易所根据审核需要，可以要求发行人和中介机构补充材料。

③其他信息披露要求

第一，申请文件一经受理，未经证监会或者证券交易所同意不得增加、减少、撤回或更换。上市公司应在证券交易所的网站和符合证监会规定条件的报刊、依法开办的网站披露备查文件。

第二，募集资金用于收购资产的，发行预案应披露董事会对资产收购价格公允性的分析说明、相关评估机构对其执业独立性的意见和独立董事对收购价格公允性的意见，相关资产在最近三年曾进行资产评估或者交易的，还应当说明评估价值和交易价格及交易对方。拟收购的资产在首次董事会前尚未进行审计、评估的，上市公司应在审计、评估完成后再次召开董事会，对相关事项作出补充决议，并编制优先股发行预案的补充公告。

第三，募集说明书"本次发行概况"应披露资产评估机构（如有）的名称、法定代表人、经办人员、住所、联系电话、传真，以及发行人与本次发行有关的中介机构及其负责人、高级管理人员及经办人员之间存在的直接或间接的股权关系或其他利害关系。募集说明书概览应披露评估机构（如有）基本情况，发行情况报告书应列表说明本次发行相关机构及经办人员。

第四，发行人在募集说明书中索引公司其他信息披露文件的内容，为募集说明书的有效组成部分，发行人及中介机构应承担相应的法律责任。

来源：

《上市公司信息披露管理办法》；

《公开发行证券的公司信息披露内容与格式准则第32号——发行优先股申请文件》；

《公开发行证券的公司信息披露内容与格式准则第33号——发行优先股预案和发行情况报告书》；

《公开发行证券的公司信息披露内容与格式准则第34号——发行优先股募集说明书》。

3.1.9.5.2　北交所

北交所上市公司证券发行申请文件中与资产评估有关的信息及披露要求主要如下：

（1）向不特定合格投资者公开发行股票

①资产评估报告（如有）

向不特定合格投资者公开发行股票并在北交所上市，申请文件目录包括上市公司拟收购资产（包括权益）的有关资产评估报告。

②补充专业意见（如有）

申请文件目录是证券发行申请文件的最低要求。根据审核需要，证监会和北交所可以要求上市公司和相关证券服务机构补充文件。

上市公司应根据北交所对发行申请文件的审核问询以及证监会对申请文件的注册反馈问题，提供补充材料。保荐人和相关证券服务机构应对相关问题进行尽职调查并补充出具专业意见。

证监会和北交所可以对上市公司进行现场检查，可以要求保荐人、证券服务机构对有关事项进行专项核查并出具意见。

③其他信息披露要求

第一，募集说明书应准确引用与本次发行有关的中介机构的专业意见或报告。自注册申请文件申报之日起，上市公司及其控股股东、实际控制人、董事、监事、高级管理人员，以及与本次证券发行相关的保荐人、证券服务机构及相关责任人员，即承担相应法律责任，并承诺不得影响或干扰发行上市审核注册工作。注册申请文件受理后，未经证监会或者北交所同意，不得改动。发生重大事项的，上市公司、保荐人、证券服务机构应当及时向北交所报告，并按要求更新注册申请文件和信息披露资料。

第二，申请文件的扉页应标明上市公司信息披露事务负责人、保荐人及相关证券服务机构项目负责人的姓名、电话、传真及其他方便的联系方式。

第三，上市公司应在募集说明书扉页作出如下声明：保荐人及证券服务机构承诺因其为上市公司本次公开发行股票制作、出具的文件有虚假记载、误导性陈述或重大遗漏，给投资者造成损失的，将依法承担法律责任。

第四，募集说明书"本次发行概览"应披露本次发行的基本情况，包括预计募集资金总额和净额，发行费用概算（包括保荐费用、承销费用、律师费用、审计费用、评估费用、发行手续费用等）。

第五，募集说明书"本次发行概览"应披露资产评估机构（如有）的名称、法定代表人、住所、联系电话、传真，同时应披露有关经办人员的姓名，以及上市公司与本次发行有关的证券服务机构及其负责人、高级管理人员、经办人员之间存在的直接或间接的股权关系或其他利害关系。

第六，募集资金拟用于购买资产的，募集说明书"募集资金运用"应当列明资产定价的合理性。

来源：

《上市公司信息披露管理办法》；

《北京证券交易所上市公司证券发行注册管理办法》；

《公开发行证券的公司信息披露内容与格式准则第48号——北京证券交易所上市公司向不特定合格投资者公开发行股票募集说明书》；

《公开发行证券的公司信息披露内容与格式准则第52号——北京证券交易所上市公司发行证券申请文件》。

（2）定向发行股票

①资产评估报告（如有）

北交所上市公司申请向特定对象发行股票，申请文件目录包括本次向特定对象发行收购资产相关的资产评估报告。

②补充专业意见（如有）

申请文件目录是证券发行申请文件的最低要求。根据审核需要，证监会和北交所可以要求上市公司和相关证券服务机构补充文件。

上市公司应根据北交所对发行申请文件的审核问询以及证监会对申请文件的注册反馈问题，提供补充材料。保荐人和相关证券服务机构应对相关问题进行尽职调查并补充出具专业意见。

证监会和北交所可以对上市公司进行现场检查，可以要求保荐人、证券服务机构对有关事项进行专项核查并出具意见。

③其他信息披露要求

第一，自注册申请文件申报之日起，上市公司及其控股股东、实际控制人、董事、监事、高级管理人员，以及与本次证券发行相关的保荐人、证券服务机构及相关责任人员，即承担相应法律责任，并承诺不得影响或干扰发行上市审核注册工作。注册申请文件受理后，未经证监会或者北交所同意，不得改动。发生重大事项的，上市公司、保荐人、证券服务机构应当及时向北交所报告，并按要求更新注册申请文件和信息披露资料。

第二，申请文件的扉页应标明上市公司信息披露事务负责人、保荐人及相关证券服务机构项目负责人的姓名、电话、传真及其他方便的联系方式。

第三，通过本次发行拟引入的资产为非股权资产的，募集说明书应披露资产的交易价格及定价依据。交易价格以资产评估结果作为依据的，应披露资产评估方法和资产评估结果。通过本次发行拟引入的资产为股权的，募集说明书应披露股权的评估方法及资产评估价值（如有）、交易价格及定价依据。

第四，资产交易根据资产评估结果定价的，在资产评估机构出具资产评估报告后，公司董事会应当对资产评估机构的独立性、评估假设前提和评估结论的合理性、评估方法的适用性、主要参数的合理性、未来收益预测的谨慎性等问题发表意见，并说明定价的合理性，资产定价是否存在损害公司和股东合法权益的情形。资产交易价格不以资产评估结果作为定价依据的，董事会应具体说明收购定价的过程、定价方法的合理性及定价结果的公允性。收购价格与评估报告结果存在显著差异的，上市公司应就差异的原因进行分析，并就收购价格是否可能损害上市公司及其中小股东的利益进行说明。

第五，本次拟收购资产在最近三年曾进行过评估或交易的，募集说明书应披露评估的目的、方法及结果，以及交易双方的名称、定价依据及交易价格。交易未达成的，也应披露上述信息。

第六，募集说明书应披露资产评估机构（如有）的名称、法定代表人、住所、联系电话、传真，同时应披露有关经办人员的姓名。

第七，上市公司应在发行情况报告书中披露本次发行相关资产评估机构的名称、法定代表人、经办人员、办公地址、联系电话、传真。

来源：

《上市公司信息披露管理办法》；

《北京证券交易所上市公司证券发行注册管理办法》；

《公开发行证券的公司信息披露内容与格式准则第 49 号——北京证券交易所上市公司向特定对象发行股票募集说明书和发行情况报告书》；

《公开发行证券的公司信息披露内容与格式准则第 52 号——北京证券交易所上市公司发行证券申请文件》。

（3）定向发行可转换公司债券

①资产评估报告（如有）

北交所上市公司申请向特定对象发行可转换公司债券，申请文件目录包括本次拟收购资产相关的资产评估报告。

②补充专业意见（如有）

申请文件目录是证券发行申请文件的最低要求。根据审核需要，证监会和北交所可以要求上市公司和相关证券服务机构补充文件。

上市公司应根据北交所对发行申请文件的审核问询以及证监会对申请文件的注册反馈问题，提供补充材料。保荐人和相关证券服务机构应对相关问题进行尽职调查并补充出具专业意见。

证监会和北交所可以对上市公司进行现场检查，可以要求保荐人、证券服务机构对有关事项进行专项核查并出具意见。

③其他信息披露要求

第一，自注册申请文件申报之日起，上市公司及其控股股东、实际控制人、董事、监事、高级管理人员，以及与本次证券发行相关的保荐人、证券服务机构及相关责任人员，即承担相应法律责任，并承诺不得影响或干扰发行上市审核注册工作。注册申请文件受理后，未经证监会或者北交所同意，不得改动。发生重大事项的，上市公司、保荐人、证券服务机构应当及时向北交所报告，并按要求更新注册申请文件和信息披露资料。

第二，申请文件的扉页应标明上市公司信息披露事务负责人、保荐人及相关证券服务机构项目负责人的姓名、电话、传真及其他方便的联系方式。

第三，定向发行可转债募集说明书应披露资产评估机构（如有）的名称、法定代表人、住所、联系电话、传真，同时应披露有关经办人员的姓名。

来源：

《上市公司信息披露管理办法》；

《北京证券交易所上市公司证券发行注册管理办法》；

《公开发行证券的公司信息披露内容与格式准则第 50 号——北京证券交易所上市公司向特定对象发行可转换公司债券募集说明书和发行情况报告书》；

《公开发行证券的公司信息披露内容与格式准则第 52 号——北京证券交易所上市公司发行证券申请文件》。

（4）定向发行优先股

①资产评估报告或资产估值报告（如有）

北交所上市公司申请向特定对象发行优先股，申请文件目录包括本次向特定对象发行优先股收购资产相关的资产评估报告或资产估值报告。

北交所上市公司申请向特定对象发行优先股，募集说明书备查文件包括资产评估报告或资产估值报告、通过本次定向发行拟引入资产的资产评估报告或资产估值报告及有关审核文件。

②补充专业意见（如有）

申请文件目录是证券发行申请文件的最低要求。根据审核需要，证监会和北交所可以要求上市公司和相关证券服务机构补充文件。

上市公司应根据北交所对发行申请文件的审核问询以及证监

会对申请文件的注册反馈问题，提供补充材料。保荐人和相关证券服务机构应对相关问题进行尽职调查并补充出具专业意见。

证监会和北交所可以对上市公司进行现场检查，可以要求保荐人、证券服务机构对有关事项进行专项核查并出具意见。

③其他信息披露要求

第一，自注册申请文件申报之日起，上市公司及其控股股东、实际控制人、董事、监事、高级管理人员，以及与本次证券发行相关的保荐人、证券服务机构及相关责任人员，即承担相应法律责任，并承诺不得影响或干扰发行上市审核注册工作。注册申请文件受理后，未经证监会或者北交所同意，不得改动。发生重大事项的，上市公司、保荐人、证券服务机构应当及时向北交所报告，并按要求更新注册申请文件和信息披露资料。

第二，申请文件的扉页应标明上市公司信息披露事务负责人、保荐人及相关证券服务机构项目负责人的姓名、电话、传真及其他方便的联系方式。募集说明书应披露资产评估机构（如有）的名称、法定代表人、住所、联系电话、传真，同时应披露有关经办人员的姓名。

第三，通过本次发行拟引入的资产为非股权资产的，募集说明书应披露资产的交易价格及定价依据。交易价格以资产评估结果作为依据的，应披露资产评估方法和资产评估结果。通过本次发行拟引入的资产为股权的，募集说明书应披露相关股权的资产评估价值（如有）、交易价格及定价依据。

第四，资产交易根据资产评估结果定价的，在资产评估机构出具资产评估报告后，公司董事会应对资产评估机构的独立性、评估假设前提和评估结论的合理性、评估方法的适用性、主要参数的合理性、未来收益预测的谨慎性等问题发表意见，并说明定价的合理性，资产定价是否存在损害公司和股东合法权益的情形。资产交易价格不以资产评估结果作为定价依据的，董事会应具体说明收购定价的过程、定价方法的合理性及定价结果的公允性。收购价格与评估报告结果存在显著差异的，上市公司应就差异的原因进行分析，并就收购价格是否可能损害上市公司及其中小股东的利益进行说明。

第五，本次拟收购资产在最近三年曾进行过评估或交易的，上市公司应披露评估的目的、方法及结果，以及交易双方的名称、定价依据及交易价格。交易未达成的，也应披露上述信息。

来源：

《上市公司信息披露管理办法》；

《北京证券交易所上市公司证券发行注册管理办法》；

《公开发行证券的公司信息披露内容与格式准则第 51 号——北京证券交易所上市公司向特定对象发行优先股募集说明书和发行情况报告书》；

《公开发行证券的公司信息披露内容与格式准则第 52 号——北京证券交易所上市公司发行证券申请文件》。

3.1.9.5.3 股转系统

非上市公众公司证券发行申请文件中与资产评估有关的信息及披露要求主要如下：

（1）定向发行股票

①资产评估报告（如有）

非上市公众公司申请定向发行股票，申请文件目录包括本次定向发行收购资产相关的资产评估报告，国资主管部门的核准或备案文件（如有）。

非上市公众公司申请定向发行股票，定向发行说明书备查文件包括通过本次定向发行拟进入资产的资产评估报告及有关审核文件。

②补充专业意见（如有）

申请文件目录是定向发行申请文件的最低要求。根据需要，证监会或股转系统可以要求申请人和相关证券服务机构补充文件。

申请人应根据股转系统对发行申请文件的审核问询或证监会对申请文件的注册反馈问题，提供补充材料。相关证券服务机构应对审核问询及注册反馈相关问题进行核查或补充出具专业意见。

③其他信息披露要求

第一，申请文件一经受理，未经同意，不得增加、撤回或者更换。

第二，申请文件的扉页应标明申请人信息披露事务负责人及相关证券服务机构项目负责人的姓名、电话、传真及其他方便的联系方式。定向发行说明书应披露资产评估机构（如有）的名称、法定代表人、住所、联系电话、传真，同时应披露有关经办人员的姓名。

第三，以资产认购本次定向发行股份，其资产为非股权资产的，定向发行说明书应披露资产的交易价格及定价依据。交易价格以资产评估结果作为依据的，应披露资产评估方法和资产评估结果。以资产认购本次定向发行股份，其资产为股权的，定向发行说明书应披露相关股权的评估方法及资产评估价值（如有）、交易价格及定价依据。

第四，本次定向发行资产交易根据资产评估结果定价的，在资产评估机构出具资产评估报告后，公司董事会应当对资产评估机构的独立性、评估假设前提和评估结论的合理性、评估方法的适用性、主要参数的合理性、未来收益预测的谨慎性等问题发表意见，并说明定价的合理性，资产定价是否存在损害公司和股东合法权益的情形。

来源：

《非上市公众公司信息披露管理办法》；

《非上市公众公司信息披露内容与格式准则第 3 号——定向发行说明书和发行情况报告书》；

《非上市公众公司信息披露内容与格式准则第 4 号——定向发行申请文件》。

（2）定向发行可转债

①资产评估报告（如有）

非上市公众公司申请定向发行可转债，申请文件目录包括本次可转债发行收购资产相关的资产评估报告，国资主管部门的核准或备案文件（如有）。

非上市公众公司申请定向发行可转债，定向发行可转债说明书备查文件包括本次定向发行可转债购买资产的资产评估报告及有关审核文件。

②补充专业意见（如有）

申请文件目录是定向发行可转债申请文件的最低要求。根据审核需要，证监会或股转系统可以要求申请人和相关证券服务机构补充文件。

申请人应根据股转系统对发行申请文件的审核问询或证监会对申请文件的注册反馈问题，提供补充材料。相关证券服务机构应对审核问询及注册反馈相关问题进行核查或补充出具专业意见。

③其他信息披露要求

第一，申请文件一经受理，未经同意，不得增加、撤回或者更换。

第二，申请文件的扉页应标明申请人信息披露事务负责人及相关证券服务机构项目负责人的姓名、电话、传真及其他方便的联系方式。

第三，定向发行可转债说明书应披露资产评估机构（如有）的名称、法定代表人、住所、联系电话、传真，同时应披露有关经办人员的姓名。

来源：

《非上市公众公司信息披露管理办法》；

《非上市公众公司信息披露内容与格式准则第 18 号——定向发行可转换公司债券说明书和发行情况报告书》；

《非上市公众公司信息披露内容与格式准则第 19 号——定向发行可转换公司债券发行申请文件》。

（3）定向发行优先股

①资产评估报告或资产估值报告（如有）

非上市公众公司申请定向发行优先股，申请文件目录包括本次定向发行优先股收购资产相关的资产评估报告或资产估值报告。

非上市公众公司申请定向发行优先股，定向发行优先股说明书备查文件包括资产评估报告或资产估值报告；通过本次定向发行拟进入资产的资产评估报告或资产估值报告及有关审核文件。

②补充专业意见（如有）

申请文件目录是定向发行优先股申请文件的最低要求。根据审核需要，证监会、股转系统可以要求申请人和相关证券服务机构补充文件。

申请人应根据股转系统对发行申请文件的审核问询（如有）以及证监会对申请文件的注册反馈问题，提供补充材料。相关证券服务机构应对审核问询及注册反馈相关问题进行核查或补充出具专业意见。

③其他信息披露要求

第一，申请文件一经受理，未经证监会、股转系统同意，不得增加、撤回或者更换。

第二，申请文件的扉页应标明申请人信息披露事务负责人及相关证券服务机构项目负责人的姓名、电话、传真及其他方便的联系方式。定向发行优先股说明书应披露资产评估机构（如有）

的名称、法定代表人、住所、联系电话、传真，同时应披露有关经办人员的姓名。

第三，以资产认购本次定向发行优先股、其资产为非股权资产的，定向发行优先股说明书应披露资产的交易价格及定价依据。交易价格以资产评估结果作为依据的，应披露资产评估方法和资产评估结果。以资产认购本次定向发行优先股、其资产为股权的，定向发行优先股说明书应披露相关股权的资产评估价值（如有）、交易价格及定价依据。

第四，资产交易根据资产评估结果定价的，公司董事会应对定价的合理性予以说明，并对资产定价是否存在损害公司和股东合法权益等情形发表意见。

来源：

《非上市公众公司信息披露管理办法》；

《非上市公众公司信息披露内容与格式准则第 7 号——定向发行优先股说明书和发行情况报告书》；

《非上市公众公司信息披露内容与格式准则第 8 号——定向发行优先股申请文件》。

3.1.9.6　重大资产重组评估

3.1.9.6.1　沪深交易所

上市公司并购重组申请文件中与资产评估有关的信息及披露要求主要如下：

（1）评估报告或者估值报告

上市公司申请重大资产重组，申请文件目录包括本次重大资产重组涉及的拟购买资产的评估报告及评估说明，或者估值报告；本次重大资产重组涉及的拟出售资产的评估报告及评估说明，或者估值报告；资产评估结果备案或核准文件（如有）。

上市公司中的创新试点红筹企业实施重大资产重组，可以按照境外注册地法律法规和公司章程履行内部决策程序，并及时披露重组涉及的资产评估报告或者估值报告。

（2）补充专业意见（如有）

上市公司编制的重组预案应当包括相关证券服务机构对重组预案已披露内容发表的核查意见（如有）。

上市公司应当根据证券交易所对申请文件的审核问询提供补充和修改材料。相关证券服务机构应当对审核问询相关问题进行尽职调查或补充出具专业意见。

（3）信息披露其他要求

①资产交易定价以资产评估结果为依据的，上市公司应当聘请符合《证券法》规定的资产评估机构出具资产评估报告。上市公司及交易对方与证券服务机构签订聘用合同后，非因正当事由不得更换证券服务机构。确有正当事由需要更换证券服务机构的，应当披露更换的具体原因以及证券服务机构的陈述意见。

②上市公司应当在董事会作出重大资产重组决议后的次一工作日披露董事会决议及独立董事的意见、上市公司重大资产重组预案。本次重组的重大资产重组报告书、独立财务顾问报告、法律意见书以及重组涉及的审计报告、资产评估报告或者估值报告至迟应当与召开股东大会的通知同时公告。上市公司自愿披露盈利预测报告的，该报告应当经符合《证券法》规定的会计师事务所审核，与重大资产重组报告书同时公告。上市公司应当在证券交易所的网站和一家符合证监会规定条件的媒体公告董事会决议、独立董事的意见、重大资产重组报告书及其摘要、相关证券服务机构的报告或者意见等信息披露文件。

③上市公司实施发行股份购买资产的，应当按照规定聘请独立财务顾问，并委托独立财务顾问在股东大会作出重大资产重组决议后三个工作日内，通过证券交易所并购重组审核业务系统报送下列申请文件：重大资产重组报告书及相关文件；独立财务顾问报告及相关文件；法律意见书、审计报告及资产评估报告或者

估值报告等证券服务机构出具的文件；证监会或者交易所要求的其他文件。申请文件的内容与格式应当符合证监会和证券交易所的相关规定。申请文件一经申报，上市公司、交易对方及有关各方，以及为本次交易提供服务的独立财务顾问、证券服务机构及其相关人员即须承担相应的法律责任。

上市公司重大资产重组不涉及发行股份的，应当根据证监会的规定聘请独立财务顾问和其他证券服务机构，按照要求履行相关程序、披露相关信息。证券交易所通过问询、现场检查、现场督导、要求独立财务顾问和其他证券服务机构补充核查并披露专业意见等方式进行自律管理。

④上市公司重大资产重组以评估值为交易标的定价依据的，应当披露相关资产的资产评估报告及评估说明，资产评估机构应当按照资产评估相关准则和规范开展执业活动。

上市公司重大资产重组不以资产评估结果作为定价依据的，应当披露相关资产的估值报告；估值报告中应包括但不限于以下内容：估值目的、估值对象和估值范围、价值类型、估值基准日、估值假设、估值依据、估值方法、估值参数及其他影响估值结果的指标和因素、估值结论、特别事项说明、估值报告日等；估值人员需在估值报告上签字并由所属机构加盖公章。

前两款情形中，资产评估机构、估值机构原则上应当采取两种以上的方法进行评估或者估值。资产评估机构或估值机构为本次重组而出具的评估或估值资料中应当明确声明在评估或估值基准日后××月内（最长十二个月）有效。

⑤证券服务机构在其出具的意见中采用其他证券服务机构或者人员的专业意见的，仍然应当进行尽职调查，审慎核查其采用的专业意见的内容，并对利用其他证券服务机构或者人员的专业意见所形成的结论负责。在保持职业怀疑并进行审慎核查、开展必要调查和复核的基础上，排除职业怀疑的，可以合理信赖。

⑥采取收益现值法、假设开发法等基于未来收益预期的方法对拟购买资产进行评估或者估值并作为定价参考依据的，上市公司应当在重大资产重组实施完毕后三年内的年度报告中单独披露相关资产的实际盈利数与利润预测数的差异情况，并由会计师事务所对此出具专项审核意见；交易对方应当与上市公司就相关资产实际盈利数不足利润预测数的情况签订明确可行的补偿协议。重大资产重组实施完毕后，凡因不属于上市公司管理层事前无法获知且事后无法控制的原因，上市公司所购买资产实现的利润未达到资产评估报告或者估值报告预测金额的百分之八十，或者实际运营情况与重大资产重组报告书中管理层讨论与分析部分存在较大差距，以及上市公司实现的利润未达到盈利预测报告预测金额的百分之八十的，上市公司的董事长、总经理以及对此承担相应责任的会计师事务所、独立财务顾问、资产评估机构、估值机构及其从业人员应当在上市公司披露年度报告的同时，在同一媒体上作出解释，并向投资者公开道歉；实现利润未达到预测金额百分之五十的，证监会可以对上市公司、相关机构及其责任人员采取监管谈话、出具警示函、责令定期报告等监管措施。

⑦上市公司编制的重组预案应当包括交易标的基本情况，包括报告期（本准则所述报告期指最近两年及一期，如初步估算为重组上市的情形，报告期指最近三年及一期）主营业务（主要产品或服务、盈利模式、核心竞争力等概要情况）、主要财务指标（可为未审计数）、预估值及拟定价（如有）。未披露预估值及拟定价的，应当说明原因及影响。相关证券服务机构未完成审计、评估或估值、盈利预测审核（如涉及）的，上市公司应当作出"相关资产经审计的财务数据、评估或估值结果以及经审核的盈利预测数据（如涉及）将在重大资产重组报告书中予以披露"的特别提示以及"相关资产经审计的财务数据、评估或估值最终结果可能与预案披露情况存在较大差异"的风险揭示。交易标的

属于境外资产或者通过公开招标、公开拍卖等方式购买的如确实无法披露财务数据，应当说明无法披露的原因和影响，并提出解决方案。

⑧上市公司编制的重组预案应当披露本次交易存在其他重大不确定性因素，包括尚需取得有关主管部门的批准等情况的，应当对相关风险作出充分说明和特别提示。

⑨上市公司应当在重组报告书扉页中以表格形式简介交易标的评估或估值情况。参考格式如下：

交易标的名称	基准日	评估或估值方法	评估或估值结果	增值率/溢价率	本次拟交易的权益比例	交易价格	其他说明
合计	—	—	—	—			

注：交易标的如使用两种或两种以上评估或估值方法的，表格中填写最终采用的评估或估值情况；如涉及加期评估或估值的，表格中填写作为最终作价参考依据的评估或估值情况；加期评估或估值情况及是否存在评估或估值减值情况应当备注说明。

本次交易属于吸收合并的，不适用上述要求，参考格式如下：

	评估/估值对象	吸收合并方	被吸收合并方
评估或估值情况（如有）	评估/估值方法		
	基准日		
	评估/估值结果		
	增值率		

⑩交易标的为完整经营性资产的（包括股权或其他构成可独立核算会计主体的经营性资产），上市公司应当在重组报告书"交易标的"中披露：该经营性资产的设立情况、历次增减资或股权转让情况、最近三年增减资及股权转让的原因、作价依据及其合理性。该经营性资产的权益最近三年曾进行与交易、增资或改制相关的评估或估值的，应当披露相关评估或估值的方法、评估或估值结果及其与账面值的增减情况，交易价格、交易对方和

增资改制的情况,并列表说明该经营性资产最近三年评估或估值情况与本次重组评估或估值情况的差异原因。

交易标的不构成完整经营性资产的,上市公司应当在重组报告书"交易标的"中披露:相关资产在最近三年曾进行评估、估值或者交易的,应当披露评估或估值结果、交易价格、交易对方等情况,并列表说明相关资产最近三年评估或估值情况与本次重组评估或估值情况的差异原因。

⑪重大资产重组中相关资产以资产评估结果或估值报告结果作为定价依据的,上市公司应当在重组报告书"交易标的评估或估值"中披露以下信息:

第一,评估或估值的基本情况(包括账面价值、所采用的评估或估值方法、评估或估值结果、增减值幅度),分析评估或估值增减值主要原因、不同评估或估值方法的评估或估值结果的差异及其原因、最终确定评估或估值结论的理由。

第二,对评估或估值结论有重要影响的评估或估值假设,如宏观和外部环境假设及根据交易标的自身状况所采用的特定假设等。

第三,选用的评估或估值方法和重要评估或估值参数以及相关依据。具体如下:

收益法:具体模型、未来预期收益现金流、折现率确定方法、评估或估值测算过程、非经营性和溢余资产的分析与确认等。逐项披露重要评估或估值参数的预测依据及合理性。对于预测期数据与报告期、同行业可比公司存在较大差异的,应当逐项分析差异原因及合理性。

市场法:具体模型、价值比率的选取及理由、可比对象或可比案例的选取原则、调整因素和流动性折扣的考虑测算等。

资产基础法:主要资产的评估或估值方法及选择理由、评估或估值结果等,如:房地产企业的存货、矿产资源类企业的矿业权、生产型企业的主要房屋和关键设备等固定资产以及对未来经营存在重大影响的在建工程、科技创新企业的核心技术等无形资产、持股型企业的长期股权投资等。主要资产采用收益法、市场法评估或估值的，应参照上述收益法或市场法的相关要求进行披露。

第四，引用其他评估机构或估值机构报告内容（如矿业权评估报告、土地估价报告等）、特殊类别资产（如珠宝、林权、生物资产等）相关第三方专业鉴定等资料的，应对其相关专业机构、业务资质、签字评估师或鉴定师、评估或估值情况进行必要披露。

第五，存在评估或估值特殊处理、对评估或估值结论有重大影响事项，应当进行说明并分析其对评估或估值结论的影响；存在前述情况或因评估或估值程序受限造成评估报告或估值报告使用受限的，应提请报告使用者关注。

第六，评估或估值基准日至重组报告书签署日的重要变化事项及其对评估或估值结果的影响。

第七，该交易标的的下属企业构成该交易标的最近一期经审计的资产总额、营业收入、净资产额或净利润来源百分之二十以上且有重大影响的，应参照上述要求披露。交易标的涉及其他长期股权投资的，应当列表披露评估或估值的基本情况。

⑫上市公司董事会应当对本次交易标的评估或估值的合理性以及定价的公允性做出分析。上市公司应当在重组报告书"交易标的的评估或估值"中披露的相关信息包括但不限于：

第一，对资产评估机构或估值机构的独立性、假设前提的合理性、评估或估值方法与目的的相关性发表意见。

第二，结合报告期及未来财务预测的相关情况（包括各产品产销量、销售价格、毛利率、净利润等）、所处行业地位、行业发展趋势、行业竞争及经营情况等，详细说明评估或估值依据的合理性。如果未来预测与报告期财务情况差异较大的，应当分析说明差异的原因及其合理性。

第三，分析交易标的后续经营过程中政策、宏观环境、技术、行业、重大合作协议、经营许可、技术许可、税收优惠等方面的变化趋势、董事会拟采取的应对措施及其对评估或估值的影响。

第四，结合交易标的经营模式，分析报告期变动频繁且影响较大的指标（如成本、价格、销量、毛利率等方面）对评估或估值的影响，并进行敏感性分析。

第五，分析说明交易标的与上市公司现有业务是否存在显著可量化的协同效应；如有，说明对未来上市公司业绩的影响；交易定价中是否考虑了上述协同效应。

第六，结合交易标的的市场可比交易价格、同行业上市公司的市盈率或者市净率等指标，分析交易定价的公允性。

第七，说明评估或估值基准日至重组报告书签署日交易标的发生的重要变化事项，分析其对交易作价的影响。

第八，如交易定价与评估或估值结果存在较大差异，分析说明差异的原因及其合理性。

⑬上市公司独立董事对评估机构或者估值机构的独立性、评估或者估值假设前提的合理性和交易定价的公允性发表的独立意见。

⑭上市公司应当在重组报告书"风险因素"中，披露交易标的评估或估值风险。本次评估或估值存在报告期变动频繁且对评估或估值影响较大的指标，该指标的预测对本次评估或估值的影响，进而对交易价格公允性的影响等。

⑮上市公司发行股份购买资产同时募集部分配套资金的，在重组报告书"发行股份情况"部分还应当披露：对交易标的采取收益法评估时，预测现金流中是否包含了募集配套资金投入带来

的收益。

⑯上市公司、交易对方及有关各方应当依法披露或者提供信息，独立财务顾问、证券服务机构应当依法对信息披露进行核查把关。

上市公司应当充分披露本次交易资产定价的合理性，至少包括下列事项：资产定价过程是否经过充分的市场博弈，交易价格是否显失公允；所选取的评估或者估值方法与标的资产特征的匹配度，评估或者估值参数选取的合理性；标的资产交易作价与历史交易作价是否存在重大差异及存在重大差异的合理性；相同或者类似资产在可比交易中的估值水平；商誉确认是否符合企业会计准则的规定，是否足额确认可辨认无形资产。

上市公司应当披露由独立财务顾问按照规定出具的独立财务顾问报告。独立财务顾问应当就以下事项发表明确的结论性意见：对本次交易所涉及的资产定价和股份定价（如涉及）进行全面分析，说明定价是否合理。本次交易以资产评估结果作为定价依据的，应当对所选取的评估方法的适当性、评估假设前提的合理性、重要评估参数取值的合理性发表明确意见；本次交易不以资产评估结果作为定价依据的，应当对相关资产的估值方法、参数选择的合理性及其他影响估值结果的指标和因素发表明确意见。

⑰上市公司应当在重组报告书中披露本次交易所聘请的资产评估机构（如有）、估值机构（如有）等专业机构名称、法定代表人、住所、联系电话、传真，以及有关经办人员的姓名。上市公司重大资产重组申请文件目录包括重大资产重组中介机构联系表（包含资产评估机构、估值机构等证券服务机构及其签字人员的名单，包括名称/姓名、组织机构代码、统一社会信用代码/公民身份证号码或其他身份信息、联系方式）。

⑱证券交易所通过提出问题、回答问题等多种方式，督促上

市公司、交易对方、独立财务顾问、证券服务机构完善信息披露，真实、准确、完整地披露或者提供信息，提高信息披露质量。

证券交易所对发行股份购买资产申请进行审核时，可以视情况在审核问询中对上市公司、交易对方、独立财务顾问、证券服务机构提出下列要求：说明并披露相关问题及原因；补充核查相关事项并发表明确意见、披露核查过程、结果；补充提供信息披露的证明文件；修改或者更新信息披露内容。

证券交易所在审核中，发现上市公司申请文件存在重大疑问且上市公司、交易对方、独立财务顾问、证券服务机构回复中无法作出合理解释，或者本次交易涉及重组上市的，证券交易所可以提请对上市公司、交易对方、标的资产、独立财务顾问、证券服务机构进行现场检查，或者对独立财务顾问、证券服务机构进行现场督导。

⑲并购重组委员会进行审议时，认为需要对上市公司、交易对方、独立财务顾问、证券服务机构等主体进行现场问询的，由证券交易所重组审核机构通知相关主体。相关主体代表应当到会接受问询，回答并购重组委员会提出的问题。

⑳上市公司、交易对方、独立财务顾问、证券服务机构应当按照证券交易所重组审核机构审核问询要求进行必要的补充调查、核查，及时、逐项回复证券交易所重组审核机构提出的审核问询，相应补充或者修改申请文件并披露。独立财务顾问应当于并购重组委员会审议结束后十个工作日内，汇总补充报送与审核问询回复相关的工作底稿。

上市公司、交易对方、独立财务顾问、证券服务机构对证券交易所重组审核机构审核问询的回复是申请文件的组成部分，上市公司、交易对方、独立财务顾问、证券服务机构应当保证回复的真实、准确、完整。

㉑证券交易所受理申请文件后至证监会作出注册决定前,上市公司、独立财务顾问、证券服务机构应当按照规定,对披露的重大资产重组报告书、独立财务顾问报告、法律意见书、财务报告、审计报告、资产评估报告或者估值报告等文件予以修改、补充。未经证券交易所同意,申请文件不得更改。

上市公司重大资产重组申请获得证监会注册的,上市公司及相关证券服务机构应当根据证监会的注册情况重新修订并披露重组报告书及相关证券服务机构的报告或意见。上市公司及相关证券服务机构应当在修订的重组报告书及相关证券服务机构报告或意见的首页就补充或修改的内容作出特别提示。

㉒证券交易所受理申请文件后至本次交易实施完毕前,发生重大事项的,上市公司、交易对方、独立财务顾问应当及时向证券交易所报告,按照要求履行信息披露义务、更新申请文件。上市公司的独立财务顾问、证券服务机构应当持续履行尽职调查职责,并向证券交易所提交专项核查意见。

㉓证券交易所受理申请文件后至本次交易实施完毕前,上市公司及其独立财务顾问应当密切关注公共媒体关于本次交易的重大报道、市场传闻。相关报道、传闻与上市公司信息披露存在重大差异,或者所涉事项可能对本次交易产生重大影响的,上市公司、交易对方、独立财务顾问、证券服务机构应当向证券交易所作出解释说明,并按照规定履行信息披露义务。独立财务顾问、证券服务机构应当进行必要的核查并向证券交易所报告核查结果。

㉔证券交易所受理申请文件后至本次交易实施完毕前,证券交易所收到与本次交易相关的投诉举报的,可以就投诉举报的具体事项向上市公司、交易对方、独立财务顾问、证券服务机构进行问询,要求其向证券交易所作出解释说明,并按照规定履行信息披露义务;要求独立财务顾问、证券服务机构进行必要的核查

并向证券交易所报告核查结果。

来源：

《上市公司信息披露管理办法》；

《上市公司重大资产重组管理办法》；

《公开发行证券的公司信息披露内容与格式准则第 26 号——上市公司重大资产重组》；

《上海证券交易所上市公司重大资产重组审核规则》；

《深圳证券交易所上市公司重大资产重组审核规则》。

3.1.9.6.2 北交所

北交所上市公司实施重大资产重组，应当按照《上市公司重大资产重组管理办法》《公开发行证券的公司信息披露内容与格式准则第 56 号——北京证券交易所上市公司重大资产重组》的要求编制并披露重大资产重组报告书及其他相关信息披露文件。上市公司发行股份购买资产的，还应当按照要求制作和报送申请文件。北交所上市公司并购重组申请文件中与资产评估有关的信息及披露要求主要如下：

（1）评估报告和估值报告（如有）

上市公司申请重大资产重组，申请文件目录包括：本次重大资产重组涉及的拟购买、出售资产的评估报告及评估说明，资产估值报告（如有）；资产评估结果备案或核准文件（如有）。

上市公司申请重大资产重组，重组报告书附件应包括：资产评估报告、资产估值报告（如有）。

（2）补充专业意见（如有）

《公开发行证券的公司信息披露内容与格式准则第 56 号——北京证券交易所上市公司重大资产重组》的规定是对重组报告书及其他相关信息披露文件的最低要求。证监会、北交所可以根据监管实际需要，要求上市公司补充披露其他有关信息或提供其他有关文件。

上市公司重大资产重组申请经证监会同意注册的，上市公司及相关证券服务机构应当根据证监会的注册情况重新修订重组报告书及相关证券服务机构的报告或意见，并作出补充披露。

（3）其他信息披露要求

①上市公司重大资产重组以评估值或资产估值报告中的估值金额作为交易标的定价依据的，应当披露相关资产的资产评估报告或资产估值报告。资产评估机构或估值机构为本次重组而出具的评估或估值资料中应明确声明在评估或估值基准日后××月内（最长十二个月）有效。

②上市公司披露重大资产重组预案，应当披露证券服务机构的结论性意见；证券服务机构尚未出具意见的，应当作出关于"证券服务机构意见将在重大资产重组报告书中予以披露"的特别提示。

③交易标的为完整经营性资产的（包括股权或其他构成可独立核算会计主体的经营性资产），该经营性资产的权益最近三年曾进行与交易、增资或改制相关的评估或估值的，重组报告书中应当披露相关评估或估值的方法、评估或估值结果及其与账面值的增减情况，交易价格、交易对方和增资改制的情况，并列表说明该经营性资产最近三年评估或估值情况与本次重组评估或估值情况的差异原因。交易标的不构成完整经营性资产的，相关资产在最近三年曾进行资产评估、估值或者交易的，重组报告书中应当披露评估或估值结果、交易价格、交易对方等情况。

④重大资产重组中相关资产以资产评估结果或估值报告结果作为定价依据的，重组报告书中应当至少披露以下信息：

第一，评估或估值的基本情况，分析评估或估值增减值主要原因、不同评估或估值方法的评估或估值结果的差异及其原因、最终确定评估或估值结论的理由；

第二，对评估或估值结论有重要影响的评估或估值假设；

第三，选用的评估或估值方法、重要评估或估值参数以及相关依据；

第四，引用其他评估机构或估值机构报告内容、特殊类别资产相关第三方专业鉴定等资料的，应对其相关专业机构、业务资质、签字评估师或鉴定师、评估或估值情况进行必要披露；

第五，存在评估或估值特殊处理、对评估或估值结论有重大影响事项的，应当进行说明并分析其对评估或估值结论的影响；存在前述情况或因评估或估值程序受限造成评估报告或估值报告使用受限的，应提请报告使用者关注；

第六，评估或估值基准日至重组报告书签署日的重要变化事项及其对评估或估值结果的影响；

第七，该交易标的的下属企业构成该交易标的最近一期经审计的资产总额、营业收入、净资产额或净利润来源百分之二十以上且有重大影响的，应参照上述要求披露。交易标的涉及其他长期股权投资的，应当列表披露评估或估值的基本情况。

⑤上市公司董事会应当对本次交易标的评估或估值的合理性以及定价的公允性做出分析，重组报告书中应当披露的信息包括但不限于：

第一，资产评估机构或估值机构的独立性、假设前提的合理性、评估或估值方法与目的的相关性；

第二，评估或估值依据的合理性；

第三，交易标的后续经营中行业、技术等方面的变化趋势、拟采取的应对措施及其对评估或估值的影响；

第四，报告期变动频繁且影响较大的指标对评估或估值的影响，并进行敏感性分析；

第五，交易标的与上市公司现有业务的协同效应、对未来上市公司业绩的影响，对交易定价的影响；

第六，结合交易标的的市场可比交易价格、同行业上市公司的市盈率或者市净率等指标，分析交易定价的公允性；

第七，说明评估或估值基准日至重组报告书披露日交易标的发生的重要变化事项，分析其对交易作价的影响；

第八，如交易定价与评估或估值结果存在较大差异，分析说明差异的原因及其合理性。

上市公司独立董事对资产评估机构或者估值机构的独立性、评估或者估值假设前提的合理性和交易定价的公允性发表的独立意见。

⑥重组报告书应当披露证券服务机构出具的相关报告的结论性意见。

⑦上市公司应当对本次重组及重组后上市公司的相关风险予以揭示，并进行定量分析，无法进行定量分析的，应当有针对性地作出定性描述。上市公司应当披露的风险包括但不限于交易标的评估或估值风险等。

⑧上市公司披露重组报告书，应当就与本次重组有关的重大事项进行"重大事项提示"，包括交易标的评估或估值情况等本次重组方案简要介绍，本次交易聘请的资产评估机构（如有）等专业机构名称、法定代表人、住所、联系电话、传真，以及有关经办人员的姓名。

⑨上市公司发行股份购买资产同时募集部分配套资金的，在重组报告书"发行股份情况"部分还应当披露以下内容：对交易标的采取收益法评估时，预测现金流中是否包含了募集配套资金投入带来的收益。

⑩独立财务顾问应当按照规定出具独立财务顾问报告，报告应当包括以下内容：本次交易根据资产评估结果定价，应当对所选取的评估方法的适当性、评估假设前提的合理性、重要评估参数取值的合理性发表明确意见；本次交易不以资产评估结果作为定价依据的，应当对相关资产的估值方法、参数选择的合理性及

其他影响估值结果的指标和因素发表明确意见。

⑪申请文件一经受理，未经证监会、北交所同意，不得增加、撤回或更换。

来源：

《上市公司信息披露管理办法》；

《北京证券交易所上市公司持续监管办法（试行）》；

《公开发行证券的公司信息披露内容与格式准则第56号——北京证券交易所上市公司重大资产重组》；

《北京证券交易所上市公司重大资产重组审核规则》。

3.1.9.6.3　股转系统

非上市公众公司并购重组申请文件中与资产评估有关的信息及披露要求主要如下：

（1）资产评估报告、资产估值报告（如有）

申请文件目录包括本次重大资产重组涉及的拟购买、出售资产的评估报告及评估说明，资产估值报告（如有）。

附件应当包括资产评估报告、资产估值报告（如有）。

（2）补充专业意见（如有）

《非上市公众公司信息披露内容与格式准则第6号——重大资产重组报告书》的规定是对重组报告书及其他相关信息披露文件的最低要求。

公众公司发行股份购买资产申请经证监会注册的，公众公司及相关证券服务机构应当根据证监会的注册情况重新修订重组报告书及相关证券服务机构的报告或意见，并作出补充披露。

（3）其他信息披露要求

①公众公司实施并购重组行为，应当聘请符合《证券法》规定的证券服务机构出具相关意见。

②公众公司重大资产重组以评估值或资产估值报告中的估值金额作为交易标的定价依据的，应当提供相关资产的资产评估报

告或资产估值报告。申请文件一经受理，未经证监会同意，不得增加、撤回或更换。

③公众公司召开董事会决议重大资产重组事项，应当在披露决议的同时披露本次重大资产重组资产评估报告（或资产估值报告）等信息披露文件。如公众公司就本次重大资产重组首次召开董事会前，相关资产尚未完成评估工作的，在披露首次董事会决议的同时应当披露重大资产重组预案及独立财务顾问对预案的核查意见。公众公司应在披露重大资产重组预案后六个月内完成评估工作，并再次召开董事会，在披露董事会决议时一并披露重大资产重组资产评估报告（或资产估值报告）等信息披露文件。

④公众公司向特定对象发行股份购买资产后股东累计不超过二百人的重大资产重组，证监会豁免注册，由股转系统自律管理。公众公司重大资产重组不涉及发行股份的，股转系统对资产评估报告（或资产估值报告）等信息披露文件的完备性进行审查。

⑤公众公司披露重大资产重组预案的，应当包括证券服务机构的结论性意见；证券服务机构尚未出具意见的，应当作出关于"证券服务机构意见将在重大资产重组报告书中予以披露"的特别提示。

⑥交易标的为完整经营性资产（包括股权或其他构成可独立核算会计主体的经营性资产），该经营性资产的权益最近2年曾进行资产评估、交易、增资或改制的，公众公司在重组报告书"交易标的的基本情况"中应当披露相关的评估价值、交易价格、交易对方和增资改制的情况。交易标的不构成完整经营性资产，相关资产在最近2年曾进行资产评估或者交易的，公众公司在重组报告书"交易标的的基本情况"中应当披露评估价值、交易价格、交易对方等情况。

⑦资产交易根据资产评估结果定价的，公众公司在重组报告

书"交易标的"中应当披露资产评估方法和资产评估结果（包括各类资产的评估值、增减值额及增减值率，以及主要的增减值原因等）。

⑧公众公司在重组报告书中应当披露本次交易聘请的资产评估机构（如有）等专业机构名称、法定代表人、住所、联系电话、传真，以及有关经办人员的姓名。

⑨独立财务顾问应当按照规定出具独立财务顾问报告，报告应当说明本次交易所涉及的资产定价和支付手段定价的合理性。

⑩重大资产重组实施完毕后，凡不属于公众公司管理层事前无法获知且事后无法控制的原因，购买资产实现的利润未达到盈利预测报告或者资产评估报告预测金额的百分之八十，或者实际运营情况与重大资产重组报告书存在较大差距的，公众公司的董事长、总经理、财务负责人应当在公众公司披露年度报告的同时，作出解释，并向投资者公开道歉；实现利润未达到预测金额的百分之五十的，证监会可以对公众公司及相关责任人员采取监管谈话、出具警示函、责令定期报告等监管措施。

来源：

《非上市公众公司监督管理办法》；

《非上市公众公司信息披露管理办法》；

《非上市公众公司重大资产重组管理办法》；

《非上市公众公司信息披露内容与格式准则第 6 号——重大资产重组报告书》。

3.1.9.7 上市公司收购评估

上市公司的收购及相关股份权益变动活动中与资产评估有关的信息及披露要求主要如下：

（1）资产评估报告

上市公司董事、监事、高级管理人员、员工或者其所控制或者委托的法人或者其他组织，拟对本公司进行协议收购或者通过间接收购的方式取得本公司控制权的，公司应当聘请从事证券服务业务的资产评估机构提供公司资产评估报告。

信息披露义务人以其非现金资产认购上市公司发行的新股的，应当披露非现金资产最近两年经符合《证券法》规定的会计师事务所审计的财务会计报告，或从事证券服务业务的资产评估机构出具的处于有效期内的资产评估报告。

（2）补充专业意见（如有）

（3）其他信息披露要求

①收购人在收购报告书中援引相关专业机构出具的专业报告或意见的内容，应当说明相关专业机构已书面同意上述援引。

②上市公司董事、监事、高级管理人员及员工或者其所控制或委托的法人或其他组织收购本公司股份并取得控制权，或者通过投资关系、协议或其他安排导致其拥有权益的股份超过本公司已发行股份30%的，上市公司收购报告书"收购方式"中应当披露收购的定价依据、资产评估方法和评估结果。

来源：

《上市公司信息披露管理办法》；

《上市公司收购管理办法》；

《公开发行证券的公司信息披露内容与格式准则第15号——权益变动报告书》；

《公开发行证券的公司信息披露内容与格式准则第16号——上市公司收购报告书》；

《公开发行证券的公司信息披露内容与格式准则第55号——北京证券交易所上市公司权益变动报告书、上市公司收购报告书、要约收购报告书、被收购公司董事会报告书》。

3.1.9.8　发行公司债券评估

资产评估机构在上市公司公开发行公司债券过程中，与资产评估有关的信息及披露要求主要如下：

（1）资产评估报告

上市公司公开发行公司债券，申请文件目录包括本次发行公司债券的担保财产的资产评估文件（如为抵押或质押担保）。

（2）补充专业意见（如有）

发行人应根据证券交易所对发行申请文件的审核问询以及证监会对申请文件的注册反馈问题提供补充材料。主承销商和相关证券服务机构应对相关问题进行尽职调查并出具专业意见。

（3）其他信息披露要求

①评估机构应当勤勉尽责，确保出具文件真实、准确、完整，在评估过程中应当独立、客观、公正，遵守一致性、一贯性及公开、透明、可校验原则，不得随意调整评估方法和评估结果。

②申请文件一经受理，未经同意不得增加、撤回或更换。

③发行申请文件的扉页上应标明有关中介机构项目负责人的姓名、电话、传真、电子信箱及其他有效的联系方式。

④企业应当在募集说明书中披露发行有关机构的名称、住所、法定代表人、联系电话、传真和有关经办人员的姓名，并披露企业与发行有关的中介机构及其负责人、高级管理人员、经办人员之间存在的直接或间接的股权关系及其他重大利害关系。

⑤企业发行债券提供抵押或质押担保的，企业应当在募集说明书中披露担保物的名称、金额（账面值和评估值）、担保物金额（账面值和评估值）、担保物的评估情况等信息。

来源：

《公司债券发行与交易管理办法》；

《公司信用类债券信息披露管理办法》；

《公开发行证券的公司信息披露内容与格式准则第24号——公开发行公司债券申请文件》；

《关于注册制下提高中介机构债券业务执业质量的指导意见》。

3.1.9.9 财报目的评估

财报目的评估业务主要包括资产减值测试涉及的评估、资产公允价值评估、合并对价分摊事项涉及的评估等。目前，证券监管部门对以财报目的评估业务明确提出相关信息披露要求的主要是上市公司商誉减值测试资产评估、股权激励计划公允价值评估。

3.1.9.9.1 商誉减值测试

因商誉减值事项的特殊性与专业性，不少公司与会计师事务所在进行商誉减值测试或对商誉减值事项进行审计时，均会利用资产评估机构及其从业人员出具的专业意见。资产评估机构及其从业人员应按照相关法律法规、资产评估准则及依法制定的其他业务规则勤勉执业。

利用资产评估机构的工作辅助开展商誉减值测试时，公司应聘请符合规定的资产评估机构，明确约定该工作用于商誉减值测试。

需要注意的是，资产评估机构及其从业人员应当关注商誉减值测试对企业合并时被收购方的评估报告或估值报告预测数据的核对情况。根据相关规定，保荐机构及会计师会结合产生商誉对应的企业合并时被收购方的评估报告或估值报告，核对原评估报告或估值报告中使用的预测数据与实际数据的差异及其原因，综合判断是否存在减值迹象及其对商誉减值测试的影响。

来源：

《会计监管风险提示第 8 号——商誉减值》；

《监管规则适用指引——发行类第 7 号》。

3.1.9.9.2 股权激励公允价值确定

上市公司制定股权激励计划的，应当在股权激励计划中载明限制性股票或股票期权公允价值的确定方法、涉及估值模型重要参数取值合理性等。股权激励计划经股东大会审议通过后，上市公司应当在 60 日内授予权益并完成公告、登记；有获授权益条件的，应当在条件成就后 60 日内授出权益并完成公告、登记。上市公司向激励对象授出权益时，应当按照规定履行信息披露义务，并再次披露股权激励公允价值确定方法、涉及估值模型重要参数取值的合理性等信息。

上市公司在授予激励对象限制性股票时，应当确定授予价格或授予价格的确定方法。授予价格不得低于股票票面金额，且原则上不得低于下列价格较高者：（1）股权激励计划草案公布前 1 个交易日的公司股票交易均价的 50%；（2）股权激励计划草案公布前 20 个交易日、60 个交易日或者 120 个交易日的公司股票交易均价之一的 50%。上市公司采用其他方法确定限制性股票授予价格的，应当在股权激励计划中对定价依据及定价方式作出说明。

上市公司在授予激励对象股票期权时，应当确定行权价格或者行权价格的确定方法。行权价格不得低于股票票面金额，且原则上不得低于下列价格较高者：（1）股权激励计划草案公布前 1 个交易日的公司股票交易均价；（2）股权激励计划草案公布前 20 个交易日、60 个交易日或者 120 个交易日的公司股票交易均价之一。上市公司采用其他方法确定行权价格的，应当在股权激励计划中对定价依据及定价方式作出说明。

上市公司未按规定的定价原则，而采用其他方法确定限制性股票授予价格或股票期权行权价格的，应当聘请独立财务顾问，对股权激励计划的可行性、是否有利于上市公司的持续发展、相关定价依据和定价方法的合理性、是否损害上市公司利益以及对股东利益的影响发表专业意见。

来源：

《上市公司信息披露管理办法》；

《上市公司股权激励管理办法》。

3.1.9.10　重大合同和重大交易评估

上市公司签署重大合同、发生重大交易和关联交易，股转系统挂牌公司发生重大交易，应按规定披露相关信息。

3.1.9.10.1　重大合同

上市公司年度报告和半年度报告应当披露重大合同及其履行情况，包括但不限于：列表披露合同订立双方的名称、签订日期、合同标的所涉及资产的账面价值、评估价值、相关评估机构名称、评估基准日、定价原则以及最终交易价格等，并披露截至报告期末合同的执行情况。

来源：

《上市公司信息披露管理办法》；

《公开发行证券的公司信息披露内容与格式准则第2号——年度报告的内容与格式》；

《公开发行证券的公司信息披露内容与格式准则第3号——半年度报告的内容与格式》；

《公开发行证券的公司信息披露内容与格式准则第53号——北京证券交易所上市公司年度报告》；

《公开发行证券的公司信息披露内容与格式准则第54号——北京证券交易所上市公司中期报告》。

3.1.9.10.2　重大关联交易

上市公司年度报告和半年度报告应当披露报告期内发生的重大关联交易事项。若对于某一关联方，沪深交易所上市公司报告期内累计关联交易总额在3 000万元以上且占公司报告期末净资产值5%以上（科创板公司披露标准为报告期内累计关联交易总额在3 000万元以上且占公司报告期末总资产或市值1%以上），北交所上市公司报告期内累计关联交易总额高于3 000万元且占公司最近一期经审计总资产值2%以上，资产或股权收购、出售发生的关联交易，至少应当披露关联交易定价原则、资产的账面价值、评估价值、交易价格等情况，交易价格与账面价值或评估价值差异较大的，应当说明原因。如相关交易涉及业绩约定，应当披露报告期内的业绩实现情况。

来源：

《上市公司信息披露管理办法》；

《公开发行证券的公司信息披露内容与格式准则第 2 号——年度报告的内容与格式》；

《公开发行证券的公司信息披露内容与格式准则第 3 号——半年度报告的内容与格式》；

《公开发行证券的公司信息披露内容与格式准则第 53 号——北京证券交易所上市公司年度报告》；

《公开发行证券的公司信息披露内容与格式准则第 54 号——北京证券交易所上市公司中期报告》。

3.1.9.10.3　重大交易

（1）上交所

①上市公司发生的重大交易涉及的资产总额（同时存在账面值和评估值的，以高者为准；涉及数据为负值的，取其绝对值计算）占上市公司最近一期经审计总资产的 10% 以上，或者交易标的（如股权）涉及的资产净额（同时存在账面值和评估值的，以高者为准；涉及数据为负值的，取其绝对值计算）占上市公司最近一期经审计净资产的 10% 以上，且绝对金额超过 1 000 万元等规定情形的，应当及时披露交易相关信息。上市公司发生交易达到应当及时披露规定标准，且交易对方以非现金资产作为交易对价或者抵偿上市公司债务的，上市公司应当披露涉及资产的审计报告或者评估报告。

②上市公司发生的重大交易涉及的资产总额（同时存在账面值和评估值的，以高者为准；涉及数据为负值的，取其绝对值计算）占上市公司最近一期经审计总资产的 50% 以上，或者交易

标的（如股权）涉及的资产净额（同时存在账面值和评估值的，以高者为准；涉及数据为负值的，取其绝对值计算）占上市公司最近一期经审计净资产的50%以上，且绝对金额超过5 000万元等规定情形的，除应当及时披露交易相关信息外，还应当提交股东大会审议。公司发生交易达到应当及时披露和提交股东大会审议规定标准，且交易标的为公司股权以外的其他资产的，应当披露标的资产由资产评估机构出具的评估报告。评估基准日距审议相关交易事项的股东大会召开日不得超过一年。公司发生"购买或者出售资产"交易，不论交易标的是否相关，若所涉及的资产总额或者成交金额在连续12个月内经累计计算超过公司最近一期经审计总资产30%的，除应当披露并进行审计或者评估外，还应当提交股东大会审议，并经出席会议的股东所持表决权的三分之二以上通过。

③证监会、交易所根据审慎原则要求，公司依据其章程或者其他法律法规等规定，以及公司自愿提交股东大会审议的交易事项，应当适用前述规定。

④上市公司应当根据交易类型，按照交易所相关规定披露交易定价及依据、有关部门审批文件（如有）、中介机构意见（如适用）等信息。

⑤上市公司与其合并报表范围内的控股子公司、控制的其他主体发生的或者上述控股子公司、控制的其他主体之间发生的交易，可以免于按照上述规定披露和履行相应程序，证监会或者交易所另有规定的除外。

来源：

《上市公司信息披露管理办法》；

《上海证券交易所股票上市规则》。

（2）深交所

①上市公司发生的重大交易涉及的资产总额占上市公司最近

一期经审计总资产的10%以上，该交易涉及的资产总额同时存在账面值和评估值的，以较高者为准（涉及数据为负值的，取其绝对值计算），或者交易标的（如股权）涉及的资产净额占上市公司最近一期经审计净资产的10%以上，且绝对金额超过1 000万元，该交易涉及的资产净额同时存在账面值和评估值的，以较高者为准（涉及数据为负值的，取其绝对值计算）等规定情形的，应当及时披露交易相关信息。公司发生交易达到应当及时披露规定标准，且交易对方以非现金资产作为交易对价或者抵偿上市公司债务的，应当披露所涉及资产的审计报告或者评估报告。评估基准日距审议相关交易事项的董事会召开日或者相关事项的公告日不得超过一年。

②上市公司发生的重大交易涉及的资产总额占上市公司最近一期经审计总资产的50%以上，该交易涉及的资产总额同时存在账面值和评估值的，以较高者为准（涉及数据为负值的，取其绝对值计算），或者交易标的（如股权）涉及的资产净额占上市公司最近一期经审计净资产的50%以上，且绝对金额超过5 000万元，该交易涉及的资产净额同时存在账面值和评估值的，以较高者为准（涉及数据为负值的，取其绝对值计算）等规定情形的，应当及时披露交易相关信息并提交股东大会审议。公司发生交易达到应当及时披露并提交股东大会审议规定标准，且交易标的为公司股权以外的其他资产的，应当披露标的资产由资产评估机构出具的评估报告。公司发生交易达到应当及时披露并提交股东大会审议规定标准，且交易对方以非现金资产作为交易对价或者抵偿上市公司债务的，也应当披露所涉及资产的审计报告或评估报告。该等评估报告的评估基准日距审议相关交易事项的股东大会召开日不得超过一年。

③公司发生交易虽未达到应当及时披露并提交股东大会审议规定标准，证监会、交易所根据审慎原则可以要求公司披露所涉

及资产的审计报告或者评估报告。评估基准日距审议相关交易事项的董事会召开日或者相关事项的公告日不得超过一年。

④上市公司发生符合重大交易标准的购买资产或者出售资产时，应当以资产总额和成交金额中的较高者为准，按交易事项的类型在连续十二个月内累计计算。经累计计算金额超过上市公司最近一期经审计总资产30%的，公司应当及时披露相关交易事项以及交易标的审计报告或者评估报告，提交股东大会审议并经由出席会议的股东所持表决权的三分之二以上通过。已按照规定履行相关义务的，不再纳入相关的累计计算范围。

⑤上市公司应当根据交易类型，按照交易所有关规定披露交易定价及依据、有关部门审批文件（如有）、中介机构意见（如适用）等信息。

⑥上市公司与其合并报表范围内的控股子公司发生的或者上述控股子公司之间发生的交易，可以免于按照上述规定披露和履行相应程序，证监会或者交易所另有规定的除外。

来源：

《上市公司信息披露管理办法》；

《深圳证券交易所股票上市规则》。

（3）股转系统

创新层挂牌公司发生的交易（除提供担保外）达到下列标准之一的，应当及时披露：①交易涉及的资产总额（同时存在账面值和评估值的，以孰高为准）或成交金额占公司最近一个会计年度经审计总资产的10%以上；②交易涉及的资产净额或成交金额占公司最近一个会计年度经审计净资产绝对值的10%以上，且超过300万元。

基础层挂牌公司发生的交易（除提供担保外）达到下列标准之一的，应当及时披露：①交易涉及的资产总额（同时存在账面值和评估值的，以孰高为准）或成交金额占公司最近一个会计年度经审计总资产的20%以上；②交易涉及的资产净额或成交金额占公司最近一个会计年度经审计净资产绝对值的20%以上，且超过300万元。

来源：

《非上市公众公司信息披露管理办法》；

《全国中小企业股份转让系统挂牌公司信息披露规则》。

3.2 特殊规定

3.2.1 交易类证券评估业务

交易类证券评估业务是以交易为目的的评估业务，主要交易标的包括股权和资产，涉及上市公司重大资产重组、发行股份购买资产、再融资募集资金投向项目、上市公司吸收合并或分立等经济行为，由于涉及上市公司公众股东利益，通常作为法定评估业务。

证监会陆续公布了《上市公司重大资产重组管理办法》《上市公司证券发行注册管理办法》《上市公司收购管理办法》《会计监管风险提示第5号——上市公司股权交易资产评估》《会计监管风险提示第7号——轻资产类公司收益法评估》《监管规则适用指引——评估类第1号》《监管规则适用指引——上市类第1号》《监管规则适用指引——发行类第7号》等制度规则，对交易类证券评估业务中的股权交易评估、轻资产企业收益法评估和收益法评估的折现率选取进行了规范。

3.2.1.1 价值类型和评估假设

资产评估师应恰当选择价值类型、合理使用评估假设，并应重点关注是否进行了不合理的评估假设、评估假设是否符合企业所属行业特点、是否符合被评估企业自身内在发展逻辑和外部现实条件约束和是否通过人为设定评估假设为盈利预测"创造"数量依据与环境条件等情况。资产评估机构应在以下方面加强业务执业质量控制：

（1）为上市公司股权交易进行评估，并以市场价值作为定价参考依据的，评估过程及结果不应当体现收购行为完成后的协同效应。

（2）充分考虑企业所处政治、经济和法律环境，技术发展，市场前景，资产状况，经营能力，商业化程度等，合理设定与之相适应的假设条件。

（3）合理确定评估假设，确信相关假设有可靠证据表明其很有可能在未来发生，或者虽然缺乏可靠证据，但没有理由认为这些假设明显不切合实际。对于重要的评估假设，应当说明其使用理由。同时应关注设定的免责条款是否合理。

3.2.1.2 现场调查与核查验证

资产评估师应对评估对象的现状及其法律权属进行认真调查，并关注获取评估资料的完整性和可靠性。资产评估机构应在以下方面加强业务执业质量控制：

（1）评估股权价值时应当把企业作为一个有机整体，不仅要考虑企业财务账内的资产和负债，也要考虑重要的可识别和评估的账外资产和负债，例如无形资产和或有负债等。

（2）仔细阅读公司章程或投资协议，了解股东在利益分配、股权转让等方面的权利和义务是否存在特殊的约定，例如分红限制、清算约定和存在限售期等，并考虑其对股权价值的影响。

（3）关注公司最新的工商登记情况和近期的董事会决议等材料，取得最新的公司章程，确信评估报告准确地反映了股东持股比例及各项权益。

（4）采用收益法或市场法评估股权价值时，应当对评估范围内的重要资产和负债，通过询问、函证、核对、监盘、勘查、检查等方式进行必要的调查，了解其经济、技术和法律权属状况，及其对股权价值的影响。

（5）如果存在影响评估结论的重要事项，应当要求委托方或被评估企业就该事项提供专项承诺等内部证明材料和律师函等外部证明材料，作为支持评估结论的依据；同时就该事项对评估结果的影响，采取如暂估负债、在盈利预测时考虑相关费用或在特别事项中进行披露等方式进行处理。

（6）关注是否履行了必要的调查分析程序，是否存在应关注而未关注的事项。评估机构引用外部报告的结论时，关注外部专业报告的出具主体是否具有相应的资质，本次评估机构是否进行了必要的专业判断并发表意见。

3.2.1.3　评估方法的选择和相关要求

资产评估师应恰当选择评估方法，形成合理评估结论，并在轻资产企业评估中，结合企业的历史经营情况、未来收益可预测情况、所获取评估资料的充分性，恰当考虑收益法的适用性。在评估方法选择上应当注意：

（1）对股权进行评估时，应逐一分析资产基础法、收益法和市场法等三种基本评估方法的适用性。在持续经营前提下，原则上应当采用两种以上方法进行评估。除被评估企业不满足其中某两种方法的适用条件外，应合理采用两种或两种以上方法进行评估。如果只采用了一种评估方法，应当有充分依据并详细论证不能采用其他方法进行评估的理由。

（2）评估方法的选择应有充分依据，不得只采用更接近预先设定的交易价格的评估方法进行评估。

（3）对同一股权采用多种评估方法时，应当对使用各种评估方法产生的结果之间的差异进行分析，复核各种方法的适用条件、重要参数的选取依据、评估方法的运用过程等，结合差异原因判断评估结果的差异程度是否属于合理范围。对于评估结果与资产盈利情况及净资产额存在重大差异的，发行人应结合可比公司估值或市场可比案例说明交易价格的合理性。例如，当收益法评估结果低于资产基础法评估结果时，应当关注相关资产是否存在如经济性贬值等情况；反之，则应当分析在运用资产基础法评估时，是否存在评估范围不完整等情况。

（4）对同一股权采用多种评估方法时，应根据股权交易目的、不同评估方法使用数据的质量和数量，结合市场相关信息进行论证，综合判断并形成最终评估结论。

①资产基础法的相关要求

资产评估师采用资产基础法评估时，应在合理评估企业各项资产和负债价值的基础上，确定评估对象的价值，资产评估机构应在以下方面加强业务执业质量控制：

第一，充分分析资产基础法的适用条件，对存在大量不可识别和评估的账外资产或负债的企业，应谨慎使用资产基础法。

第二，资产评估师应当根据企业会计政策、生产经营等情况，识别企业资产负债表表内及表外的各项资产、负债，并根据具体情况分别选用适当的方法进行评估。

第三，对于重要的可识别的账外无形资产，应从资产取得、使用、维护等角度，分析其对股权价值的影响，并对其进行评估。

第四，资产评估师应当考虑经济性贬值对资产基础法评估结果的影响，结合企业的收益和资产使用状况，关注持续经营前提下单项资产存在经济性贬值的可能性。

第五，引用矿业权、土地使用权等其他专业报告时，应对专业机构的独立性与专业报告的可靠性进行必要判断，对其使用前提、假设条件和特别关注事项等进行必要分析，恰当引用专业报告的评估结果。例如，引用其他资产评估结果时，应确信股权评估范围不重不漏，评估报告与其他专业报告所依据的基础数据没有重大差异等。

第六，关注其他中介机构对同一事项的专业判断结果，对双方存在的重大差异进行调查分析。除非有充分依据证明双方判断都符合相关专业技术规范，否则应当消除重大分歧或说明差异原因。例如，对于有确凿证据证明其可回收性的应收款项，应根据实际情况逐项确定评估值；对于没有确凿证据的，应按账龄分析法等方法估计款项回收风险。

②收益法的相关要求

资产评估师采用收益法评估，应当从企业盈利能力的角度，合理衡量评估对象的价值，资产评估机构应在以下方面加强业务执业质量控制：

第一，结合企业的历史经营情况、未来收益可预测情况和所获取评估资料的充分程度，恰当考虑收益法的适用性。对于产品或服务尚未投入市场、无盈利历史记录、持续经营存在不确定性的企业，应谨慎使用收益法。

第二，分析委托方或被评估企业提供的盈利预测数据时，应尽量搜集企业战略发展规划、经营计划和财务计划等预测依据，获得未来盈利数据的支持，有效防范或降低预测风险。

第三，审慎使用委托方或被评估企业提供的盈利预测资料，应充分分析被评估企业的人力资源、技术水平、资本结构、经营状况、历史业绩、发展前景，考虑宏观和区域经济因素、所在行业现状与发展前景对股权价值的影响，在考虑未来存在的各种可能性及其影响的基础上合理确定评估假设，形成未来收益预测。

第四，对盈利预测基础历史数据进行认真核实，必要时可聘请注册会计师对相关历史财务数据进行审计，或要求被评估企业提供经审计财务数据。对委托方和相关当事方提供的盈利预测，应进行必要的分析、判断和调整，不能简单假设盈利预测能够如期实现。当盈利预测趋势和企业历史业绩与现实经营状况存在重大差异时，应当对差异原因及其合理性进行分析。

第五，与委托方和相关当事方进行沟通，了解企业资产配置和使用的情况，重点关注不同时点企业的资产构成和规模变化，并结合行业特点和行业资产配置的平均水平，谨慎识别非经营性资产和溢余资产。

第六，未来收益预测中主营业务收入、毛利率、营运资金、资本性支出等主要参数应与评估假设及各相关参数相匹配。

第七，充分了解企业所在行业或地区的特殊产业政策，在预测收益和风险时恰当考虑上述产业政策的影响。

第八，预测未来收益时，不仅要考虑企业的生产能力，还应对市场需求进行充分了解和分析，合理预测未来年度的销售规模。

第九，对存在明显周期性波动的企业，在预测企业未来收益时应充分考虑市场需求和价格的变动趋势，特别是对预测期后长期销售价格和数量的预测，应避免采用波峰或波谷价格和销量等不具有代表性的指标来预测收入水平。

第十，对历史上采用关联方销售定价的企业，在预测企业未来收益时应分析定价的公允性及可持续性，恰当选择预测价格。

第十一，对享有税收优惠政策的企业，在预测企业未来收益时应分析优惠政策到期后企业持续享有该政策的可能性，谨慎考虑长期税负水平。

第十二，根据国家有关法律法规、企业所在行业现状与发展前景、协议与章程约定、企业经营状况、资产特点和资源条件等，恰当确定收益期。

第十三，综合考虑评估基准日的利率水平、市场投资收益率等资本市场相关信息，以及企业所在行业和企业本身的特定风险等相关因素，合理确定折现率。

第十四，采取收益法对上市公司重大资产重组中拟购买股权进行评估并作为定价参考依据的，应遵照《上市公司重大资产重组管理办法》的相关规定。

第十五，对于重要的敏感性较强的评估参数，如评估假设、价格水平、收益期限、折现率等，应当进行敏感性分析，分析其变动对评估结果的影响；资产评估机构应当制定敏感性分析的具体标准，增强敏感性分析的恰当性。

③市场法的相关要求

资产评估师采用市场法评估，应当从市场交易角度，合理衡量评估对象的价值，资产评估机构应在以下方面加强业务执业质量控制：

第一，根据收集到的可比企业数量及其经营和财务数据的充分性和可靠性，恰当考虑市场法的适用性。不存在可比企业或交易案例的情况下，不应使用市场法。对被评估企业和参考企业所属的行业、业务结构、经营模式、企业规模、资产配置和使用情况、企业所处经营阶段、成长性、经营风险、财务风险等因素进行分析、比较，合理选择可比企业或交易案例。

第二，对股权交易的对象、交易背景、交易条件和交易时间等进行调查，恰当选择交易案例或对交易价格进行相应的修正。

第三，对被评估企业所在行业的价值驱动因素进行分析，结合证券市场、产权交易市场股权定价规律，选择有利于合理确定评估对象价值的价值比率和差异调整方法。

第四，对各项数据的真实性、准确性和完整性进行必要的分析和判断，计算价值比率时恰当选择相关数据，合理确定数据的时间分布和统计方法，确信被评估企业和可比企业在价值比率的计算方法和数据口径上的一致性。

第五，关注流动性和控制权对股权价值的影响。如果对由此产生的溢价或者折价进行评估，应当有充分合理的依据支持评估结论。

第六，对于重要的敏感性较强的评估参数，如股票价格区间、价值比率种类等因素，应分析其变动对评估结果的影响；资产评估机构应当制定敏感性分析的具体标准，增强敏感性分析的恰当性。

3.2.1.4 折现率

对于资产评估机构从事证券服务业务，运用资本资产定价模型（CAPM）和加权平均资本成本（WACC）测算折现率涉及的参数确定时，应遵循《监管规则适用指引——评估类1号》的相关要求。

（1）基本要求

①资产评估机构应当研究制定内部统一的测算原则及方法，且一经确定不得随意变更。在执业过程中应当按照制定的统一要求，保持折现率测算原则及方法的一致性。

②执行延续性评估项目时，应当关注不同基准日折现率测算的合理性，特别是具体参数等较前次评估基准日发生明显变化的，应当在资产评估报告中充分说明理由。

③确保折现率口径与预期收益口径的一致性，资本资产定价模型（CAPM）匹配股权自由现金流，加权平均资本成本（WACC）匹配企业自由现金流。各项参数测算时，应当充分关注不同参数在样本选取、风险考量、参数匹配等方面的一致性。

（2）无风险利率监管要求

①应当关注国债剩余到期年限与企业现金流时间期限的匹配性，持续经营假设前提下应当选择剩余到期年限10年期或10年期以上的国债。

②应当选择国债的到期收益率作为无风险利率，并明确国债的选取范围。

③应当在资产评估报告中充分披露国债选取的期限、利率、范围、确定方式、数据来源等。

(3) 市场风险溢价监管要求

①如果被评估企业主要经营业务在中国境内，应当优先选择利用中国证券市场指数的历史风险溢价数据进行计算。

②计算时应当综合考虑样本的市场代表性、与被评估企业的相关性，以及与无风险利率的匹配性，合理确定样本数据的指数类型、时间跨度、数据频率、平均方法等。

③应当在资产评估报告中充分披露市场风险溢价的计算方法、样本选取标准、数据来源等。

(4) 贝塔系数监管要求

①应当综合考虑可比公司与被评估企业在业务类型、企业规模、盈利能力、成长性、行业竞争力、企业发展阶段等多方面的可比性，合理确定关键可比指标，选取恰当的可比公司，并应当充分考虑可比公司数量与可比性的平衡。

②应当结合可比公司数量、可比性、上市年限等因素，选取合理时间跨度的贝塔数据。

③应当在资产评估报告中充分披露可比公司的选取标准及公司情况、贝塔系数的确定过程及结果、数据来源等。

(5) 资本结构监管要求

①如果采用目标资本结构，应当合理分析被评估企业与可比公司在融资能力、融资成本等方面的差异，并结合被评估企业未来年度的融资情况，确定合理的资本结构；如果采用真实资本结构，其前提是企业的发展趋于稳定；如果采用变动资本结构，应当明确选取理由以及不同资本结构的划分标准、时点等；确定资本结构时，应当考虑与债权期望报酬率的匹配性以及在计算模型中应用的一致性。

②应当采用市场价值计算债权和股权的比例；采用账面价值计算的，应当在资产评估报告中充分说明理由。如果被评估企业涉及优先股、可转换债券等，应当予以特别关注。

③应当在资产评估报告中充分披露资本结构的确定方法、分析过程、预测依据等。

(6) 特性风险系数监管要求

①应当明确采用的具体方法,涉及专业判断时应当综合考虑被评估企业的风险特征、企业规模、业务模式、所处经营阶段、核心竞争力、主要客户及供应商依赖等因素,确定合理的特定风险报酬率。

②应当综合考虑特定风险报酬率的取值,其在股权折现率整体中的权重应当具有合理性。

③应当在资产评估报告中充分披露特定风险报酬率的确定方法、分析过程、预测依据等。

(7) 债权期望报酬率监管要求

①如果参考银行贷款市场利率(LPR),应当充分考虑被评估企业的经营业绩、资本结构、信用风险、抵质押以及第三方担保等因素;如果采用非市场利率,应当综合考虑被评估企业的融资渠道、债务成本、偿债能力以及与市场利率的偏差等因素,确定合理的债权期望报酬率。

②应当在资产评估报告中充分披露债权期望报酬率的确定方法、分析过程、数据来源等。

3.2.1.5 评估报告披露

资产评估师出具评估报告,应当在履行必要的评估程序后,恰当披露相关信息,应当在评估报告中披露必要的信息,客观、公正地描述企业,充分揭示市场转化风险、可能面临的处罚风险等事项,加强对期后事项的分析和披露。资产评估机构应在以下方面加强业务执业质量控制:

(1) 评估报告应当结合评估项目的特点,充分披露必要信息,使评估报告使用者能够正确理解评估结论。

(2) 评估报告应当披露下列事项对评估结论的影响及影响

程度：

①产权瑕疵事项，包括但不限于产权证明文件中记载的事项（名称、规格、用途、他项权利等）与实际情况不符、未取得产权证明文件或相关律师意见等。

②被评估股权和对应资产的抵押、质押事项（数量、期限）与涉及的未决诉讼、未执行判决事项。

③评估基准日后、报告日前已获知的可能影响评估结论的重大事项。

④与其他中介机构或所引用的土地估价报告、房地产估价报告、矿业权评估报告等判断或处理原则不同的事项。

（3）评估报告应当披露评估范围与已经审计财务报表之间的对应关系，以及相关审计报告类型。

（4）评估报告应当对履行现场调查的情况予以说明，如果未实施必要的现场调查，应说明具体原因及其对评估结论可能产生的影响。

（5）评估报告应当披露被评估企业近三年是否有涉及本次评估对象的交易或评估行为，并在适当及切实可行的情况下披露其主要信息。

（6）评估报告应当充分披露对评估结论有重大影响的评估假设，特别是针对行业特点的特殊假设或非持续经营前提等，并说明上述假设不成立时对评估结论的影响。

（7）评估报告应当披露评估结论是否考虑了流动性和控制权对股权价值的影响。

（8）对于重要的敏感性较强的评估参数，在评估报告中应当将分析结果予以披露。

3.2.1.6 评估报告有效期

评估报告有效期为一年，发行证券前评估报告过期的，需要提供新一期的评估报告。经国资委等有权部门同意延长评估报告有效期的国有企业，以及标的资产在合法产权交易场所通过竞价方式已确定交易价格的或资产已经交割完毕的，可不重新出具评估报告。评估报告有效期计算起点为评估基准日。

3.2.1.7 重新出具评估报告

对于重新出具评估报告的，资产评估机构应说明两次评估之间标的资产经营情况、评估参数、评估假设等的变化情况，并就评估结果之间的差异进行分析说明。对于同一资产分次收购的，资产评估机构应对比说明历次评估之间有关评估方法、关键参数的差异及合理性，同时就评估结果的差异进行分析说明。

3.2.1.8 评估报告自查要求

2023 年 3 月 18 日起，沪市主板和科创板新申报的首发、再融资、重组企业应当按照《上海证券交易所发行上市审核业务指南第 4 号——常见问题的信息披露和核查要求自查表》的要求提交自查表。自查表详见《上海证券交易所发行上市审核业务指南第 4 号——常见问题的信息披露和核查要求自查表 第五号 上市公司重大资产重组》。

评估师应对下述事项进行核查，并发表明确核查意见：

（1）评估师应对标的资产评估范围是否受到限制及评估证据的充分性以及豁免披露的评估信息是否影响投资者决策判断进行核查，并发表明确核查意见。

（2）评估师应根据评估或估值的基本情况（包括账面价值、所采用的评估或估值方法、评估或估值结果、增减值幅度等），并结合不同评估或估值结果的差异情况、差异的原因、业绩承诺及业绩补偿安排设置等因素，对本次最终确定评估或估值结论的原因及合理性进行审慎核查；对评估或估值结论有重要影响的评估或估值假设的合理性，如宏观和外部环境假设及根据交易标的自身情况所采用的特定假设等，进行核查，并发表明确核查意见。

（3）对收益法中的单价、销量、成本、毛利率、期间费用、营运资金增加额、资本性支出、折现率、预测期期限、交易评估作价或业绩承诺与募投项目收益的关系等关键因素需进行核查。

对于单价，需结合标的资产主要核心产品所处生命周期、可替代性、市场竞争程度、报告期内售价水平、可比产品售价水平等，核查并说明预测期各期销售单价变动的合理性。

对于销售数量，结合标的资产主要产品或所处行业未来年度市场容量发展情况、标的资产所处的行业地位、现有客户关系维护及未来年度需求增长情况、新客户拓展、现有合同签订情况等，核查并说明预测期内各期销售数量的合理性及可实现性；结合标的资产的现有产能和产能利用率、未来年度产能扩张计划等，核查并说明预测期内销售数量与产能水平的匹配性。

对于营业成本，结合报告期内原材料的采购来源、原材料价格波动情况、市场供需情况、与原材料主要供应商的关系稳定性等，核查并说明预测期内营业成本预测的合理性。

对于毛利率，结合标的资产各主要产品报告期内毛利率水平、标的资产的核心竞争优势、原材料成本的预测情况、可比公司可比产品的毛利率情况，市场竞争程度、产品的可替代性、行业进入壁垒情况等，核查并说明预测期内毛利率水平预测依据及合理性。

对于期间费用，结合销售费用率与管理费用率水平、构成情况及其与报告期内的差异情况等，核查并说明销售费用及管理费用中的重要构成项目的预测依据是否充分、合理，是否与预测期内业务增长情况相匹配。

对于营运资金增加额，核查并说明营运资金增加额的计算过程，是否与标的资产未来年度的业务发展情况相匹配。

对于资本性支出，结合标的资产现有主要设备的成新率情况、未来厂房及产能扩建及更新计划等，核查并说明预测期内资本性支出预测的合理性。

对于折现率，结合折现率计算过程中主要参数的取值依据及合理性，核查并说明相关参数是否反映了标的资产所处行业的特定风险及自身财务风险水平，折现率取值是否合理。

对于预测期期限，结合详细预测期期限及预测期内各年经营业绩增速情况等，核查并说明是否存在为提高估值水平而刻意延长详细评估期间的情况，如存在详细评估期限较长的，核查并说明详细评估期较长的原因及合理性，是否符合谨慎性原则。

对于本次交易评估作价或业绩承诺是否包含募投项目收益的核查。如是，需核查并测算募投项目未来预计收益及对业绩承诺的影响，并结合募投项目的收益占比、对本次交易作价的影响等，审慎对交易作价中包含募投项目收益安排是否有利于保护上市公司及中小股东利益发表明确意见；如否，核查并说明区分募投项目收益的具体措施及有效性。

此外，还应核查预测数据是否与标的资产报告期内业务发展情况、未来年度业务发展预期、核心竞争优势等保持一致，不同参数在样本选取、风险考量、参数匹配等方面是否保持一致性，相关参数的选取和披露是否符合《监管规则适用指引——评估类第1号》的要求。

（4）对于市场法的核查，关注具体评估模型、价值比率的取值依据是否合理、可比对象或可比案例的选取原则、调整因素和流动性折扣的取值依据及合理性，重点核查是否存在刻意只挑选有利可比公司，回避真正具有可比性公司进行比较的情况。

（5）对于资产基础法的核查，关注拟出售资产采用资产基础法估值并作为作价依据的，资产基础法估值是否显著低于其他方法的估值结果。如是，核查采用资产基础法作为定价依据的合理性，是否符合行业惯例，交易作价是否公允；拟购买资产以资产基础法为评估定价依据的原因及合理性；如资产基础法估值与其他方法估值结果的差异不大的，是否存在采用资产基础法估值规避业绩承诺补偿的情形；核查标的资产各项目的账面价值与本次评估值情况，评估增值率情况，各资产评估值与账面值差异的原因及合理性，重点核查评估增值类科目的评估过程，主要评估参数的取值依据及合理性。

（6）对于交易作价的公允性及合理性的核查，结合标的资产最近三年内股权转让或增资的原因和交易背景，转让或增资价格，对应的标的资产作价情况，核查并说明本次交易中评估作价与历次股权转让或增资价格的差异原因及合理性；结合本次交易市盈率、市净率、评估增值率等情况，并对比可比交易情况，核查本次交易评估作价的合理性；如采用收益法和资产基础法进行评估的，核查是否存在收益法评估结果低于资产基础法的情形。如是，核查标的资产是否存在经营性减值，对相关减值资产的减值计提情况及会计处理合规性。

3.2.1.9 业绩承诺与奖励

（1）业绩补偿承诺相关规定

①业绩补偿范围

第一，交易对方为上市公司控股股东、实际控制人或者其控制关联人，无论标的资产是否为其所有或控制，也无论其参与此次交易是否基于过桥等暂时性安排，上市公司控股股东、实际控制人或者其控制的关联人均应以其获得的股份和现金进行业绩补偿。

第二，在交易定价采用资产基础法估值结果的情况下，如果资产基础法中对一项或几项资产采用了基于未来收益预期的方法，上市公司控股股东、实际控制人或者其控制的关联人也应就此部分进行业绩补偿。

②业绩补偿方式

交易对方为上市公司控股股东、实际控制人或者其控制的关联人，应当以其获得的股份和现金进行业绩补偿。构成重组上市的，应当以拟购买资产的价格进行业绩补偿计算，且股份补偿不低于本次交易发行股份数量的 90%。业绩补偿应当先以股份补偿，不足部分以现金补偿。

交易对方以股份方式进行业绩补偿时，按照规定原则确定应补偿股份的数量；同时应关注以收益现值法、假设开发法等基于未来收益预期的估值方法对拟购买资产进行评估或估值的，或以市场法对拟购买资产进行评估或估值的，其补偿股份数量的计算公式存在差异。在逐年补偿的情况下，在各年计算的补偿股份数量小于 0 时，按 0 取值，即已经补偿的股份不冲回。拟购买资产为非股权资产的，补偿股份数量比照前述原则处理。拟购买资产为房地产、矿业公司或房地产、矿业类资产的，上市公司董事会可以在补偿期限届满时，一次确定补偿股份数量，无需逐年计算。

上市公司董事会及独立董事应当关注拟购买资产折现率、预测期收益分布等其他评估参数取值的合理性，防止交易对方利用降低折现率、调整预测期收益分布等方式减轻股份补偿义务，并对此发表意见。

业绩补偿期限不得少于重组实施完毕后的三年。

③业绩补偿承诺变更及保障措施

上市公司重大资产重组中，重组方业绩补偿承诺是基于其与上市公司签订的业绩补偿协议作出的，该承诺是重组方案重要组成部分。因此，重组方应当严格按照业绩补偿协议履行承诺。除证监会明确的情形外，重组方不得适用《上市公司监管指引第 4 号——上市公司实际控制人、股东、关联方、收购人以及上市公司承诺及履行》第五条的规定，变更其作出的业绩补偿承诺。

上市公司重大资产重组中，交易对方拟就业绩承诺作出股份补偿安排的，应当确保相关股份能够切实用于履行补偿义务。如业绩承诺方拟在承诺期内质押重组中获得的、约定用于承担业绩补偿义务的股份（以下简称对价股份），重组报告书应当载明业绩承诺方保障业绩补偿实现的具体安排，包括但不限于就以下事项作出承诺：

业绩承诺方保证对价股份优先用于履行业绩补偿承诺，不通过质押股份等方式逃废补偿义务；未来质押对价股份时，将书面告知质权人根据业绩补偿协议上述股份具有潜在业绩承诺补偿义务情况，并在质押协议中就相关股份用于支付业绩补偿事项等与质权人作出明确约定。

（2）业绩奖励相关规定

上市公司重大资产重组方案中，对标的资产交易对方、管理层或核心技术人员设置业绩奖励安排时，应基于标的资产实际盈利数大于预测数的超额部分，奖励总额不应超过其超额业绩部分的100%，且不超过其交易作价的20%。上市公司应在重组报告书中充分披露设置业绩奖励的原因、依据及合理性，相关会计处理及对上市公司可能造成的影响。上市公司应在重组报告书中明确业绩奖励对象的范围、确定方式。交易对方为上市公司控股股东、实际控制人或者其控制的关联人的，不得对上述对象做出奖励安排。涉及国有资产的，应同时符合国有资产管理部门的规定。

3.2.1.10 交易标的要求及关注要点

（1）交易标的资产定位及与上市公司行业关系

上市公司实施重大资产重组，应当符合国家产业政策和有关环境保护、土地管理、反垄断、外商投资、对外投资等法律和行政法规的规定；不会导致上市公司不符合股票上市条件；重大资产重组所涉及的资产定价公允，不存在损害上市公司和股东合法权益的情形；重大资产重组所涉及的资产权属清晰，资产过户或者转移不存在法律障碍，相关债权债务处理合法；有利于上市公司增强持续经营能力，不存在可能导致上市公司重组后主要资产为现金或者无具体经营业务的情形；有利于上市公司在业务、资产、财务、人员、机构等方面与实际控制人及其关联人保持独立，符合中国证监会关于上市公司独立性的相关规定；有利于上市公司形成或者保持健全有效的法人治理结构。

科创板上市公司实施重大资产重组的，拟购买资产应当符合科创板定位，所属行业应当与科创板上市公司处于同行业或者上下游，且与科创板上市公司主营业务具有协同效应。创业板上市公司实施重大资产重组的，拟购买资产所属行业应当符合创业板定位，或者与上市公司处于同行业或者上下游。

上市公司发行股份购买资产同时募集配套资金用于收购企业股权的，发行人应披露交易完成后取得标的企业的控制权的相关情况。募集资金用于跨境收购的，标的资产向母公司分红不应存在政策或外汇管理上的障碍。原则上，募投项目实施不应存在重大不确定性。

（2）发行股份购买的股权比例要求

《上市公司重大资产重组管理办法》第四十三条第一款第（四）项规定，"充分说明并披露上市公司发行股份所购买的资产为权属清晰的经营性资产，并能在约定期限内办理完毕权属转移手续"。上市公司发行股份拟购买资产为企业股权时，原则上在交易完成后应取得标的企业控股权，如确有必要购买少数股权的，应当同时符合以下条件：

①少数股权与上市公司现有主营业务具有显著协同效应，或者与本次拟购买的主要标的资产属于同行业或紧密相关的上下游行业，通过本次交易一并注入有助于增强上市公司独立性、提升上市公司整体质量。

②交易完成后上市公司需拥有具体的主营业务和相应的持续经营能力，不存在净利润主要来自合并财务报表范围以外投资收益的情况。

少数股权对应的经营机构为金融企业的,需符合金融监管机构及其他有权机构的相关规定;且最近一个会计年度对应的营业收入、资产总额、资产净额三项指标,均不得超过上市公司同期合并报表对应指标的20%。

上市公司重大资产重组涉及购买股权的,也应当符合前述条件。

(3) 对于收购特定类型资产的关注

①发行证券募集资金收购国有企业产权。发行人应当披露国有产权转让是否履行相关审批程序,是否获得国资主管部门的批准,是否履行了资产评估及相关的核准或备案程序,定价依据是否符合相关监管规定,是否应当通过产权交易场所公开进行,完成收购是否存在法律障碍,是否存在不能完成收购的风险。

②收购资产涉及矿业权。原则上上市公司不得使用募集资金收购探矿权。如收购采矿权,发行人应当披露采矿权转让是否符合《探矿权采矿权转让管理办法》规定的转让条件;是否已按照国家有关规定缴纳采矿权使用费、采矿权价款、矿产资源补偿费和资源税等;国有矿产企业在申请转让采矿权前,是否已征得地质矿产主管部门的同意,是否签订转让合同,转让合同是否经过地质矿产主管部门审批等。

③关注是否构成重组上市。存在下列情形时,将重点关注是否属于类重组上市的情形:发行完成后公司实际控制人发生变更;标的资产的资产总额、净资产、收入超过最近一个会计年度上市公司相应指标的100%,且标的资产的原股东通过本次发行持有上市公司股权;重组办法中规定的其他情形。原则上,上市公司不得通过再融资变相实现业务重组上市。

④关注收购资产整合。拟收购资产业务与公司现有业务差异较大的,审核中将关注本次收购的考虑,整合、控制、管理资产的能力,以及收购后资产的稳定运营情况等。

⑤关注收购资产定价。收购价格与标的资产盈利情况或账面净资产额存在较大差异的，审核中将关注本次收购的目的及溢价收购是否符合上市公司全体股东利益，同时关注评估方法、评估参数选取的合理性，以及历史转让或增资价格、与市场可比案例的对比情况。

⑥关注标的资产效益情况。标的资产最近一期实际效益与预计效益存在较大差异的，审核中将关注公司差异说明的合理性、评估或定价基础是否发生变化以及风险揭示的充分性。收购标的为股权的，审核中将关注标的企业情况，包括主要产品、经营模式、业绩稳定性、发展趋势、主要客户供应商，以及主要财务指标、经营成果等。

⑦关注标的资产最终权益享有人。中介机构应核查标的资产的出售方及出售方控股股东或实际控制人与发行人及大股东、实际控制人是否存在关联关系，是否存在通过本次收购变相输送利益的情形。

⑧关注收购大股东资产。资产出让方为控股股东、实际控制人或其控制的关联方，且本次收购以资产未来收益作为估值参考依据的，资产出让方应出具业绩承诺，并说明履约保障措施。保荐机构应核查业绩承诺方是否具备补偿业绩的履约能力，相关保障措施是否充分。

⑨关注本次交易新增大额商誉。重点关注评估方法、评估参数是否合理，是否符合《会计监管风险提示第7号——上市公司股权交易资产评估》的相关要求；商誉确认过程中是否充分辨认相应的可辨认无形资产；标的公司业绩不达标时收到来自交易对方的或有对价是否单独确认金融资产；将商誉分摊到相关资产组或资产组组合的方法是否合理。

3.2.1.11 交易定价与评估结论的关系

收购资产不以评估报告结果作为定价依据的，应具体说明收购定价的过程与方法，上市公司董事会应分析说明定价方法与定价结果的合理性。收购价格与评估报告结果存在显著差异的，上市公司应就差异的原因进行分析，并就收购价格是否可能损害上市公司及其中小股东的利益进行说明。

评估报告出具后，标的资产相关的内部和外部经营环境发生重大不利变化的，评估机构也应及时披露上述变化对评估基础、资产经营及交易定价的影响情况。

对于过渡期损益，上市公司重大资产重组中，对以收益现值法、假设开发法等基于未来收益预期的估值方法作为主要评估方法的，拟购买资产在过渡期间（自评估基准日至资产交割日）等相关期间的收益应当归上市公司所有，亏损应当由交易对方补足。具体收益及亏损金额应按收购资产比例计算。

3.2.1.12　上市公司重组前业绩异常或拟置出资产情况

上市公司重大资产重组前一会计年度净利润下降50%以上、由盈转亏，或本次重组拟置出资产超过现有资产50%的，为避免相关方通过本次重组逃避有关义务、责任，独立财务顾问和评估师等机构应当勤勉尽责，对上市公司以下事项（包括但不限于）进行专项核查并发表明确意见：

①上市后承诺履行情况，是否存在不规范承诺、承诺未履行或未履行完毕的情形。

②最近三年业绩真实性和会计处理合规性，是否存在虚假交易、虚构利润，是否存在关联方利益输送，是否存在调节会计利润以符合或规避监管要求的情形，相关会计处理是否符合企业会计准则规定，是否存在滥用会计政策、会计差错更正或会计估计变更等对上市公司进行"大洗澡"的情形，尤其关注应收账款、存货、商誉大幅计提减值准备的情形等。

③拟置出资产的评估（估值）作价情况（如有），相关评估（估值）方法、评估（估值）假设、评估（估值）参数预测是否

合理，是否符合资产实际经营情况，是否履行必要的决策程序等。

来源：

《上市公司证券发行注册管理办法》；

《上市公司重大资产重组管理办法》；

《上市公司收购管理办法》；

《公开发行证券的公司信息披露内容与格式准则第 16 号——上市公司收购报告书》；

《公开发行证券的公司信息披露内容与格式准则第 26 号——上市公司重大资产重组》；

《公开发行证券的公司信息披露内容与格式准则第 56 号——北京证券交易所上市公司重大资产重组》；

《上海证券交易所上市公司重大资产重组审核规则》；

《深圳证券交易所上市公司重大资产重组审核规则》；

《北京证券交易所上市公司重大资产重组审核规则》；

《上海证券交易所发行上市审核业务指南第 4 号——常见问题的信息披露和核查要求自查表 第五号 上市公司重大资产重组》；

《深圳证券交易所股票发行上市审核业务指南第 7 号——上市公司重大资产重组审核关注要点》；

《会计监管风险提示第 5 号——上市公司股权交易资产评估》；

《会计监管风险提示第 7 号——轻资产类公司收益法评估》；

《监管规则适用指引——评估类第 1 号》；

《监管规则适用指引——上市类第 1 号》；

《监管规则适用指引——发行类第 7 号》。

3.2.2 财报类证券评估业务

执行财报类证券评估业务，不仅要遵守相关的资产评估准则和监管规则，还要关注上市公司财务报告的编报规定，在资产评估报告中恰当披露必要信息。

3.2.2.1 上市公司财务报告信息披露需求

公开发行证券的公司编报财务报告时，对于长期股权投资、采用成本计量模式的投资性房地产、固定资产、在建工程、采用成本计量模式的生产性生物资产、油气资产、使用权资产、无形资产等长期资产在报告当期进行减值测试的，应披露可收回金额的具体确定方法。可收回金额按公允价值减去处置费用后的净额确定的，应披露公允价值和处置费用的确定方式、关键参数及其确定依据。可收回金额按预计未来现金流量的现值确定的，应披露预测期的年限、预测期及稳定期的关键参数及其确定依据。前述信息与以前年度减值测试采用的信息或外部信息明显不一致的，或公司以前年度减值测试采用信息与当年实际情况明显不一致的，应披露差异原因。

公开发行证券的公司编报财务报告时，关于公允价值的披露，公司应按持续和非持续的公允价值计量，分项披露期末公允价值金额和公允价值计量的层次。对于持续和非持续的第一层次公允价值计量，公司应披露相关市价依据。对于持续和非持续的第二、三层次的公允价值计量，公司应披露使用的估值技术和重要参数的定性和定量信息。对于持续的第三层次公允价值计量，公司应披露期初余额与期末余额之间的调节信息。改变不可观察参数可能导致公允价值显著变化的，公司应分项披露相关的敏感性分析。对于持续的公允价值计量，公司应披露公允价值计量各层次之间转换的金额、原因及确定转换时点的政策。对于涉及估值技术变更的，公司应披露该变更及其原因。对于未以公允价值计量的金融资产和金融负债，分类披露其账面价值和公允价值的期初和期末金额、公允价值所属的层次。对于第二层次和第三层次的公允价值，披露使用的估值技术和输入值的信息。对于涉及估值技术变更的，披露该变更及其原因。

3.2.2.2 上市公司商誉减值测试评估业务

财报类证券评估业务可以细分为资产减值测试涉及的评估、资产公允价值评估、合并对价分摊事项涉及的评估等。下文将以最具代表性的上市公司商誉减值测试评估业务为例，对相关规定进行介绍。

按照《企业会计准则第 8 号——资产减值》的规定，公司应当在资产负债表日判断是否存在可能发生资产减值的迹象。对企业合并所形成的商誉，公司应当至少在每年年度终了进行减值测试。利用资产评估机构的工作辅助开展商誉减值测试时，公司应聘请符合规定的资产评估机构，明确约定该工作用于商誉减值测试。

3.2.2.2.1 评估基本事项

资产评估机构应在与委托人充分沟通的基础上，明确约定涉及商誉减值测试的评估基准日、评估对象、评估范围、价值类型等要素，充分关注评估目的、评估基准日、评估假设、评估对象、评估范围、价值类型等是否与商誉减值测试相符。

（1）评估目的

资产评估机构应在与委托人充分沟通的基础上，明确将用于商誉减值测试目的的评估事项约定为以财务报告为目的的评估。

《资产评估专家指引第 11 号——商誉减值测试评估》提出的建议是，商誉减值测试评估目的是为企业商誉减值测试确定包含商誉资产组或资产组组合的可收回金额提供价值参考。

（2）评估基准日

对因企业合并所形成的商誉，不论其是否存在减值迹象，都应当至少在每年年度终了进行减值测试。此外，当商誉所在资产组或资产组组合出现特定减值迹象时，上市公司应及时进行商誉减值测试，并恰当考虑该减值迹象的影响。

《资产评估专家指引第 11 号——商誉减值测试评估》提出的

建议是，商誉减值测试评估基准日通常为资产负债表日。当企业判断包含商誉资产组或资产组组合发生特定减值迹象而委托资产评估机构进行评估时，资产评估师需要了解企业确定的评估基准日、特定减值迹象具体表现以及特定减值迹象出现的时点。

（3）评估假设

《以财务报告为目的的评估指南》规定，资产评估专业人员应当根据以财务报告为目的评估业务的具体情况合理确定评估假设。

（4）评估对象和评估范围

①公司在认定资产组或资产组组合时，应充分考虑管理层对生产经营活动的管理或监控方式和对资产的持续使用或处置的决策方式，认定的资产组或资产组组合应能够独立产生现金流量。需要说明的是，一个会计核算主体并不简单等同于一个资产组。

②公司在确认商誉所在资产组或资产组组合时，不应包括与商誉无关的不应纳入资产组的单独资产及负债。值得注意的是，当形成商誉时收购的子公司包含不止一个资产组或资产组组合时，应事先明确其中与形成商誉相关的资产组或资产组组合。

③公司应在充分考虑能够受益于企业合并的协同效应的资产组或资产组组合基础上，将商誉账面价值按各资产组或资产组组合的公允价值所占比例进行分摊。在确定各资产组或资产组组合的公允价值时，应根据《企业会计准则第39号——公允价值计量》的有关要求执行。如果公允价值难以可靠计量，可以按各资产组或资产组组合的账面价值所占比例进行分摊。

④公司在将商誉分摊至相关资产组或资产组组合时，应充分关注归属于少数股东的商誉，先将归属于母公司股东的商誉账面价值调整为全部商誉账面价值，再合理分摊至相关资产组或资产组组合。

⑤因重组等原因，公司经营组成部分发生变化，继而影响到

已分摊商誉所在的资产组或资产组组合构成的，应将商誉账面价值重新分摊至受影响的资产组或资产组组合，并充分披露相关理由及依据。

⑥公司应在购买日将商誉分摊至相关资产组或资产组组合，并在后续会计期间保持一致。当形成商誉时收购的子公司后续存在再并购、再投资、处置重要资产等情形时，除符合上述第五点的条件外，不应随意扩大或缩小商誉所在资产组或资产组组合。

《资产评估专家指引第 11 号——商誉减值测试评估》提出的建议如下：

①商誉减值测试评估对象是包含商誉的资产组或资产组组合。评估范围包括商誉、商誉相关资产组或资产组组合。其中，商誉是完全商誉，既包括归属于母公司股东权益的商誉，也包括归属于少数股东权益的商誉。

②通常商誉减值测试评估范围符合下列要求：

第一，包含商誉资产组或资产组组合通常情况下不包括流动资产、流动负债，但如果不考虑相关资产和负债就无法合理确定评估对象可收回金额的除外。

第二，评估范围不应当包括与预计未来现金流量无关的资产、负债，如溢余资产或负债、非经营性资产或负债。

第三，评估范围不应当包括付息债务等已确认负债，但如果不考虑该负债就无法确定评估对象可收回金额的除外。

第四，与包含商誉资产组或资产组组合业务相关的开发过程中的在建工程、无形资产，如果达到预定生产能力尚需投资金额，完工后现金流可以合理计量，且经企业确认是与商誉相关的资产组，应当纳入评估范围。

第五，商誉相关资产组或资产组组合的账面价值应当与企业合并报表口径保持一致。

③资产评估师需要获取企业提供的评估范围及其对应的资产账面价值、资产类别、资产数量清单，并与企业、审计机构就包含商誉的资产组或资产组组合的范围进行沟通，取得企业、审计机构确认。如果资产评估师与企业、审计机构意见不一致，可以采纳企业、审计机构的意见。

（5）价值类型

资产组或资产组组合的可收回金额的估计，应根据其公允价值减去处置费用后的净额与预计未来现金净流量的现值两者之间较高者确定。

《资产评估专家指引第11号——商誉减值测试评估》提出的建议如下：

①商誉减值测试评估价值类型是可收回金额。可收回金额应当根据包含商誉资产组或资产组组合公允价值减去处置费用后的净额与预计未来现金流量的现值两者之间较高者确定。

②已确信包含商誉资产组或资产组组合公允价值减去处置费用后的净额、预计未来现金流量的现值两者中任意一项金额已超过评估对象账面价值时，可以以该金额为依据确定评估结论。

③包含商誉资产组或资产组组合的公允价值减去处置费用后的净额如果无法可靠估计，可以以预计未来现金流量的现值作为可收回金额。

④如果包含商誉资产组或资产组组合可收回金额的评估仅依据公允价值减去处置费用后的净额或预计未来现金流量的现值中一种方式确定，评估结论应当表述为包含商誉的资产组或资产组组合可收回金额不低于该金额。

资产评估机构应按约定的评估目的、评估基准日、评估对象、评估范围、价值类型等要素开展评估工作，不得随意变更关键评估要素，不得以股权、企业价值的评估报告代替以财务报告为目的的评估报告。

3.2.2.2.2　现场调查与核查验证

资产评估机构应对商誉所在资产组或资产组组合进行现场调查，并对收集的资料进行必要的核查验证，合理利用观察、询问、访谈、核对、函证、监盘、勘查、书面审查、实地调查等手段：

（1）应充分关注商誉所在资产组或资产组组合的法律、物理、技术与经济等具体特征，合理判断相关资产组或资产组组合独立产生现金流的能力，关注其与商誉初始确认时的资产组或资产组组合的一致性；

（2）应充分了解商誉所在资产组或资产组组合所处的宏观经济环境、行业发展趋势、市场容量和竞争状况、地域因素等外部环境信息及公司产能、生产现状、在手合同及订单、商业计划等内部经营信息，并评价其与委托人提供的财务预算或预测数据的一致性。

《资产评估专家指引第 11 号——商誉减值测试评估》提出的建议如下：

（1）资产评估师应当关注企业提供的包含商誉资产组或资产组组合与商誉初始确认、以前会计期间商誉减值测试时是否一致，如果不一致，应当提示企业说明包含商誉资产组或资产组组合变动的原因及其是否符合《企业会计准则第 8 号——资产减值》的相关规定。

（2）资产评估师对包含商誉资产组或资产组组合独立产生现金流能力的核查，通常包括下列四个方面：

①关注法律权属。资产评估师可以通过审阅、核对或者访谈等手段，对评估范围内主要资产权属是否存在权属不清、存在瑕疵，权属关系复杂、权属资料不完备等予以关注，判断其对评估对象产生现金流能力的影响。

②关注物理状况。资产评估师可以通过现场勘查、实地调查

或者询问等手段，对评估范围内主要资产的实际使用状况予以关注，判断主要资产物理状况与其产生现金流的关系。

③关注技术状况。资产评估师可以通过查阅文件、访谈、核对或者利用专家工作等手段，对评估范围主要资产生产技术水平予以关注，判断主要资产技术竞争力水平对其产生现金流的影响。

④关注经济状况。资产评估师可以通过历史财务数据分析、核对或者访谈等手段，关注评估范围内主要资产与其产生现金流能力的关系。

3.2.2.2.3 评估方法

资产评估机构应根据会计准则的要求，充分分析不同评估方法的适用性，恰当选择与商誉减值测试相适应的评估方法。需要说明的是，后续期间商誉减值测试的评估方法应与以前期间的保持一致，除非有证据显示变更新的评估方法所得出的评估结论更具代表性，或原有的评估方法不再适用。

《资产评估专家指引第11号——商誉减值测试评估》提出的建议如下：

（1）商誉减值测试评估需要计算公允价值减去处置费用后的净额时，资产评估师可以采用市场法、收益法、成本法计算包含商誉资产组或资产组组合的公允价值。

①采用市场法计算包含商誉资产组或资产组组合公允价值时，资产评估师需要关注可比对象实际交易所在市场和评估对象模拟有序交易所在的主要市场或最有利市场是否一致。若选择从事相似业务的上市公司作为可比对象，需要知晓作为资产组或资产组组合的评估对象与作为股权的可比上市公司在资产性质及价值内涵方面的差异，并在计算价值比率时进行相应调整。

②采用收益法计算包含商誉资产组或资产组组合公允价值时，资产评估师应当从主要市场（最有利市场）中市场参与者的

角度确定评估对象的最佳用途，并考虑其对评估对象未来收益预测的影响。通常情况下，评估对象的现行用途可以视为最佳用途，除非市场因素或者其他因素表明市场参与者按照其他用途使用该资产可以实现价值最大化。

③采用成本法计算包含商誉资产组或资产组组合公允价值时，由于商誉无法单独评估，该方法通常仅适用于资产组部分资产公允价值高于评估对象账面价值的特殊情形。在此情形下，资产评估师需要取得企业对商誉资产组或资产组组合价值可以通过未来运营得以全额收回的承诺，并在资产评估报告中提示评估结论仅在此前提下成立。

④公允价值减去处置费用后的净额计算中，资产评估师通常需要考虑的处置费用包括与评估对象处置有关的法律费用、相关税费等。

（2）商誉减值测试评估需要计算预计未来现金流量的现值时，资产评估师应当取得商誉相关资产组或资产组组合所在企业管理层最近批准的包含商誉资产组或资产组组合的财务预测数据，访谈企业相关人员、了解企业管理层确定的评估假设内容和依据，结合企业内部、外部经营环境，分析历史财务数据，判断企业财务预测数据的可行性。以评估对象账面价值确定基础与可收回金额确定方式一致性为原则，计算包含商誉资产组或资产组组合预计未来现金流量的现值。对取得的经管理层批准的财务预测数据进行核查验证时，如果企业未提供重要参数确定的依据，资产评估师需要判断其对评估结论的影响。如果构成重大影响，不得出具资产评估报告。

3.2.2.2.4 评估参数

资产评估机构应结合所获取的外部环境信息、内部经营信息，着重考虑已出现的商誉减值迹象，合理选取评估模型与参数。

《资产评估专家指引第 11 号——商誉减值测试评估》提出的

建议如下：

（1）资产评估师应当关注企业提供的预计未来现金流量的预测基础是否与包含商誉资产组或资产组组合的账面价值确定基础一致，即二者内涵需对应相同的资产（负债），按照与包含商誉资产组或资产组组合内资产（负债）一致的基础预测未来现金流量。

（2）资产评估师需要关注企业提供的预计未来现金流量应当以资产当前状况为基础、以税前口径为依据，分析销量、价格、成本、费用、增长率等关键参数预测的合理性。资产评估师需要关注以前会计期间企业预测财务数据的实现情况。如果以前会计期间预测财务数据与实际实现存在重大偏差，需要了解企业管理层识别出的导致偏差的主要原因，关注当期预测财务数据是否充分考虑了相关因素的影响，并调整了当期财务数据预测基础。

（3）资产评估师应当知晓预计包含商誉资产组或资产组组合的未来现金流量不应当考虑将来可能发生的、尚未作出承诺的重组事项或者与资产改良有关的事项，但评估基准日已发生支出的与包含商誉资产组或资产组组合业务相关的在建工程、开发过程中的无形资产等事项对未来现金流量的影响应当予以考虑，同时应当考虑预期为使该资产达到预定可使用或者可销售状态发生的全部现金流出。预计包含商誉资产组或资产组组合的未来现金流量也不应当包括筹资活动产生的现金流入或者流出以及与所得税收付有关的现金流量。

（4）当预计未来现金流量受内部转移价格影响时，资产评估师需要提醒企业管理层按照在公平交易中对未来价格的最佳估计数确定未来现金流量。

（5）资产评估师取得的经企业管理层批准的预计未来现金流量详细预测期通常涵盖 5 年，如涵盖更长期间，应当取得企业管理层的合理性说明。预计未来现金流量收益期通常以包含商誉资产组的核心资产（商誉）为依据确定。商誉未来收益期不可确定，但包含商誉资产组或资产组组合未来经营期限受法律、协议等因素影响的，如矿业企业资产组、签订经营期限企业资产组等，应当以法律、协议约定的年限为基础计算确定预计未来现金流量的收益期。预计未来现金流量资本性支出应当以维持包含商誉资产组或资产组组合正常运转或原定正常产出水平为基础确定。同时商誉相关资产组包括与其业务相关的已发生支出的在建工程或者开发过程中的无形资产等事项时，应当将为使该资产达到预定可使用或可销售状态发生的现金流出作为资本性支出。

（6）资产评估师应当知晓详细预测期之后预计现金流量可以保持稳定的或递减的增长率，如果企业管理层提供证据表明递增的增长率是合理的，可以以递增的增长率为基础。详细预测期之后增长率，不应当超过企业经营的产品、市场、所处的行业或者所在国家或者地区的长期平均增长率，或者包含商誉资产组或资产组组合所处市场的长期平均增长率。

（7）折现率的确定应当以该资产的市场利率为依据。该折现率是企业作为市场参与者在购置或者投资资产时所要求的必要报酬率。无法从市场获得的，可以使用替代利率估计折现率。替代利率可以根据加权平均资金成本或者其他相关市场利率作适当调整后确定。对折现率的计算，资产评估师应当关注是否与相应的宏观、行业、地域、特定市场、特定市场主体的风险因素相匹配。在计算预计未来现金流量现值时，如果用于计算折现率的基础是税后的，应当将其调整为税前的折现率。但计算公允价值时，资产评估师应当知晓可以采用税后折现率。

（8）预计未来现金流量涉及外币的，资产评估师需要以包含商誉资产组或资产组组合所产生的未来现金流量的结算货币为基础，按照该货币适用的折现率计算现值，然后将该外币现值按照评估基准日的即期汇率进行折算。

3.2.2.2.5 评估报告披露

资产评估机构应在评估报告或评估说明中充分披露与商誉减值测试相关的评估要素、关键参数及其他对评估结论有重要影响的信息。具体来看：

（1）应在评估报告或评估说明中详细披露评估对象、评估范围、价值类型、评估方法、评估假设等评估要素及其合理性，并充分披露关键评估参数的测算依据和逻辑推理过程。如果选取的关键评估参数与形成商誉时或以前年度商誉减值测试时的信息、公司历史经验或外部信息明显不一致，还应披露存在的差异及其原因。

（2）应关注评估基准日至评估报告日之间发生的与评估对象相关的重大期后事项，包括但不限于内外部环境的重大变化、重大诉讼与仲裁的最新进展等，并在评估报告中详细披露该事项及其对评估结论的影响。

3.2.2.2.6 财务报告披露

公开发行证券的公司应在合并财务报表项目附注里披露商誉减值测试过程、参数及商誉减值损失的确认方法，包括但不限于以下内容：

（1）商誉所属资产组或资产组组合的构成，所属经营分部和依据，以及是否与以前年度保持一致。资产组或资产组组合发生变化的，应披露变化前后的构成，以及导致变化的客观事实及依据。

（2）可收回金额的具体确定方法。可收回金额按公允价值减去处置费用后的净额确定的，应披露公允价值和处置费用的确定方式、关键参数及其确定依据；若可收回金额按预计未来现金流量的现值确定的，应披露预测期的年限及预测期内的收入增长率、利润率等参数及其确定依据，以及稳定期增长率、利润率、折现率等参数及其确定依据。前述信息与以前年度减值测试采用的信息或外部信息明显不一致的,或公司以前年度减值测试采用信息与当年实际情况明显不一致的,应披露差异原因。

(3) 形成商誉时存在业绩承诺,且报告期或报告期上一期间处于业绩承诺期内的,应披露业绩承诺完成情况,以及报告期或报告期上一期间商誉减值情况。

来源:

《会计监管风险提示第 8 号——商誉减值》;

《资产评估专家指引第 11 号——商誉减值测试评估》;

《公开发行证券的公司信息披露编报规则第 15 号——财务报告的一般规定(2023 年修订)》。

注:资产评估专家指引是一种专家建议。资产评估机构执行资产评估业务,可以参照专家指引。

3.2.3 基础设施公募 REITs 类证券评估业务

基础设施领域不动产投资信托基金(以下简称基础设施 REITs)是国际通行的配置资产,具有流动性较高、收益相对稳定、安全性较强等特点,能有效盘活存量资产,填补当前金融产品空白,拓宽社会资本投资渠道,提升直接融资比重,增强资本市场服务实体经济质效。短期看基础设施 REITs 有利于广泛筹集项目资本金,降低债务风险,是稳投资、补短板的有效政策工具;长期看基础设施 REITs 有利于完善储蓄转化投资机制,降低实体经济杠杆,推动基础设施投融资市场化、规范化健康发展。根据《公开募集基础设施证券投资基金指引(试行)》,基础设施基金,是指同时符合下列特征的基金产品:①80% 以上基金资产投资于基础设施资产支持证券,并持有其全部份额;基金通过基础设施资产支持证券持有基础设施项目公司全部股权;②基金通过资产支持证券和项目公司等载体取得基础设施项目完全所有权或经营权利;③基金管理人主动运营管理基础设施项目，以获取基础设施项目租金、收费等稳定现金流为主要目的；④采取封闭式运作，收益分配比例不低于合并后基金年度可供分配金额的90%。

基础设施资产支持证券是指依据《证券公司及基金管理公司子公司资产证券化业务管理规定》等有关规定，以基础设施项目产生的现金流为偿付来源，以基础设施资产支持专项计划为载体，向投资者发行的代表基础设施财产或财产权益份额的有价证券。基础设施包括仓储物流，收费公路、机场港口等交通设施，水电气热等市政设施，百货商场、购物中心、农贸市场等消费基础设施，污染治理、信息网络、产业园区、保障性租赁住房、清洁能源等符合国家重大战略、发展规划、产业政策、投资管理法规等相关要求的其他基础设施。

2020年4月基础设施REITs试点启动以来，各项工作平稳有序推进，市场认可度较高，运行总体平稳，达到预期目标。截至2023年12月底，已上市REITs29只，均为契约式封闭基金，发行规模合计964.52亿元，其中发行规模最小为8.24亿元，发行规模最大为108.80亿元。2023年还有4只存续REITs扩募成功。项目涵盖收费公路、产业园区、污水处理、仓储物流、清洁能源、保障性租赁住房、新能源等多种资产类型，形成了一定规模效应和示范效应。在各方共同努力下，初步探索走出了一条既遵循成熟市场规律，又适应中国国情的REITs发展之路。

为贯彻党的二十大和中央经济工作会议精神，按照国务院工作部署，根据《国务院办公厅关于进一步盘活存量资产扩大有效投资的意见》（国办发〔2022〕19号）要求，2023年3月1日，国家发改委就进一步提升基础设施领域不动产投资信托基金项目申报推荐的质量和效率，促进基础设施REITs市场平稳健康发展，提出6方面19条措施，包括项目前期培育、项目发行条件、提高申报推荐效率、发挥专家和专业机构作用、用好回收资金、加强运营管理等内容。2023年3月7日，证监会就进一步健全REITs市场功能，推进REITs常态化发行，完善基础制度和监管安排，提出4方面12条措施，包括市场培育、项目推荐、审核注册、监管资源配置和完善配套政策等内容。

来源：

《公开募集基础设施证券投资基金指引（试行）》；

《关于推进基础设施领域不动产投资信托基金（REITs）试点相关工作的通知》；

《国务院办公厅关于进一步盘活存量资产扩大有效投资的意见》；

《国家发展改革委关于规范高效做好基础设施领域不动产投资信托基金（REITs）项目申报推荐工作的通知》；

《关于进一步推进基础设施领域不动产投资信托基金（REITs）常态化发行相关工作的通知》。

3.2.3.1　基金上市注册评估

申请注册基础设施基金前，基金管理人应当聘请独立的资产评估机构对拟持有的基础设施项目进行评估，并出具评估报告。

（1）评估机构应当按照《证券投资基金法》第九十七条规定经证监会备案，并符合国家主管部门相关要求，具备良好资质和稳健的内部控制机制，合规运作、诚信经营、声誉良好，不得存在可能影响其独立性的行为。评估机构为同一只基础设施基金提供评估服务不得连续超过3年。评估机构在评估过程中应当客观、独立、公正，遵守一致性、一贯性及公开、透明、可校验原则，不得随意调整评估方法和评估结果。

（2）评估报告包括下列内容：评估基础及所用假设的全部重要信息；所采用的评估方法及评估方法的选择依据和合理性说明；基础设施项目详细信息，包括基础设施项目地址、权属性质、现有用途、经营现状等，每期运营收入、应缴税收、各项支出等收益情况及其他相关事项；基础设施项目的市场情况，包括供求情况、市场趋势等；影响评估结果的重要参数，包括土地使用权或经营权利剩余期限、运营收入、运营成本、运营净收益、资本性支出、未来现金流变动预期、折现率等；资产评估机构独立性及评估报告公允性的相关说明；调整所采用评估方法或重要参数情况及理由（如有）；可能影响基础设施项目评估的其他事项。

（3）基础设施基金份额首次发售，评估基准日距离基金份额发售公告日不得超过6个月；基金运作过程中发生购入或出售基础设施项目等情形时，评估基准日距离签署购入或出售协议等情形发生日不得超过6个月。

（4）基础设施基金确定询价区间的，基金管理人和财务顾问应当根据基础设施项目的评估情况，合理确定询价区间，并在询价公告中披露。以认购价格确定的基础设施项目价值高于评估价值20%以上的，基金管理人、财务顾问应当披露其中的原因，以及各类网下投资者报价与上述估值的差异情况，并至少在基金公开募集日之前5个工作日，发布投资风险特别公告。

（5）基金招募说明书除按照法律法规要求披露相关信息外，还应当披露基础设施基金整体架构及拟持有特殊目的载体情况、基础设施项目尽职调查报告、财务顾问报告（如有）、基础设施项目评估报告，主要参与机构基本情况，包括名称、注册地址与办公地址、成立日期、通讯方式、法定代表人、主要业务负责人等信息。

（6）基金管理人申请基础设施基金上市，应当向上交所、深交所提交基础设施项目评估报告、专项计划尽职调查报告等文件。

（7）首次申报发行REITs的保障性租赁住房项目，当期目标不动产评估净值原则上不低于8亿元，可扩募资产规模不低于首发规模的2倍。

来源：

《证券投资基金法》；

《公开募集基础设施证券投资基金指引（试行）》；

《关于进一步推进基础设施领域不动产投资信托基金（REITs）常态化发行相关工作的通知》。

3.2.3.2 基金存续期间评估

（1）需评估的情形

①基础设施基金存续期间：基金管理人应当聘请资产评估机构对基础设施项目资产每年进行 1 次评估。出现下列情形之一的，基金管理人应当及时聘请资产评估机构对基础设施项目资产进行评估：基础设施项目购入或出售；基础设施基金扩募；提前终止基金合同拟进行资产处置；基础设施项目现金流发生重大变化且对持有人利益有实质性影响；对基金份额持有人利益有重大影响的其他情形。

②购买价值分摊：基金管理人和资产评估机构在确定基础设施项目或其可辨认资产和负债的公允价值时，应当将收益法中现金流量折现法作为主要的评估方法，并选择其他分属于不同估值技术的估值方法进行校验。采用现金流量折现法的，其折现率选取应当从市场参与者角度出发，综合反映资金的时间价值以及与现金流预测相匹配的风险因素。

基金管理人编制财务报表过程中如使用资产评估机构出具的评估值作为公允价值入账依据，应审慎分析评估质量，不能简单依赖资产评估机构的评估值，并在定期财务报告中充分说明公允价值估值程序等事项，且基金管理人依法应当承担的责任不得免除。

③资产减值测试：对于采用成本模式计量的投资性房地产、固定资产、使用寿命确定的无形资产等长期资产，若存在减值迹象的，应当进行减值测试。对于商誉和使用寿命不确定的无形资

产，基金管理人应至少于每年年末进行减值测试。基金管理人在进行减值测试时，应当根据《企业会计准则》的规定，确定单项资产或资产组作为减值测试对象，根据其公允价值减去处置费用后的净额与预计未来现金流量的现值孰高来确定其可收回金额。确认发生减值时，基金管理人应当在定期报告中披露可收回金额计算过程。

（2）评估基本事项

基础设施项目资产评估机构应当符合《公开募集基础设施证券投资基金指引（试行）》规定的条件，原则上以收益法作为基础设施项目评估的主要估价方法，并在评估报告及其附属文件中披露评估过程和影响评估的重要参数，包括但不限于土地使用权或经营权剩余期限、运营收入、运营成本、运营净收益、资本性支出、未来现金流预期、折现率等。

基金管理人和资产支持证券管理人应当在相关文件中披露基础设施项目的评估情况、符合《公开募集基础设施证券投资基金指引（试行）》等规定的基础设施项目定期评估和不定期评估安排。

基金管理人应当按照法律法规、企业会计准则及证监会相关规定进行资产负债确认计量，编制基础设施基金中期与年度合并及单独财务报表，财务报表至少包括资产负债表、利润表、现金流量表、所有者权益变动表及报表附注。基金托管人复核基金信息披露文件时，应当加强对基金管理人资产确认计量过程的复核。会计师事务所在年度审计中应当评价基金管理人和资产评估机构采用的评估方法和参数的合理性。

（3）信息披露

基金管理人应当按照法律法规及证监会相关规定，编制并披露基础设施基金定期报告，内容包括：报告期内购入或出售基础设施项目情况；基础设施基金年度报告应当载有年度审计报告和评估报告。

基金信息披露文件涉及评估报告相关事项的，应在显著位置特别声明相关评估结果不代表基础设施项目资产的真实市场价值，也不代表基础设施项目资产能够按照评估结果进行转让。

来源：

《公开募集基础设施证券投资基金指引（试行）》；

《公开募集基础设施证券投资基金运营操作指引（试行）》；

《上海证券交易所公开募集基础设施证券投资基金（REITs）规则适用指引第1号——审核关注事项（试行）》；

《上海证券交易所公开募集基础设施证券投资基金（REITs）规则适用指引第2号——发售业务（试行）》；

《深圳证券交易所公开募集基础设施证券投资基金业务指引第1号——审核关注事项（试行）》；

《深圳证券交易所公开募集基础设施证券投资基金业务指引第2号——发售业务（试行）》。

3.2.3.3 新购入基础设施项目评估

（1）已上市的基础设施基金在满足要求、符合条件下，在存续期间可新购入基础设施项目。基金管理人应当聘请符合法律法规规定的律师事务所、评估机构、会计师事务所等专业机构就新购入基础设施项目出具意见。评估机构对拟购入的基础设施项目进行评估，并按照《基础设施基金指引》相关规定出具评估报告。

（2）新购入的基础设施项目以资产评估结果作为定价依据或参考的，评估机构应当按照资产评估相关准则和规范开展执业活动。基金管理人、财务顾问（如有）应当对评估机构的独立性、评估假设前提的合理性、评估方法与评估目的的相关性和交易价格的公允性发表意见，在招募说明书等文件中披露。

采取收益法等基于未来收益预期的方法对拟购入基础设施项

目进行评估并作为定价参考依据的,基础设施基金应当在购入基础设施项目后两年内的年度报告中单独披露相关项目可供分配金额的实际数与预测数的差异情况,并由会计师事务所对此出具专项审核意见。

(3) 证券交易所可以根据自律管理工作需要,对基金管理人、资产支持证券管理人、基础设施项目运营管理机构、新购入基础设施项目的原始权益人等业务参与机构及其从业人员,持有份额不低于20%的第一大基础设施基金持有人,律师事务所、会计师事务所、资产评估机构、财务顾问(如有)等专业机构及其人员,采取日常监管措施。

来源:

《上海证券交易所公开募集基础设施证券投资基金(REITs)规则适用指引第3号——新购入基础设施项目(试行)》;

《深圳证券交易所公开募集基础设施证券投资基金业务指引第3号——新购入基础设施项目(试行)》。

3.2.3.4 基金审核涉及评估的关注事项

(1) 管理人聘请财务顾问、会计师事务所、律师事务所、评估机构等专业机构,应当遵循最少必需原则,精简产品结构,降低运营成本。相关专业机构应当符合《基础设施基金指引》规定的条件。

(2) 评估机构原则上应当以收益法作为基础设施项目评估的主要估价方法,充分考虑不可抗力因素的影响,并在评估报告及其附属文件中披露评估过程和下列影响评估的重要参数:

①土地使用权或者经营权的剩余期限;

②主要固定资产的使用寿命;

③运营收入;

④运营成本;

⑤运营净收益;

⑥资本性支出；

⑦未来现金流预期；

⑧折现率；

⑨其他应当披露的重要参数。

管理人应当披露基础设施项目的评估情况、定期和不定期评估安排。

（3）管理人应当披露评估报告与可供分配金额测算报告对基础设施项目现金流预测结果的差异情况。差异比例超过5%的，管理人应当披露原因，并对相关评估和测算的合理性进行核查并发表明确意见。

（4）评估机构应当合理审慎确定影响评估结果的重要参数，包括收益年限、租金价格、出租率、租金增长率、折现率等。

管理人应当披露产业园区项目的评估参数设定依据、评估过程、评估结果、资本化率（CapRate）等评估情况。

（5）评估机构应当合理审慎确定影响评估结果的重要参数，结合收费公路项目历史运营时间、历史经营收入、区域经济增长水平、常住人口增长率、民用汽车保有量增长率、与货运汽车相匹配的产业经济发展情况（如有）、产业增长率、未来竞品设施的修建情况等因素合理确定剩余运营期限、车型构成和比例、车流量增长率、人工成本和养护支出、折现率等。

管理人应当披露收费公路项目的评估情况，包括评估参数设定依据、评估过程、评估结果和基金存续期内内部收益率（IRR）等，并对评估方法和参数的合理性发表明确意见。

来源：

《上海证券交易所公开募集基础设施证券投资基金（REITs）规则适用指引第1号——审核关注事项（试行）（2023年修订）》；

《深圳证券交易所公开募集基础设施证券投资基金业务指引第1号——审核关注事项（试行）（2023年修订）》。

4. 从事证券服务业务对质量控制和内部管理的特殊要求

4.1 总体要求

评估机构应当根据组织形式、规模大小、业务特征等因素，依据有关法律法规、行业规范，建立并不断完善适合自身发展的内部治理模式。

资产评估机构应当依法独立、客观、公正开展业务，建立健全质量控制制度，并指定一名取得资产评估师资格的本机构合伙人或者股东专门负责执业质量控制，保证评估报告的客观、真实、合理。

资产评估机构应当建立并保持有效的质量控制体系、独立性管理和投资者保护机制，恪守职业道德，遵守法律、行政法规、证监会的规定，严格执行评估准则或者其他评估规范，恰当选择评估方法，评估中提出的假设条件应当符合实际情况，对评估对象所涉及交易、收入、支出、投资等业务的合法性、未来预测的可靠性取得充分证据，充分考虑未来各种可能性发生的概率及其影响，形成合理的评估结论。

来源：

《资产评估法》第十七条；

《资产评估行业财政监督管理办法》；

《上市公司信息披露管理办法》。

4.2 具体规定

4.2.1 质量控制体系建设

为规范资产评估机构的业务质量控制行为，明确资产评估机构及其人员的质量控制责任，保护资产评估当事人合法权益和公共利益，中评协在财政部等部门的指导下，制定并于2010年12月印发了《评估机构业务质量控制指南》，要求自2012年1月1日起，具有证券评估业务资格的资产评估机构正式执行，其他评估机构参照执行。

2017年，中评协对《评估机构业务质量控制指南》进行修订，形成《资产评估机构业务质量控制指南》。《资产评估机构业务质量控制指南》规定，资产评估机构应当结合自身规模、业务特征、业务领域等因素，建立质量控制体系，保证评估业务质量，防范执业风险。

质量控制体系包括为实现质量控制目标而制定的质量控制政策，以及为政策执行和监控而设计的必要程序，通常由以下八个方面组成：

（1）质量控制责任：资产评估机构应当合理界定和细分质量控制体系中控制主体承担的质量控制责任，并建立责任落实和追究机制。控制主体通常包括：最高管理层、首席评估师、项目负责人、项目审核人员、项目团队成员以及资产评估机构其他人员，不同类别控制主体应当具备履行相应职责的能力和条件。

①最高管理层应当在股东会（或者合伙人会议）授权的或者章程（或者合伙人协议）规定的范围内行使职权，并承担以下职责：第一，树立质量管理意识，让全体人员充分认识到业务质量控制的重要性，全员参与，以达到质量控制目标；第二，制定资产评估机构的服务宗旨，使全体人员理解服务宗旨的内涵，并评

审其持续适宜性；第三，在相关职能部门层次上建立质量目标，质量目标应当具体、可测量和可实现，并与服务宗旨保持一致；第四，策划组织架构和质量控制体系，并对其进行定期评审，使其处于适宜、充分和有效的状态；第五，合理授权分支机构的业务权限，对分支机构的业务开展实施控制。

资产评估机构应当强化董事会在制定和组织实施质量控制政策与程序中的责任，建立对重大项目、高风险业务、重大事项等的审议决策制度。

②首席评估师承担以下职责：第一，建立、实施和保持质量控制体系；第二，监控质量控制体系的运行情况，向最高管理层报告并提出改进的建议和方案；第三，组织制定机构内部的技术标准；第四，组织对业务疑难问题或者争议事项进行处理；第五，组织评估人员的业务培训；第六，促进全体人员不断提高业务质量意识；第七，承办最高管理层交办的其他工作。

③项目负责人承担以下职责：第一，评估计划的制订和组织实施；第二，评估业务实施中的协调和沟通；第三，按照程序报告与评估业务相关的重要信息；第四，组织复核项目团队人员的工作；第五，合理利用专家工作及工作成果；第六，组织编制资产评估报告，并审核相关内容；第七，在出具的资产评估报告上签名；第八，组织处理资产评估报告提交后的反馈意见；第九，组织整理归集资产评估档案。

④项目审核人员承担以下职责：第一，审核评估程序执行情况；第二，审核拟出具的资产评估报告；第三，审核工作底稿；第四，综合评价项目风险，提出出具资产评估报告的明确意见。

⑤项目团队成员通常包括承担或者参与资产评估业务项目工作的资产评估专业人员、业务助理人员等。项目团队成员承担以下职责：第一，接受项目负责人的领导，了解拟执行工作的目标，理解项目负责人的工作指令；第二，按照资产评估机构质量

控制政策和程序的要求从事具体评估业务工作，形成工作底稿；第三，汇报执行业务过程中发现的重大问题；第四，复核已经完成的工作底稿并接受审核。

⑥处于质量控制体系中的其他人员通常包括业务洽谈人员、业务部门负责人、分支机构负责人、人力资源管理人员、信息管理人员、档案管理人员、文秘人员等，资产评估机构应当明确该类人员的职责。

（2）职业道德：资产评估机构应当强调遵守资产评估职业道德准则的重要性，按照准则要求坚持独立、客观、公正的原则。资产评估机构可以采用管理层的示范、教育和培训、监控以及对违反资产评估职业道德准则行为的处理等方式予以强化，以利于全体人员遵守资产评估职业道德准则。

资产评估机构应当制定相应制度，采取相应的措施，保证资产评估机构及资产评估师执业独立性；建立执业的回避制度，明确规定在执业过程中可能损害独立性应当予以回避的情形及补救措施。

资产评估机构应当根据有关规定结合业务特点制定具体的收费标准，不得有恶性压价、向他人支付佣金和回扣、采取收入分成和变相降低收费等损害执业质量的行为。

（3）人力资源：资产评估机构应当配置必需的人力资源，并根据业务的变化，对人力资源进行调整和更新。资产评估机构可以从人力资源规划、岗位职责和任职要求、招聘与选拔、教育与培训、绩效考评、薪酬制度等方面考虑制定人力资源政策和程序。在制定项目团队成员配备政策和程序时，可以重点考察项目团队成员是否具备必要的职业道德素质、专业知识和实践经验，以及遵守资产评估机构业务质量控制政策和程序的意识。资产评估机构聘请专家和外部人员协助工作的，其承担的工作也应符合项目质量要求。

（4）资产评估业务受理：资产评估机构应当谨慎地选择客户和业务，在与委托人正式签订资产评估委托合同之前，对拟委托事项进行必要了解，并通过考虑与资产评估业务有关的要求、风险、胜任能力等因素，正确理解拟委托内容，初步识别和评价风险，以确定是否受理评估业务。业务洽谈人员在洽谈业务时，可以重点关注下列事项：①资产评估业务基本事项；②法律、行政法规、资产评估准则规定；③拟委托内容；④被评估单位的情况。

资产评估机构应当根据业务风险，包括来自委托人和其他相关当事人的风险、来自评估对象的风险、来自资产评估机构及其人员的风险、资产评估报告使用不当的风险等，对资产评估业务进行分类，并建立业务质量控制的分类管理制度，对一般风险业务、重大风险业务以及是否涉及公众利益的业务制定不同的质量控制标准和程序。

当发生资产评估委托合同变更、中止、终止情形时，资产评估机构应当采取措施进行处置，并保持记录。采取的措施通常包括：①对变更、中止、终止的情形进行重新审核；②就拟采取的行动及原因与委托人沟通；③将信息传达到相关人员。

（5）资产评估业务计划：资产评估机构制定资产评估业务计划的控制政策和程序等，主要为了达成以下目的：一是项目团队成员了解工作内容、工作目标、重点关注领域；二是项目负责人有效组织和管理资产评估业务；三是管理层人员有效监控资产评估业务；四是使委托人和其他相关当事人了解资产评估计划的内容，配合项目团队工作。

资产评估机构制定资产评估业务计划控制政策和程序，通常可以按照计划编制的流程分别考虑：①在计划编制前对资产评估业务基本事项进一步明确；②资产评估计划编制和批准的参与者；③计划的内容和繁简程度；④计划的编制、审核和批准流程。资产评估机构应当要求资产评估项目负责人组织必要资源编制资产评估计划并开展后续工作，在编制资产评估计划时需考虑是否对委托人和其他相关当事人进行必要的业务指导，是否对项目团队成员进行适当的培训，并确定是否开展初步评估活动。

（6）资产评估业务实施和资产评估报告出具：资产评估机构制定资产评估业务实施和资产评估报告出具环节的控制政策和程序应当针对以下事项采取相应措施，以保证法律、行政法规和资产评估准则得以遵守，满足出具资产评估报告的要求。

①项目团队组建及工作委派：资产评估机构应当根据业务特征对每项资产评估业务委派项目负责人。项目负责人应当是具备履行职责所要求职业道德、专业知识、执业能力、实践经验的资产评估师。根据项目负责人的建议组建项目团队，明确项目团队成员的职责、权限分工。

②现场调查、评估资料收集、评定估算：根据不同特征资产（企业）的情况，考虑现场调查方案的可行性，评估资料的真实性、完整性和合法性，评估方法的恰当性和评估参数的合理性。

③资产评估报告编制：主要考虑资产评估报告的合规性，具体要求参见《资产评估执业准则——资产评估报告》。

④利用专家工作及相关报告：资产评估机构在执行资产评估业务过程中，因涉及特殊专业知识和经验聘请专家个人协助工作或利用专业报告，以及根据法律、行政法规等要求引用单项资产评估报告的行为，需符合《资产评估执业准则——利用专家工作及相关报告》要求。

⑤疑难问题或者争议事项的解决：相关控制政策和程序通常包括疑难问题的内部报告及处理、处理项目执行过程中的意见分歧。资产评估机构应当建立专业咨询制度，就重大疑难问题或争议事项向内部或外部专家进行咨询。只有对分歧意见形成结论，资产评估机构才能出具资产评估报告。

⑥项目负责人的指导与监督：项目负责人应当对项目团队成员的工作进行指导与监督，相关控制政策和程序通常包括项目团队的组建和管理、业务时间进度、业务沟通、业务风险。

⑦内部审核：资产评估机构应当设置专门部门或者专门岗位实施资产评估业务的内部审核。内部审核的政策和程序通常包括：内部审核流程，项目审核人员的专业能力要求，审核的时间、范围和方法。未经审核合格的事项不进入下一程序。

资产评估机构应当建立项目质量控制复核制度，根据项目的复杂程度和风险大小，确定不同的复核方法、程序和内容等。资产评估机构应当建立风险管理和质量控制委员会或者设置专门机构对资产评估机构业务质量进行监控和把关，并建立业务质量检查评价制度和业务质量责任追究机制。

⑧资产评估报告签发及提交：资产评估机构应当建立并完善业务报告签发制度，严格各类业务报告的签发人和签发程序；建立业务签发台账，规范业务签发流程。资产评估机构一旦发现已经提交的资产评估报告存在瑕疵、错误等问题时，为挽回不良影响，应当根据问题的严重程度或者潜在影响程度采取的相应措施。

资产评估机构应当建立评估报告和执业风险评估制度，在评估执业的各个阶段和各个环节，均应当进行风险评估，并建立重大风险事项的报告制度，各级专业人员在执业过程中应当向内部质量控制部门或有关主管人员报告所发现的重大风险事项。

（7）监控和改进：资产评估机构应当根据本机构的管理特点，对质量控制体系是否符合准则要求、是否符合本机构实际情况、是否达到了质量目标，以及是否得到有效的实施和保持等情况实施监控。监控措施通常包括：①收集、管理和利用不同渠道来源的相关信息，为评价和改进质量控制体系提供依据；②对质量控制体系运行的过程进行监控；③对质量控制体系的运行情况进行定期检查和评价。

资产评估机构应当根据监控和其他方面的信息对质量控制体系的适当性和有效性进行评价，并提出改进意见。对监控中发现的问题和隐患，质量控制体系中的相关控制主体应当采取适当的纠正和预防措施，并对所采取措施的有效性和效率进行评价。

（8）文件和记录：资产评估机构应当根据重要性和必要性设计评估业务工作底稿、监控和改进记录、质量控制体系评审记录等内容，明确记录的标识、储存、保护、检索、保存期限和超期后处置要求，保持业务质量控制的相关记录，及时归档，并确保质量控制体系各过程中使用的文件均为有效版本。资产评估机构应当建立和完善业务工作底稿的归档、管理和使用制度。

资产评估机构应当按照质量控制准则的要求，制定实施科学、严谨的业务质量控制政策和程序，建立质量控制制度体系，强化风险管理，保障质量控制落到实处。资产评估机构制定的质量控制政策和程序，应当形成书面文件，政策和程序的执行情况应当有适当的记录。

来源：

《资产评估机构业务质量控制指南》；

《评估机构内部治理指引》；

《资产评估机构首席评估师管理办法》。

4.2.2 内部管理制度建设

评估机构内部治理主要是指股东会、董事会、监事会、经理层等内设机构为主体的责任明确、有效制衡的组织架构以及科学合理的股东及合伙人进退机制、激励约束机制、内部决策机制、利益分配机制、质量管理机制、风险控制机制、机构文化建设机制等。

评估机构内部治理应当以维护公众利益为宗旨，以增进内部和谐为重点，合理规范和有效协调评估机构股东（合伙人）之间、股东（合伙人）与评估师及其他从业人员之间以及其他各相关方面的关系，充分发挥评估机构各层次管理机构的职能作用，保障评估机构及各利益相关者的合法权益。

评估机构应当建立健全内部管理制度，对本机构的评估专业人员遵守法律、行政法规和评估准则的情况进行监督，并对其从业行为负责。内部管理制度包括资产评估业务管理制度、业务档案管理制度、人事管理制度、继续教育制度、财务管理制度等。

（1）决策与监督：①股东会或合伙人会议是评估机构的最高权力机构，依据有关法律法规和评估机构的章程行使职权。评估机构应当根据自身规模建立合理的股权结构，避免股权过于集中。②评估机构设董事会或合伙人管理委员会，对股东会负责，依据相关法律法规和章程行使职权。执行董事和执行事务合伙人的职权由评估机构章程约定。③监事会是评估机构的监督机构，对股东会负责。依据有关法律法规和评估机构章程行使职权。评估机构设监事会。

（2）经理层：评估机构的章程中应当载明经理层的构成、职责范围。经理层任职资格应当符合法律法规及行业相关规定。

评估机构应当根据中国资产评估协会的相关规定在章程中载明首席评估师制度。首席评估师为评估机构当然的合伙人或股东，统一负责评估机构建立健全风险及质量控制政策与程序以及风险及业务质量控制。

（3）员工：①评估机构应当根据《中华人民共和国劳动法》的相关规定，与员工签订劳动合同、明确约定员工的工资福利、社会保险、劳动保护、辞退辞职条件与程序、劳动争议解决机制等事项；②评估机构应当建立健全员工聘用管理和权益保障制度，在研究决策有关工资福利、劳动保护、社会保险等涉及员工切身利益的重大问题时，应当充分听取员工的意见和建议；③评估机构可以结合业务结构、人员结构、发展战略等制订员工发展计划；④评估机构应当加强员工教育培训，建立健全以岗前培训、继续教育和职业生涯开发为主要内容的员工培训制度、培训计划和培训体系，应当按照相关规定和章程的约定，合理安排培训时间、培训方式、培训内容，保障员工培训质量，并为员工完成行业规定的继续教育任务提供支持和条件；⑤评估机构应当建立员工的考核评价制度，明确考核评价的标准、程序和要求。

（4）激励约束机制：①评估机构应当建立薪酬与绩效相联系的激励机制；②评估机构应当建立合理的约束机制，对违反法律、法规、评估机构章程以及规章制度和规定的行为，应当视情节轻重，给予相应处罚；③评估机构应当建立公开、公正的机构绩效评价机制，完善绩效评价的标准和程序。

（5）集团化管理：实行集团化发展的资产评估机构，应当在质量控制、内部管理、客户服务、企业形象、信息化等方面，对设立的分支机构实行统一管理，或者对集团成员实行统一政策。

分支机构应当在资产评估机构授权范围内，依法从事资产评估业务，并以资产评估机构的名义出具资产评估报告。

资产评估机构和分支机构加入资产评估协会，平等享有章程规定的权利，履行章程规定的义务。

（6）财务管理：①评估机构应当根据有关法律法规，建立规范的会计制度；②评估机构应当按照有关法律法规和评估机构自身发展需要，建立完善规范的内部财务制度；③评估机构应当建立健全货币资金、实物资产、对外投资、成本费用和内部薪酬分配的会计控制规范；④评估机构应当根据国家有关规定提取各项基金，缴纳各项税款、协会会费、劳动保险金及其他应缴款项；⑤评估机构应当定期向董事会、股东会提交财务报告。

（7）机构文化建设：评估机构应当注重文化建设，加强职业道德教育，坚持诚信执业的理念，增强向心力、凝聚力，形成有利于评估机构健康发展的核心价值观。

来源：

《资产评估法》第十七条；

《资产评估行业财政监督管理办法》；

《评估机构内部治理指引》。

4.2.3 职业风险防范机制

资产评估机构应当根据业务需要建立职业风险基金管理制度，或者自愿购买职业责任保险，完善职业风险防范机制，提高抵御职业责任风险的能力。

（1）资产评估机构建立职业风险基金管理制度的，按照财政部的具体规定提取、管理和使用职业风险基金。资产评估机构应当于每一个会计年度终了前，以本年度评估业务收入为基数，按照不低于5%的比例从管理费用中提取职业风险基金，并设立专户核算。

资产评估机构因赔付造成职业风险基金余额低于近5年评估业务收入总和5%的，应当于本会计年度终了前提取补足职业风险基金。

从事证券服务业务的资产评估机构，因补提职业风险基金导致净资产不足200万元的，股东或合伙人应当在三个月内注资补足净资产。

（2）资产评估机构购买职业责任保险的，应当与保险公司签订书面保险合同。保险合同除了符合有关法律规定外，还应当约定以下事项：①投保范围为资产评估机构的评估业务收入；②赔偿范围应当与本办法第四条第一款规定的职业风险基金支出范围一致；③追溯期应当追溯至首次购买保险年度；④累计赔偿限额不得低于已购买保险年度评估业务收入总和的5%。

从事证券服务业务的资产评估机构应当将职业责任保险保单

复印件、经会计师事务所审计的累计职业风险基金账户信息，随同资产评估机构基本情况表等资料一并报财政部、证监会、中国资产评估协会备案。

来源：

《资产评估法》第二十一条；

《资产评估行业财政监督管理办法》；

《评估机构内部治理指引》；

《资产评估机构职业风险基金管理办法》。

4.2.4 职业道德有关要求

资产评估机构及其资产评估专业人员开展资产评估业务应当遵守法律、行政法规和资产评估准则，坚持独立、客观、公正的原则，履行资产评估委托合同规定的义务，不得出具或者签署虚假资产评估报告或者有重大遗漏的资产评估报告。

资产评估机构及其资产评估专业人员应当诚实守信，勤勉尽责，谨慎从业，遵守职业道德规范，自觉维护职业形象，不得从事损害职业形象的活动。

（1）专业能力

资产评估机构及其资产评估专业人员应当具备相应的评估专业知识和实践经验，能够胜任所执行的证券评估业务，保持和提高专业能力，并如实声明其具有的专业能力和执业经验，不得对其专业能力和执业经验进行夸张、虚假和误导性宣传。当执行某项特定业务缺乏特定的专业知识和经验时，应当采取弥补措施，包括利用专家工作及相关报告等。

（2）独立性

资产评估机构不得受理与自身有利害关系的资产评估业务，不得分别接受利益冲突双方的委托，对同一评估对象进行评估；资产评估专业人员与委托人、其他相关当事人和评估对象有利害关系的，应当回避。

资产评估机构及其资产评估专业人员开展资产评估业务，应当识别可能影响独立性的情形，合理判断其对独立性的影响。资产评估机构可以针对具体评估业务特点采用适当的处理方式保持独立性，如：①对影响独立性和客观性的利益关系等因素进行分析和判断，最大限度地减少或者消除不利因素，直至放弃评估业务，以使对独立性和客观性的不利影响降至可接受水平；②要求内部相关人员就有关独立性的信息进行沟通，以确定是否存在违反独立性的情形；③排除影响资产评估专业人员作出独立专业判断的外部因素干扰。

（3）保密要求

资产评估机构及其资产评估专业人员应当遵守保密原则，对评估活动中知悉的国家秘密、委托人和其他相关当事人的商业秘密、所在资产评估机构的商业秘密负有保密义务，不得向他人泄露在评估活动中获得的不应当公开的信息以及资产评估结论，除非得到委托人的同意或者属于法律、行政法规允许的范围。资产评估专业人员及其他人员在为委托人和其他相关当事人服务结束或者离开所在资产评估机构后，应当按照有关规定或者合同约定承担保密义务。

（4）其他要求

资产评估机构及其资产评估专业人员不得以恶性压价、支付回扣、虚假宣传，或者采用欺骗、利诱、胁迫等不正当手段招揽业务，不得利用开展业务之便，为自己或者他人谋取不正当利益，不得向委托人或者其他相关当事人索要、收受或者变相索要、收受资产评估委托合同约定以外的酬金、财物等。资产评估机构不得允许其他资产评估机构以本机构名义开展资产评估业务，或者冒用其他资产评估机构名义开展资产评估业务；资产评估专业人员不得私自接受委托从事资产评估业务并收取费用，不得签署本人未承办业务的资产评估报告,也不得允许他人以本人名义从事资产评估业务,或者冒用他人名义从事资产评估业务;不得贬损或者诋毁其他资产评估机构及资产评估专业人员。

资产评估机构及其资产评估专业人员执行资产评估业务,应当保持公正的态度,以客观事实为依据,实事求是地进行分析和判断,拒绝委托人或者其他相关当事人的非法干预,不得直接以预先设定的价值作为评估结论。

来源:

《资产评估基本准则》;

《资产评估职业道德准则》;

《资产评估机构业务质量控制指南》。

5. 法律责任与重要案例介绍

5.1 行政处罚类

5.1.1 行政处罚规定

5.1.1.1 未按规定备案

资产评估机构从事证券服务业务，应当报证监会和国务院有关主管部门备案，从事证券服务业务未报备案的，证监会依法予以责令改正，可以处相应罚款，相关违法情况纳入证券市场诚信档案。

来源：

《证券法》第一百六十条、第二百一十三条、第二百一十五条。

5.1.1.2 未勤勉尽责、出具不实文件

资产评估机构及相关人员为证券的发行、上市、交易等证券业务活动制作、出具资产评估报告等文件，未勤勉尽责，所制作、出具的文件有虚假记载、误导性陈述或者重大遗漏的，责令改正，没收业务收入，并处以业务收入一倍以上十倍以下的罚款，没有业务收入或者业务收入不足五十万元的，处以五十万元以上五百万元以下的罚款；情节严重的，并处暂停或者禁止从事证券服务业务。对直接负责的主管人员和其他直接责任人员给予警告，并处以二十万元以上二百万元以下的罚款，依法将有关市场主体遵守法律的情况纳入证券市场诚信档案。

来源：

《证券法》第一百六十三条、第二百一十三条、第二百一十五条。

5.1.1.3 内幕交易及利用未公开信息交易

资产评估机构及相关内幕信息知情人、非法获取内幕信息的人，从事内幕交易、泄露内幕信息、买卖或者建议他人买卖相关上市公司证券，或利用因职务便利获取的内幕信息以外的其他未公开的信息、从事与该信息相关的证券交易活动或明示、暗示他人从事相关交易活动，证监会责令依法处理非法持有的证券，没收违法所得，并处相应罚款；情节严重的，可以对有关责任人员采取证券市场禁入的措施；相关违法情况纳入证券市场诚信档案。

来源：

《证券法》第五十三条、第五十四条、第一百九十一条、第二百一十五条、第二百二十一条。

5.1.1.4 操纵证券市场

资产评估机构及相关人员操纵证券市场，影响或意图影响证券交易价格或者证券交易量的，证监会责令依法处理非法持有的证券，没收违法所得，并处相应罚款；情节严重的，可以对有关责任人员采取证券市场禁入的措施；相关违法情况纳入证券市场诚信档案。

来源：

《证券法》第五十五条、第一百九十二条、第二百一十五条、第二百二十一条。

5.1.1.5 编造、传播虚假信息或误导性信息

资产评估机构及相关人员编造、传播虚假信息或者误导性信息，扰乱证券市场的，没收违法所得，并处以违法所得一倍以上十倍以下的罚款；没有违法所得或者违法所得不足二十万元的，处以二十万元以上二百万元以下的罚款。违反法律、行政法规或者证监会的有关规定，情节严重的，证监会可以对有关责任人员

采取证券市场禁入的措施，并依法将有关市场主体遵守本法的情况纳入证券市场诚信档案。

来源：

《证券法》第五十六条、第一百九十三条、第二百一十五条、第二百二十一条。

5.1.1.6　未按规定保存文件资料

资产评估机构及有关责任人员未按照规定保存有关文件和资料的，责令改正，给予警告，并处以十万元以上一百万元以下的罚款；泄露、隐匿、伪造、篡改或者毁损有关文件和资料的，给予警告，并处以二十万元以上二百万元以下的罚款；情节严重的，处以五十万元以上五百万元以下的罚款，并处暂停、撤销相关业务许可或者禁止从事相关业务。对直接负责的主管人员和其他直接责任人员给予警告，并处以十万元以上一百万元以下的罚款，并依法将有关市场主体遵守本法的情况纳入证券市场诚信档案。

来源：

《证券法》第二百一十四条、第二百一十五条。

5.1.1.7　不配合监管工作

资产评估机构及有关责任人员拒绝、阻碍证券监督管理机构及其工作人员依法行使监督检查、调查职权，涉及被检查、调查的单位和个人应当配合，如实提供有关文件和资料，不得拒绝、阻碍和隐瞒。违反法律、行政法规或者国务院证券监督管理机构的有关规定，由证监会责令改正，处以十万元以上一百万元以下的罚款，并由公安机关依法给予治安管理处罚。情节严重的，国务院证券监督管理机构可以对有关责任人员采取证券市场禁入的措施，并依法将有关市场主体遵守本法的情况纳入证券市场诚信档案。

来源：

《证券法》第一百七十三条、第二百一十五条、第二百一十八条、第二百二十一条。

5.1.2　行政处罚案例介绍

2021—2023 年期间，资产评估机构从事证券服务违反规定，被证券监管部门给予行政处罚 3 家次、1 家次、3 家次，涉及相关的资产评估人员分别为 4 人次、2 人次、7 人次。其中未按规定备案涉及 1 家次，其余均为虚假记载、误导性陈述。

5.1.2.1　交易类相关案例

详见附录 1-1-1、1-1-2。

5.1.2.2　财报类相关案例

详见附录 1-1-3、1-1-4。

5.1.2.3　其他类相关案例

详见附录 1-1-5。

5.1.2.4　财政部相关案例

详见附录 1-1-6、1-1-7。

5.2　行政监管措施类

5.2.1　行政监管措施规定

5.2.1.1　未按规定备案

资产评估机构从事证券服务业务，应当按照规定向证监会和财政部备案，违反法律、行政法规和证监会规定的，证监会可以采取责令改正、监管谈话、出具警示函等监管措施。

来源：

《证券服务机构从事证券服务业务备案管理规定》；

《资产评估机构从事证券服务业务备案办法》；

《上市公司信息披露管理办法》等。

5.2.1.2　未勤勉尽责

资产评估机构及其从业人员开展证券服务业务未履行诚实守

信、勤勉尽责义务，违反证监会的有关规定、行业规范、业务规则的，由证监会采取责令改正、监管谈话、出具警示函等监管措施。

来源：

《上市公司信息披露管理办法》；

《上市公司重大资产重组管理办法》；

《非上市公众公司重大资产重组管理办法》等。

5.2.1.3 虚假记载或误导性信息

资产评估机构及相关人员从事证券服务业务，出具的文件有虚假记载、误导性陈述或者重大遗漏的，责令改正，证监会可视情节轻重，自确认之日起采取一定期限内不接受该机构出具的专项文件，一定期限内不接受相关签字人员出具的专项文件的监管措施。

来源：

《非上市公众公司监督管理办法》；

《非上市公众公司重大资产重组管理办法》；

《首次公开发行股票注册管理办法》等。

5.2.1.4 未配合监管工作

资产评估机构及相关人员应当配合证监会的监督管理，在规定的期限内提供、报送或者披露相关资料、信息，保证其提供、报送或者披露的资料、信息真实、准确、完整。违反规定的，证监会可以责令改正、监管谈话、出具警示函等监管措施。

来源：

《上市公司信息披露管理办法》等。

5.2.2 行政监管措施案例介绍

2021—2023年期间，资产评估机构从事证券服务违反监管措施23家次、19家次、35家次，涉及相关的资产评估人员分别为

59 人次、50 人次、67 人次。其中未按规定备案涉及 12 家次，其余均为未履行诚实守信、勤勉尽责义务。

5.2.2.1　交易类相关案例

详见附录 1－2－1、1－2－2、1－2－3。

5.2.2.2　财报类相关案例

详见附录 1－2－4、1－2－5、1－2－6。

5.2.2.3　其他类相关案例

详见附录 1－2－7、1－2－8、1－2－9。

5.3　自律监管类

5.3.1　自律监管规定

5.3.1.1　证券交易场所自律监管规定

证券交易场所可以根据资产评估机构的违规行为对证券市场、上市公司、投资者以及证券监管工作造成影响的严重程度等，对其实施相应的监管措施或者纪律处分并记入诚信档案，并可根据情况通报证监会及其派出机构、地方政府和行业自律组织、在证券交易所网站予以公布等。自律监管措施和纪律处分可以单独或合并实施。

对资产评估机构实施的自律监管措施种类包括：口头警示、书面警示、约见谈话、要求中介机构或者要求聘请中介机构核查并发表意见、公开致歉、暂停受理或者办理相关业务等。对资产评估机构实施的纪律处分种类包括：通报批评、公开谴责、暂不受理专业机构或者其从业人员出具的相关业务文件、收取惩罚性违约金等。

证券交易场所或业务部门在实施自律监管措施或者纪律处分前可以进行现场检查，或者采取与有关人员进行谈话、发出问询、核查通知书等书面函件，调阅工作底稿等方式查明有关事实。

来源：

《上海证券交易所纪律处分和监管措施实施办法》；

《深圳证券交易所自律监管措施和纪律处分实施办法》；

《北京证券交易所自律监管措施和纪律处分实施细则》；

《全国中小企业股份转让系统自律监管措施和纪律处分实施细则》。

5.3.1.2 中评协自律惩戒规定

资产评估机构及资产评估专业人员在执业过程中违反国家法律、行政法规、资产评估准则和其他相关规定的，应予以自律惩戒。中评协根据情节轻重予以警告、严重警告、通报批评、公开谴责、取消会员资格，并记入会员信用档案。

来源：

《中国资产评估协会会员执业行为自律惩戒办法》；

《中国资产评估协会会员信用档案管理办法》。

5.3.2 自律监管案例介绍

5.3.2.1 证券交易场所自律监管案例

详见附录 1-3-1、1-3-2、1-3-3、1-3-4。

5.3.2.2 中评协自律惩戒案例

详见附录 1-3-5、1-3-6。

5.4 民事赔偿类

5.4.1 民事赔偿责任规定

资产评估机构为证券的发行、上市、交易等证券业务活动制作、出具资产评估报告等文件，应当勤勉尽责，对所依据的文件资料内容的真实性、准确性、完整性进行核查和验证。其制作、出具的文件有虚假记载、误导性陈述或者重大遗漏，给他人造成损失的，应当与委托人承担连带赔偿责任，但是能够证明自己没有过错的除外。

资产评估机构制作、出具的资产评估报告存在虚假陈述的，人民法院应当按照法律、行政法规、监管部门制定的规章和规范性文件，参考行业执业规范规定的工作范围和程序要求等内容，结合其核查、验证工作底稿等相关证据，认定其是否存在过错。资产评估机构依赖保荐机构或者其他证券服务机构的基础工作或者专业意见致使其出具的专业意见存在虚假陈述，能够证明其对所依赖的基础工作或者专业意见经过审慎核查和必要的调查、复核，排除了职业怀疑并形成合理信赖的，人民法院应当认定其没有过错。

来源：

《证券法》第一百六十三条；

《最高人民法院关于审理证券市场虚假陈述侵权民事赔偿案件的若干规定》。

5.4.2 民事赔偿案例介绍

近年来，证券市场虚假陈述侵权民事赔偿案件时有发生。资产评估机构作为案涉当事人被法院判决与委托人承担连带赔偿责任的情况也有了真实案例。目前，已有公开审判结果的民事赔偿案件共 2 起，涉案资产评估机构在这 2 起证券虚假陈述责任纠纷民事案件中分别被判对委托人案涉债务的 30% 承担连带责任、与独立财务顾问共同在 25% 范围内承担连带责任。本书选取资产评估机构被判对委托人案涉债务的 30% 承担连带责任案件作为重要案例予以介绍，详见附录 1-4。

5.5 刑事处罚类

5.5.1 刑事责任规定

【提供虚假证明文件罪】承担资产评估、验资、验证、会计、审计、法律服务、保荐、安全评价、环境影响评价、环境监测等职责的中介组织的人员故意提供虚假证明文件,情节严重的,处五年以下有期徒刑或者拘役,并处罚金;有下列情形之一的,处五年以上十年以下有期徒刑,并处罚金:

(1)提供与证券发行相关的虚假的资产评估、会计、审计、法律服务、保荐等证明文件,情节特别严重的;

(2)提供与重大资产交易相关的虚假的资产评估、会计、审计等证明文件,情节特别严重的;

(3)在涉及公共安全的重大工程、项目中提供虚假的安全评价、环境影响评价等证明文件,致使公共财产、国家和人民利益遭受特别重大损失的。

有前款行为,同时索取他人财物或者非法收受他人财物构成犯罪的,依照处罚较重的规定定罪处罚。

【出具证明文件重大失实罪】第一款规定的人员,严重不负责任,出具的证明文件有重大失实,造成严重后果的,处三年以下有期徒刑或者拘役,并处或者单处罚金。

来源:
《刑法修正案(十二)》第二百二十九条。

5.5.2 刑事处罚案例介绍

目前资本市场上暂无资产评估机构遭受刑事处罚的公开案例,但资本市场上已有对会计师事务所的刑事处罚案例。非证券评估业务领域,也有不少资产评估机构遭受刑事处罚的公开案例。

附录1　相关案例介绍

1–1　行政处罚相关案例

1–1–1　交易类相关案例（2023年）

中国证券监督管理委员会

行政处罚决定书〔2023〕××号

当事人：××××资产评估有限责任公司（以下简称××评估机构），系A股份有限公司（以下简称A公司）收购B投资发展有限公司（以下简称B公司）评估项目资产评估机构，住所：北京市……。

张某某，男，1990年8月出生，系A公司收购B公司评估项目评估报告签字评估师，住址：山西省……。

崔某某，男，1988年6月出生，系A公司收购B公司评估项目评估报告签字评估师，住址：山西省……。

依据《中华人民共和国证券法》（以下简称《证券法》）的有关规定，我局对××评估机构对A公司收购B公司评估项目执业未勤勉尽责行为进行了立案调查、审理，并依法向当事人告知了作出行政处罚的事实、理由、依据及当事人依法享有的权利。应当事人××评估机构、张某某和崔某某的要求，我局举行了听证会，听取了××评估机构、张某某、崔某某及其代理人的陈述和申辩。本案现已调查、审理终结。

经查明，××评估机构存在以下违法事实：

一、评估项目基本情况

2021年6月8日，××评估机构与A公司子公司C有限公司（以下简称 C 公司）签订《资产评估委托合同》，约定××评估机构对 A 公司拟收购 B 公司股东全部权益价值进行评估并出具报告，评估服务收费 12 万元（含税，税率 6%）。2021 年 7 月 28 日，××评估机构出具《A 公司收购股权所涉及的 B 公司股东全部权益价值评估项目资产评估报告》（×××评报字〔2021〕第 0202××号，以下简称《评估报告》），签字资产评估师为张某某、崔某某。

二、评估工作存在的问题

（一）《评估报告》存在虚假记载

《评估报告》特别事项中记载，"经评估人员现场走访景德镇市浮梁县国土资源局相关部门负责人，了解到该地块由于自身发展规划未确定的原因导致该土地一直未开发，相关部门对该地块后续开发的态度为待开发时与企业协商具体开发条件，若达成一致企业可继续对该地块正常建设开发"。在上述走访中，被访谈人反馈其无权限回复，也未对 B 公司土地是否可以正常开发等问题作出明确答复，《评估报告》中上述记载缺乏客观依据，构成虚假记载。《评估报告》所述土地于 2021 年 6 月 4 日被当地人民政府批复同意无偿收回。

（二）未保持应有的职业谨慎，未合理评估、应对项目存在的重大业务风险，重要评估程序未有效执行

1. 2021 年 4 月 28 日，B 公司原股东李某持有的 B 公司 99% 股份工商登记变更为 A 公司。在××评估机构承接业务前，评估标的已完成股权转让工商变更。××评估机构在开展评估工作过程中，在已关注到评估标的股权已完成工商登记变更的情况下，未对该异常情况保持应有的职业谨慎，未充分识别、评估 B 公司项目风险。

2. ××评估机构在执业过程中，对 B 公司账面唯一资产即前述土地，取得了《国有建设用地土地使用权出让合同》、出让款缴纳收据、《国有建设用地使用权出让合同变更协议》等资料，关注到 B 公司该土地长期未办理使用权证、自 2012 年以来一直未按约定开发，并被当地政府作为闲置土地对外公示的情况下，未进一步核实评估闲置土地存在被无偿收回的重大风险以及该事项对评估结论产生的影响。

3. ××评估机构将访谈当地主管部门作为上述土地评估的重要程序。

在实际执行过程中，未核实被访谈人员身份，未形成访谈记录，未对访谈结果在《评估报告》中作出真实记载，访谈流于形式。

上述违法事实，有资产评估报告、资产评估工作底稿、资产评估委托合同及收费凭证、相关公告、询问笔录等证据证明，足以认定。

××评估机构的上述行为，不符合《资产评估基本准则》（财资〔2017〕43号）第四条、第五条，《资产评估执业道德准则》（中评协〔2017〕30号）第四条、第十六条，《资产评估执业准则——资产评估程序》（中评协〔2018〕36号）第六条、第十五条、第十六条第二款，《资产评估执业准则——资产评估报告》（中评协〔2018〕35号）第四条、第七条，《资产评估执业准则——企业价值》（中评协〔2018〕38号）第五条、第七条，《资产评估对象法律权属指导意见》（中评协〔2017〕48号）第四条、第八条第一款、第八条第四款的相关规定，违反了《证券法》第一百六十三条的规定，构成《证券法》第二百一十三条第三款所述的违法行为。签字评估师张某某、崔某某是××评估机构上述违法行为直接负责的主管人员。

××评估机构、张某某、崔某某及其代理人在陈述申辩材料及听证过程中提出：

第一，《评估报告》特别事项关于访谈的记载构成虚假记载的事实不成立。一是评估底稿及相关访谈录音中被访谈人谈话中没有"其无权限回复"的内容；二是由国土部门对该土地是否可以正常开发等问题作出明确回复超出其法定职权；三是被访谈人提及该土地的开发必须在取得土地使用权证后，国土部门可协调取得权证后的开发。

第二，关于《评估报告》所述土地于2021年6月4日被当地人民政府批复同意无偿收回的事实对《评估报告》的影响。一是不能仅依据政府内部批复时间就认定该土地使用权立即被无偿收回的法律事实。二是不能认定土地被当地人民政府收回的法律行为时间是在××评估机构做出的《评估报告》之前。××评估机构在评估过程中未获知上述信息，根据访谈录音被访谈人也未告知。三是当地人民政府批复同意无偿收回的是D投资发展有限公司的闲置土地，与《评估报告》所涉土地使用权人B公司无直接联系。

第三，对"未保持应有的职业谨慎，未合理评估、应对项目存在的重大业务风险，重要评估程序未有效执行"的认定错误。一是评估标的股权已完成工商登记变更，但股权转让协议未约定股权转让价格，《评估报告》评估目的系为委托人收购目标公司股权提供价值参考，上述相关约定与现行法律规定并无冲突。二是已按评估准则要求履行公开信息渠道查询、访谈等必要核查验证程序，已充分关注闲置土地被无偿收回风险。三是已核实被访谈人身份。《评估报告》所涉土地位于现场走访区域，属于被访谈人职权管辖范围。

综上，××评估机构、张某某、崔某某认为不应对其行政处罚。

经复核，对于当事人提出的陈述申辩意见，我局认为：

第一，关于虚假记载事实。××评估机构评估底稿中无访谈相关记录。根据××评估机构访谈人员询问笔录，被访谈人反馈因管辖权限原因，对××评估机构访谈所涉土地是否可以正常开发等问题均未作出明确回复。××评估机构在听证会后提交的访谈录音（以下简称访谈录音）证实了上述情况。评估报告特别事项中关于访谈的记载与访谈实际情况不符。

第二，根据××评估机构取得的《国有建设用地使用权出让合同变更协议》等评估底稿，《评估报告》所涉土地使用权系 B 公司经当地国土部门同意自 D 投资发展有限公司受让取得，与当地人民政府批复同意无偿收回的土地为同块宗地。同时，访谈录音显示被访谈人对于访谈问题多次表示该土地不属于其管辖，并明确告知管辖部门。对访谈所涉土地是否可能被收回问题，被访谈人在录音中并未作出回应。

第三，对"在承接业务前评估标的已完成工商变更登记"这一异常情况，××评估机构未将其作为评估业务风险迹象，未按《资产评估准则》要求对业务风险等进行综合分析和评价，未充分识别、评估 B 公司项目风险。针对被访谈人反馈无权限回复、未对访谈问题作出明确答复情况，××评估机构未执行进一步程序，未进一步核实评估闲置土地存在被无偿收回的重大风险。

综上，对于当事人的陈述申辩意见我局不予采纳。

根据当事人违法行为的事实、性质、情节与社会危害程度，依据《证券法》第二百一十三条第三款的规定，我局决定：

一、对××评估机构责令改正，没收业务收入11.32万元，并处以50万元罚款。

二、对张某某、崔某某给予警告，并分别处以20万元罚款。

上述当事人应自收到本处罚决定书之日起15日内，将罚没款汇交中国证券监督管理委员会，开户银行：中信银行北京分行营业部，账号：7111010189800000162，由该行直接上缴国库，并将注有当事人名称的付款凭证复印件送我局备案。当事人如果对本处罚决定不服，可在收到本处罚决定书之日起60日内向中国证券监督管理委员会申请行政复议，也可在收到本处罚决定书之日起6个月内直接向有管辖权的人民法院提起行政诉讼。复议和诉讼期间，上述决定不停止执行。

浙江监管局
2023年11月××日

1-1-2　交易类相关案例（2021年）

中国证券监督管理委员会

行政处罚决定书〔2021〕××号

当事人：××××资产评估有限公司（以下简称××评估机构），住所：上海市……。

李某某，男，某评估机构资产评估师，住址：上海市……。

杨某某，男，某评估机构资产评估师，住址：上海市……。

依据2005年修订的《中华人民共和国证券法》（以下简称2005年《证券法》）的有关规定，我会对××评估机构违法违规的行为进行了立案调查、审理，并依法向当事人告知了作出行政处罚的事实、理由、依据及当事人依法享有的权利，应当事人××评估机构、李某某及杨某某的申请，我会于2021年9月24日举行了听证会，听取了当事人及其代理人的陈述和申辩意见。本案现已调查、审理终结。

经查明，当事人存在以下违法事实：

一、评估项目基本情况

2018年8月20日，××评估机构接受A上市公司委托，对A上市公司拟收购的B有限公司等标的资产的股东全部权益价值进行评估，评估基准日为2018年6月30日。2018年11月5日，××评估机构出具《A上市公司拟发行股份及支付现金购买资产所涉及的B有限公司股东全部权益价值评估报告》（××××评报字（2018）第2050号，以下简称《评估报告》）、《A上市公司拟发行股份及支付现金购买资产所涉及的B有限公司股东全部权益价值评估说明》（××××评报字（2018）第2050号，以下简称《评估说明》），签字资产评估师为李某某、杨某某。××评估机构该项目实际收入14万元。

二、对B有限公司股东权益价值进行评估时实际使用的统计口径与其出具的评估说明不相符

根据《评估报告》《评估说明》，对B有限公司营业收入预测是评估测算过程的起点，由于航测遥感项目营业收入在B有限公司营业收入中占比最高，该类业务营业收入预测对评估结果具有重要的影响。B有限公司航测遥感业务截至2018年9月已签订合同或已取得中标通知书项目的金额为3 991.83万元，××评估机构据此预计2018年航测遥感业务全年合同金额为3 991.83÷9×12＝5 322.44万元，据此预测后续年度该类业务合同金额和营业收入（按合同金额和一定的转换率计算）。

《评估说明》对B有限公司航测遥感业务截至2018年9月实现3 991.83万元的表述为"已签订或已取得中标通知书项目""已签订合同金额"，但实际使用的统计口径并不是按照相关合同的签订时间或项目中标时间，而是根据B有限公司提供的《合同台账－20180908（追加业务分类）》，按其中的合同排序号（该排序号由B有限公司自行编制）筛选出其中含有"2018"字段的项目，无论这些项目是否实际在2018年1—9月期间签订合同或中标，均纳入统计范围。但在项目没有合同排序号时，又按照其合同签订或中标时间纳入统计范围，上述统计口径相互矛盾。

××评估机构在对上述3 991.83万元进行统计时，编制了一份《3 991.83万元构成表》，表中详细列示了构成上述3 991.83万元的61个

航测遥感项目的信息。但其中有3个项目（金额合计38.70万元）合同签订时间早于2018年1月1日，并且在2018年之前就已确认收入，这3个项目在2018年之后已不可能再产生收入，根据××评估机构测算合同首年转换率的逻辑，不应纳入统计范围；有4个项目（金额合计1 114.70万元）无合同排序号，其合同签订时间或项目中标时间均晚于2018年9月30日，按照《评估说明》相关表述及××评估机构实际统计口径，均不应纳入统计范围。上述7个项目的合同金额合计1 153.40万元，占3 991.83万元的比例达28.89%。

此外，××评估机构在对评估值具有重大影响的合同转换率、合同增长率、工程测量收入方面存在预测依据不充分的情形。

三、××评估机构在评估过程中对B有限公司营运资本金额计算错误

根据《评估说明》，××评估机构在测算B有限公司未来年度预计营运资本增加额时，认为B有限公司2019年以后每年营运资本增加额=（本期收入－上期收入）×营运资本率，其中营运资本率采用固定比率30%。但××评估机构在计算2019年营运资本增加额时，使用的公式却是（2019年收入－2018年7至12月收入）×营运资本率，从而计算出2019年营运资本增加额为936万元，如果根据正确的公式，2019年营运资本实际增加额应为（2019年收入－2018年收入）×营运资本率，即108.16万元。另外，《评估说明》显示其2022年、2023年营运资本增加额分别为756.60万元、407.40万元，按照公式计算的实际增加额应分别为407.40万元、349.20万元。

我会按照《评估说明》中列示的评估过程，使用航测遥感业务调整后合同金额以及2019年、2022年和2023年调整后的营业资本增加额进行计算，最终得到B有限公司在评估基准日（2018年6月30日）的股东全部权益价值为12 751万元，××评估机构测算的B有限公司基准日股东全部权益价值17 750万元，与按上述调整后数据测算的结果12 751万元相差4 999万元，该差异占评估值17 750万元的比例达到28.16%。

我会认为，××评估机构在统计B有限公司航测遥感项目2018年1—9月合同金额时，将不属于上述期间签订合同或中标的项目纳入合同范围，与其出具的《评估报告》《评估说明》中使用的统计口径明显不相符，导致在

此基础上计算的2018年全年航测遥感项目合同金额被高估,对未来期间营业收入预测和使用收益法下的最终评估结果产生重大影响。同时,××评估机构在对评估值具有重大影响的合同转换率、合同增长率、工程测量收入方面存在预测依据不充分的情形,且评估人员对我会发现的错误拒绝重新计算B有限公司在基准日的股东全部权益价值。

××评估机构的上述行为违反了2005年《证券法》第一百七十三条"证券服务机构为证券的发行、上市、交易等证券业务活动制作、出具审计报告、资产评估报告、财务顾问报告、资信评级报告或者法律意见书等文件,应当勤勉尽责,对所依据的文件资料内容的真实性、准确性、完整性进行核查和验证……"的规定,构成2005年《证券法》第二百二十三条"证券服务机构未勤勉尽责,所制作、出具的文件有虚假记载、误导性陈述或者重大遗漏"所述情形。签字注册评估师李某某、杨某某是上述行为直接负责的主管人员。

在听证及陈述申辩中,××评估机构及李某某、杨某某提出如下申辩意见:

第一,关于"《行政处罚事先告知书》认定4个项目(金额合计1 114.70万元)无合同排序号,其合同签订时间或项目中标时间均晚于2018年9月30日,不应纳入统计范围"的申辩意见:1. 上述四个合同或中标通知书(公告)是真实存在的,且该四个项目均为2018年9月前在做的当年新开工项目。2. 本次报告出具时间为2018年11月5日,评估师在出报告前跟企业确认了中标公告的金额和日期,虽然合同的中标日期略有延迟,但属于预测期内。根据实质重于形式的原则,认为预测统计口径没有实质问题。3.《评估说明》中关于项目统计口径的表述虽然不是十分精准,但并不影响事实以及评估师对事实的判断。《评估报告》日期是11月,此时,企业管理层对全年的合同预测会更加准确,9月份的项目金额统计数只是为预测全年合同金额做准备。评估师预测的全年合同金额为5 322.44万元,实际上企业全年合同金额为5 946.23万元。4. 沿河县及余庆县多份员工的差旅报销单及项目文件日期均早于2018年9月,可以证明沿河县及余庆县三调项目已经开工。

《行政处罚事先告知书》认定的晚于2018年9月30日的4个项目实际

为 2018 年 9 月前在已经的新开工当年项目，且 9 月份的项目金额统计数只是为预测全年合同金额做准备，将其纳入并无不妥。

第二，此次预测情况跟标的企业实际经营情况的说明。

1. 2018 年预测收入情况及实际收入情况：2018 年 B 有限公司会计报表显示，2018 年 7—12 月实现收入 5 615.97 万元。收益法 2018 年 7—12 月预测收入 4 797.00 万元，实际收入较预测收入高 818.97 万元；2018 年 7—12 月 B 有限公司实现净利润 1 397.78 万元，收益法 2018 年 7—12 月预测净利润为 700.40 万元，实际净利润较预测净利润高 697.38 万元。

2. 2018 年预测合同金额及实际合同金额情况：2018 年全年实际签署或取得中标通知书的项目金额合计为 5 946.23 万元，高于 2018 年评估师全年预测合同金额 5 322.44 万元。因此评估师对 2018 年 7—12 月的收入和利润、2018 年全年合同金额的预测是合理、谨慎的。

第三，综合考虑航测遥感业务调整后合同金额以及营运资本增加额后计算的 B 有限公司股东全部权益价值与原报告评估值差异情况的申辩意见。考虑航测遥感业务调整后合同金额（3 991.83 − 38.70 − 81.70 − 100.00 = 3 771.43 万元）以及 2019 年、2022 年和 2023 年调整后的营运资本增加额进行计算，最终得到 B 有限公司评估基准日的股东全部权益价值为 17 540 万元，较前次测算评估值 17 750 万元低 210 万元，该差异占评估值的比例为 1.18%，而不是《行政处罚事先告知书》中的 28.89%。

第四，我会对××评估机构、李某某、杨某某行政处罚过重的申辩意见。纵观近年来证监会的检查情况，一般以出具警示函，达到教育目的为主；对于性质恶劣、严重影响到资本市场声誉以及股民利益的案件处以罚款等行政处罚。本报告虽有不精准和瑕疵，但本案的起因是执业质量检查，影响非常有限，不涉及资本市场的声誉以及股民的利益。更主要的是，××评估机构和评估师已经认识到了错误和不足，本次检查已经起到了警示和教育目的，我们一定引以为戒，认真整改，提高评估质量。请求减轻或免于处罚。

经复核，我会认为：

第一，根据在案证据以及××评估机构提交的材料，该 4 个项目（金额合计 1 114.70 万元）实际取得合同、中标公告或中标通知书的时间均在

2018年9月30日之后，但××评估机构将其纳入2018年1—9月的"已签订合同或已取得中标通知书项目"，构成B有限公司航测遥感项目2018年1—9月已签订合同或已取得中标通知书项目的金额3 991.83万元的重要组成部分，占比达到27.92%，并且根据3 991.83万元÷9×12＝5 322.44万元的公式来估算2018年全年航测遥感项目的合同金额。××评估机构将尚未取得合同、中标公告或中标通知书的项目纳入评估依据，并据此测算航测遥感项目2018年全年合同金额，不仅与其出具的《评估说明》中的表述明显不符，实际上是对相同的项目进行重复测算，虚增了航测遥感项目全年的合同金额。

关于××评估机构提供的《沿河县三调项目开工单》《余庆县三调项目开工单》、部分差旅报销文件等和数据资料截图，一是上述开工单既未存放在评估底稿中，也未见提供方的盖章，无法核实来源。二是开工单本身以及存在早于2018年9月的差旅报销文件及数据资料截图等并不足以对B有限公司是否在2018年9月之前已启动相关项目提供任何实质性的证明，对于"订单启动时间"远早于相关项目中标公告日期这一明显有悖于常理的现象，评估工作底稿中也未见××评估机构履行核实异常情况的程序，开工单不具备关联性。三是2019年1月，××评估机构就我会的反馈意见先后出具2次回复，分别为《关于A上市公司行政许可项目审查一次反馈意见通知书中有关评估事项的回复（修订稿）》（由A上市公司于2019年1月14日在深圳证券交易所网站公开披露，以下简称××评估机构2019年1月14日回复）、《关于A上市公司行政许可项目审查一次反馈意见通知书中有关评估事项的回复（第二次修订稿）》（由A上市公司于2019年1月17日在深圳证券交易所网站公开披露，以下简称××评估机构2019年1月17日回复），2019年1月14日回复第1-4-47页和2019年1月17日回复第1-4-49页均显示"余庆县三调项目"的开工时间为2018年11月，与××评估机构提交的《余庆县三调项目开工单》记录的订单启动时间（2018年6月10日）和申诉书中的解释明显不符；2019年1月14日回复第1-4-48页和2019年1月17日回复第1-4-51页均显示"新建铁路盘县至兴义线用地勘测定界"项目开工时间为2018年11月，这也与申诉书中的解释明显不符。四是无论"余庆县三调项目"、"沿河县三调项目"是否在 2018 年 9 月前就已经开工，但其中标时间均在 2018 年 9 月 30 日之后，××评估机构却将这些项目均纳入 B 有限公司航测遥感项目截至 9 月 30 日已取得合同或已中标的范围，并在这个范围基础上，按截至 2018 年 9 月已签订合同或已取得中标通知书项目的金额÷9×12 的方法来估算 B 有限公司航测遥感项目全年合同金额，实际上是进行了重复计算，放大了全年合同金额。

综上，我会对此项陈述申辩意见不予采纳。

第二，××评估机构是否已勤勉尽责、《评估报告》和《评估说明》是否存在虚假记载、误导性陈述或者重大遗漏，应结合评估时所依据的材料来看，后续是否能够较好的完成合同金额预测并不能成为《评估报告》《评估说明》不存在虚假记载、误导性陈述或者重大遗漏的免责理由。此外，××证券有限公司出具的核查意见已确认 B 有限公司 2018 年 7—12 月的收入和净利润数据未经审计，××评估机构也未能提供 B 有限公司 2018 年全年所有合同签订情况的证明。

综上，我会对此项陈述申辩意见不予采纳。

第三，有 3 个项目（金额合计 38.70 万元）合同签订时间早于 2018 年 1 月 1 日，并且在 2018 年之前就已确认收入，有 4 个项目（金额合计 1 114.70 万元）无合同排序号，其合同签订时间或项目中标时间均晚于 2018 年 9 月 30 日，上述 7 个项目的合同金额合计 1 153.40 万元，占 3 991.83 万元的比例达 28.89%，计算无误。我会对此项陈述申辩意见不予采纳。

第四，综合本案的事实、性质和情节，对××评估机构采取"没一罚三"的幅度并无不妥，我会对李某某、杨某某的陈述申辩意见部分予以采纳，对李某某、杨某某的处罚金额下调为 5 万元。

根据当事人违法行为的事实、性质、情节与社会危害程度，依据 2005 年《证券法》第二百二十三条的规定，我会决定：

一、责令×××资产评估有限公司改正，没收×××资产评估有限公司业务收入 14 万元，并处以 42 万元的罚款；

二、对李某某、杨某某给予警告，并分别处以 5 万元的罚款。

上述当事人应自收到本处罚决定书之日起 15 日内，将罚没款汇交中国证券监督管理委员会开户银行：中信银行北京分行营业部，账号：

7111010189800000162，由该行直接上缴国库，并将注有当事人名称的付款凭证复印件送中国证券监督管理委员会行政处罚委员会办公室备案。

当事人如果对本处罚决定不服，可在收到本处罚决定书之日起60日内向中国证券监督管理委员会申请行政复议，也可在收到本处罚决定书之日起6个月内直接向有管辖权的人民法院提起行政诉讼。复议和诉讼期间，上述决定不停止执行。

中国证监会
2021年10月××日

1-1-3　财报类相关案例（2023年）

中国证券监督管理委员会

行政处罚决定书〔2023〕××号

当事人：××××资产评估有限公司（以下简称××评估机构），住所：北京市……。

金某，男，1967年1月出生，涉案项目签字评估师，住址：河南省……。

丁某，女，1987年6月出生，涉案项目签字评估师，住址：河南省……。

依据《中华人民共和国证券法》（以下简称《证券法》）有关规定，我会依法对××评估机构资产评估执业未勤勉尽责案进行了立案调查、审理，并依法向当事人告知了做出行政处罚的事实、理由、依据以及当事人依法享有的权利。应当事人××评估机构、金某、丁某的要求，我会举行听证会听取了当事人的陈述和申辩。本案现已调查、审理终结。

经查，××评估机构具体违法事实如下：

一、评估项目基本情况

2020年4月，××评估机构接受G股份有限公司（以下简称G股份公司）委托，对G股份公司固定资产和存货的价值进行评估，评估基准日为 2019 年 12 月 31 日。2020 年 4 月 25 日，××评估机构就 G 股份公司的 1 162 台人造钻石专用设备（以下简称压机）出具《G 股份公司固定资产减值测试评估项目资产评估报告》（以下简称《固定资产评估报告》），就 G 股份公司的报废及闲置、技术落后设备出具《G 股份公司部分固定资产减值测试评估项目资产评估报告》（以下简称《部分固定资产评估报告》），就 G 股份公司及其子公司 H 有限公司（以下简称 H 有限公司）的部分存货出具《G 股份公司存货资产减值测试评估项目资产评估报告》（以下简称《存货评估报告》），签字评估师均为金某、丁某，评估业务收入为 247 524.75 元。

二、××评估机构在评估过程中未勤勉尽责

（一）未充分核查压机重置成本的重要计算参数

××评估机构在评估压机设备时，将压机重量作为计算压机重置成本的重要参数。××评估机构根据 G 股份公司提供的电子表格的数据确认压机重量，未获取经 G 股份公司盖章确认的书面材料，未对各型号压机的重量进行充分核查。××评估机构依据上述电子表格认定的 800 型压机重量与评估底稿中 G 股份公司盖章确认的《六面顶压机改造情况说明》中 800 型压机的重量不符，其未就此作进一步核查。

上述行为不符合《资产评估执业准则——资产评估程序》（中评协〔2018〕36 号）第十四条第二款、第十五条，《资产评估基本准则》（财资〔2017〕43 号）第十五条的规定。

（二）未充分核查人造钻石专用设备的改造费用

G 股份公司委估资产中有 739 台压机存在 2 次改造的记录，第一次由 L 材料有限公司进行改造，每台压机的改造费用为 45 万元。第二次由 R 有限公司进行改造，每台压机的改造费用为 55 万元。经我会另案查明，G 股份公司上述改造业务均为虚构。××评估机构未对上述改造情况进行充分核查验证，未收集设备改造的发票等相关资料，即将 G 股份公司虚构的 739 000 000 元改造费用纳入了重置成本。

上述行为不符合《资产评估基本准则》（财资〔2017〕43 号）第十三条，《资产评估执业准则——资产评估程序》（中评协〔2018〕36 号）第十二条、第十五条，《资产评估执业准则——机器设备》（中评协〔2017〕

39号)第十四条、第二十条第一项的规定。

(三)未充分核查部分设备存在状态及权属

G股份公司委估报废设备中有2台微波等离子体化学气相沉积系统(以下简称微波设备),由G股份公司向L有限公司(以下简称L有限公司)采购,设备账面价值为88 701 822元。经我会另案查明,G股份公司与L有限公司的微波设备采购交易为虚构交易。

《部分固定资产评估报告》记载委估资产权属依据包括发票等相关资料,但××评估机构未获取微波设备购置发票,也未在评估报告中说明权属资料不完整的情况。评估底稿中微波设备采购合同记载的生产厂商和型号与××评估机构在现场调查时拍摄的设备铭牌上的生产厂商和型号不符。而××评估机构在并不能辨认盘点对象是否为该微波设备的情况下,即制作了记载实盘数量与账面数量相符的盘点表,未实施有效的现场调查程序,导致将G股份公司虚增的固定资产纳入评估范围。

上述行为不符合《资产评估基本准则》(财资〔2017〕43号)第十三条和《资产评估执业准则——资产评估程序》(中评协〔2018〕36号)第十二条第一款,《资产评估执业准则——机器设备》(中评协〔2017〕39号)第十四条,《资产评估执业准则——资产评估报告》(中评协〔2018〕35号)第四条、第五条的规定。

(四)未充分核查部分存货存在状态及权属

评估底稿记载共有2 056件《大公报创刊号》金画、400件"大公报创刊号"和3 444件《香港回归二十周年》纪念金册等镀金工艺品存放于××一号云仓储运有限公司仓库(以下简称××一号云仓)。××评估机构未对上述存货进行现场调查和盘点数量,也未向一号云仓进行函证,仅通过线上远程查看后,即根据G股份公司提供的销售合同、仓储合同变更说明、记账凭证和部分发票等材料,对上述存货的数量和权属予以认可。

上述行为不符合《资产评估基本准则》(财资〔2017〕43号)第十三条和《资产评估执业准则——资产评估程序》(中评协〔2018〕36号)第六条、第十二条、第十五条的规定。

(五)评估报告记载的评估方法与实际评估方法不符

《固定资产评估报告》记载对于委估资产采用成本法评估,通过重置价值乘以成新率确定公允价值，再扣减处置费用确定可回收价值。其中现场勘查成新率是"通过检查设备的实际使用状况，根据打分法综合确定其成新率"。而××评估机构在计算成新率时并未使用打分法，评估底稿也未见打分法的相关记录。

上述行为不符合《资产评估执业准则——资产评估报告》（中评协〔2018〕35号）第四条、第五条的规定。

（六）评估报告未说明关于专家工作的内容

××评估机构聘请专家刘某强（非××评估机构员工）对G股份公司委估设备进行评估，测算压机等设备的评估值等评估工作主要由刘某强完成。××评估机构未综合分析评判专家的专业能力，未在《部分固定资产评估报告》《固定资产评估报告》中说明聘请专家工作的内容，评估底稿中也未见对刘某强专业能力的分析记录和刘某强的资格证件、身份信息等资料。

上述行为不符合《资产评估执业准则——利用专家工作及相关报告》（中评协〔2017〕35号）第六条、第九条、第二十八条的规定。

以上事实，有相关评估报告、评估说明、工作底稿、财务凭证和相关人员询问笔录等证据证明，足以认定。

我会认为，××评估机构的上述行为违反了《证券法》第一百六十三条的规定，构成《证券法》第二百一十三条第三款所述"证券服务机构违反本法第一百六十三条的规定，未勤勉尽责，所制作、出具的文件有虚假记载、误导性陈述或者重大遗漏"的情形。金某、丁某为直接负责的主管人员。

听证过程中及听证会后，当事人××评估机构、金某和丁某提出了以下申辩意见：

首先，申辩人在评估执业中不存在未勤勉尽责的情形。

第一，关于未充分核查压机重置成本的重要计算参数问题。G股份公司提供的《六面顶压机改造情况说明》文件中显示重量是"66.7T"，而同样由G股份公司提供的《设备材质及参数表》电子表格的数据800型压机重量为"约60吨"，申辩人虽忽略了让G股份公司对《设备材质及参数表》盖章确认，未能关注到两数据的差异，工作存在疏漏，但整个处理过程并无不妥。一是《六面顶压机改造情况说明》主要是为了说明压机改造前后技术参数的不同，其中只标明800型压机主机重量，且为参考值，而《设备材质及参数表》列示了各型号压机的整机重量，与申辩人测算的目的、要求吻合。二是根据现场观察，结合以往经验，申辩人判断800型压机从外观和体积估测是与"约60吨"的重量是大致相当的。三是结合行业专家意见、外部数据验证，选用"800型压机约60吨"的参数符合实际情况，计算过程合理公允。

第二，关于未充分核查人造钻石专用设备的改造费用问题。申辩人对人造钻石专用设备改造费用进行了必要的核实，也执行了相应的程序，虽然可能存在不足之处，但不至于上升到"未勤勉尽责"的程度。一是申辩人充分询问了设备改造动因，查询并获取了技术改造合同、记账凭证、验收单、压机改造情况说明等书面资料，在审核后未发现异常。二是《资产评估执业准则——机器设备》等规定并未将发票作为必须核查验证的程序，压机改造事项的确认不能以有无发票进行确定。三是账面价值的确认属于审计机构的执业范围，在之前年度审计机构已对账面价值确认的情况下，申辩人没有理由质疑其真实性。即使改造费用中有4.06亿元发生在2019年度，G股份公司及其审计机构也未进行任何说明。

第三，关于未充分核查部分设备存在状态及权属问题。一是委托人根据自己的账面记载向评估机构申报了两台报废设备，评估人员在企业人员陪同下到现场盘点、查勘设备，发现指认设备无法确认是否为微波设备，最终以设备预计的金属回收价格作为评估值。在此背景下评估人员对设备型号、厂商的核对，对评估结论根本没有影响。二是微波设备的权属不应以有无发票进行确定，评估人员在现场查勘后确认了占有，核查完合同支付凭证后确认了购买和付费的情况下，并没有证据或表象显示权属存在瑕疵需要披露。三是相关资产是否纳入减值测试范围应是审计机构、被审计企业确定，评估范围的调整并非评估机构的执业范围。四是评估结论中对微波设备已大额减值，无论此项资产有无虚假入账问题，本次评估都未导致虚增资产的后果。

第四，关于未充分核查部分存货存在状态及权属问题。一是本次评估业务发生于2020年3、4月份即新冠疫情暴发刚刚复工之际，申辩人在对企业的绝大多数存货进行了高比例抽样盘点未发现管理异常后，针对××一号云仓的存货，通过查阅近年度审计报告及视频查勘进行核验。申辩人执行了必要的评估程序。二是很多存货系抵账商品，欠款单位没有开票的主动性和能力，G股份公司当时没有获取发票也属正常。对于合同存管期限已过的事实申辩人确实没有重视，但从视频查勘等程序执行，印证了这部分存货确实存在。三是该部分存货账面价值8 703.32万元，评估值仅为984.27元，评估机构并不存在虚增存货的情况，反而是据实大幅计提了减值。

第五，关于评估报告记载的评估方法与实际评估方法不符问题。申辩人在确定压机设备成新率时实际使用了打分法。因委估的压机设备在生产线上工作状态下通有高压电，不可能整体"停车"供评估人员逐个勘察，工程师及评估人员对其他型号压机进行初步查勘后，认为压机整体上有过改造且使用率低，通常情况下低水平开工率的机器使用设备勘察法取得的成新率一般等于或高于年限法，申辩人出于谨慎性原则为不高估成新率，默认年限成新率与勘察成新率相同，并不是评估方法叙述与实际操作不一致。刘某强说没有对压机进行打分，实质是年限成新率与查看打分获得的成新率是一致的，签字评估师以及本公司质控在刘某强工作成果上做过上述分析也认可此判断，才直接采用了其工作成果。

第六，关于评估报告未说明关于专家工作的内容问题。申辩人前期未将对外聘专家刘某强的身份资料、资格证件入档处理，披露和留痕方面有失误。但刘某强只是在设备评估经验相对丰富，并无专家聘书或认定证书，也非人造金刚石行业的具有特殊知识的个人，能否称为《资产评估执业准则——利用专家工作及相关报告》当中的"因涉及特殊专业知识和经验，聘请某一领域中具有专门知识、技能和经验的个人协助工作"所指专家有待商榷。且报告中没有披露利用专家工作的内容，最终应该没有对报告使用者产生任何误导。

其次，涉案行为超过处罚时效。资产评估报告出具日为2020年4月25日。2022年4月27日证监会调查人员到现场开展调查，2022年11月申辩人收到证监会立案通知。调查起始日和立案通知日均已超过2年处罚时效规定。

最后，本案对当事人量罚过重。××评估机构及签字评估师均为初次违规。会计机构在使用涉案资产评估报告后，仍然对涉及的存货、设备出具了无法发表意见的审计结论，即申辩人评估执业行为没有造成危害后果。本案与既往处罚案例相比量罚过重。

综上，××评估机构、金某和丁某申请我会免除或减轻处罚。

经复核，我会对申辩人上述申辩意见不予采纳，理由如下：

首先，根据在案证据，足以认定××评估机构评估执业未勤勉尽责。

第一，申辩人未充分核查压机重置成本的重要计算参数。根据刘某强等人询问笔录及评估底稿，参与评估项目人员均未关注到《六面顶压机改造情况说明》中的压机重量与计算参数存在不一致，也未对压机重量进行核查验证。申辩人称其从外观和体积估测800型压机重量与"约60吨""大致相当"，并无底稿记录支撑。再者，申辩人针对压机重量的相关解释前后不一，且均缺乏评估底稿证据支持，其主张难以成立。

第二，申辩人未充分核查人造钻石专用设备的改造费用。刘某强等人在询问笔录中称，现场勘查时看不出来压机是否经过改造，也未核查压机改造前后生产出来的产品是否有区别，系依据财务凭证、账面价值将改造费用纳入重置成本。我会认为，正因××评估机构未在现场勘查中核实压机改造情况和数量，其对财务凭证、合同等资料的核验更应审慎。而根据相关人员询问笔录及评估底稿，××评估机构并未对压机巨额改造费用没有发票的异常情况作进一步核实，也不清楚发票缺失的原因，我会认定其对纳入重置成本的改造费用核查不充分并无不当。至于申辩人提出的审计机构未对该资产账面价值提出异议，并不足以作为其不充分履行资产评估程序的免责理由。

第三，关于当事人未充分核查部分设备存在状态及权属。一是根据相关人员询问笔录及评估底稿，负责现场监盘微波设备人员无法确定盘点对象是否为微波设备，且现场拍摄照片中设备铭牌上的生产厂商、型号与采购合同明显不符。××评估机构实施的现场调查程序明显不到位，不能确认微波设备实际存在，申辩意见所述"评估人员现场勘查后确认了占有"与事实不符。二是发票是关于机器设备权属的重要证明资料。××评估机构在评估报告中记载权属依据为"华晶股份公司提供的设备、存货购置合同、发票等相关资料",但其未获取微波设备的发票,也未披露重要权属资料缺失的情况。综合以上事实,××评估机构未遵循《资产评估执业准则——机器设备》(中评协〔2017〕39号)第十四条"执行机器设备评估业务,应当对机器设备进行现场逐项调查或者抽样调查,确定机器设备是否存在、明确机器设备存在状态并关注其权属"的规定。同时,我会认为,一项资产系真实采购、真实存在,之后因为种种原因计提减值,和一项资产系虚构采购、根本不存在,之后通过减值消化,对报告使用者的意义完全不同。申辩人提出的评估结论未导致虚增资产等意见不足以构成免责理由。

第四,关于当事人未充分核查部分存货存在状态及权属。一是××评估机构在未对存放于一号云仓的存货进行现场调查、未对存货的具体数量进行盘点、也未向一号云仓函证的情况下,仅通过线上远程查看了上述存货后,即根据从G股份公司获取的销售合同、仓储合同变更说明、记账凭证、入库单、部分照片和部分发票,对上述资产的数量和权属予以认可。二是××评估机构获取的资料存在明显缺失和异常,包括6 000余万元存货未见发票,仓储合同到期日明显早于评估基准日等,××评估机构获取的资料不足以证明上述存货在评估基准日的数量和权属。综上,××评估机构未对上述存放于一号云仓的存货进行现场调查,且采取的措施并不能弥补现场调查程序的缺失,其对上述存货的现状及权属的核查不到位。至于申辩人称其评估结论为大幅减值,未导致虚增存货,同样不足以构成免责理由。

第五,申辩人称其在确定压机设备成新率时实际使用了打分法,缺乏相应证据支持。一是刘某强在询问笔录中称其未对压机打分,对于型号为1000型和650型压机的成新率在年限法计算的成新率的基础上再向下修正3%,其他压机采用的成新率的是年限法计算的成新率,没有对其他压机的成新率做修正。宁某伟在询问笔录中称无法对这些压机做出近距离的观察,所以实际计算综合成新率时只考虑折旧的影响。同时,评估底稿并无对压机勘查打分的记录,底稿中成新率的计算过程也与刘某强的询问笔录相符,并未体现对现场勘查成新率的考虑。二是评估底稿中无压机使用率数据和论证,申辩意见所述"使用率低"并无相应依据,"出于谨慎性原则为了不高估成新率,默认年限成新率与勘察成新率相同"的解释反而说明××评估机构未对压机做现场勘查打分并据此计算成新率。

第六,××评估机构提供的刘某强简历和任职资格资料为事后补充,均未在评估底稿中,不能证明其在执行G股份公司资产评估项目时对专家专业能力的分析评判情况。再者,丁某、金某等人在询问笔录中称,由于××评估机构的评估人员并不具备评估G股份公司委估设备的能力,因此聘请专家刘某强对G股份公司委估设备进行评估,测算压机等设备的评估值等评估工作主要由刘某强完成。如申辩人认为其所聘专家刘某强实际不具有行业专家资质或能力,则说明××评估机构不具备执行该业务的专业能力,不应受理该业务。

综合以上事实,我会认为,××评估机构在执行G股份公司2019年年报资产减值评估项目时,存在未核查验证重要计算参数、未充分核查委估资产及评估资料等未勤勉尽责情形,出具的评估报告存在误导性陈述,构成《证券法》第二百一十三条第三款所述情形。

其次,本案并未超过行政处罚时效。申辩人所述其签收立案告知日或接受现场调查开始日均非本案违法行为发现日。××评估机构评估执业违法行为与G股份公司2019年年报信息披露违法行为相关联,发现G股份公司相关违法时间同时可认定为发现××评估机构违法线索时间。我会于2020年即对G股份公司信息披露违法行为展开现场调查,且于2020年11月20日调取了申辩人出具的评估报告与评估工作底稿等证据。申辩人关于本案已超过行政处罚时效的主张不能成立。

最后,我会量罚并无不当。××评估机构在执行G股份公司2019年年报资产减值评估项目中存在多项未勤勉尽责情形,导致将G股份公司虚增的资产纳入评估范围,将G股份公司虚构的改造费用纳入评估值,申辩人辩称其无主观过错,以及相关违法行为未产生危害后果,与事实不符。我会已充分考虑其违法行为的性质、情节和危害后果,量罚并无不当。

根据当事人的违法事实、性质、情节与社会危害程度,依据《证券法》第二百一十三条第三款的规定,我会决定:

一、对××评估机构(北京)资产评估有限公司责令改正,没收业务收入247 524.75元,并处以742 574.25元罚款;

二、对金某、丁某给予警告，并分别处以 20 万元罚款。

上述当事人应自收到本处罚决定之日起 15 日内，将罚款汇交中国证券监督管理委员会，开户银行：中信银行北京分行营业部，账号：7111010189800000162，由该行直接上缴国库，并将注有当事人名称的付款凭证复印件送中国证券监督管理委员会行政处罚委员会办公室备案。当事人如果对本处罚决定不服，可在收到本处罚决定书之日起 60 日内向中国证券监督管理委员会申请行政复议，也可在收到本处罚决定书之日起 6 个月内直接向有管辖权的人民法院提起行政诉讼。复议和诉讼期间，上述决定不停止执行。

中国证监会
2023 年 12 月××日

1-1-4　财报类相关案例（2022 年）

中国证券监督管理委员会福建监管局
行政处罚决定书〔2022〕××号

当事人：北京××××资产评估事务所（特殊普通合伙，以下简称××××资产评估机构），注册地址：北京市……。

彭某某，男，1956 年 6 月出生，××××资产评估机构签字评估师，住址：广东省……。

詹某某，男，1976 年 2 月出生，××××资产评估机构签字评估师，住址：广东省……。

依据《中华人民共和国证券法》（以下简称《证券法》）的有关规定，我局对××××资产评估机构资产评估执业违法行为进行了立案调查、审理，并依法向当事人告知了作出行政处罚的事实、理由、依据及当事人依法享有的权利，当事人××××资产评估机构、詹某某均未提出陈述、申辩意见，也未要求听证。当事人彭某某进行了陈述和申辩，但未要求听证。本案现已调查、审理终结。

经查明，××××资产评估机构存在以下违法事实：
一、评估项目基本情况

2020年3月3日，ST集团股份有限公司（以下简称ST集团）与××××资产评估机构签订资产评估委托合同（以下简称《资产评估合同》），ST集团委托××××资产评估机构对ST集团合并报表层面分摊了商誉后的B科技有限公司（以下简称B公司）、C科技有限公司（以下简称C公司）、D科技有限公司（以下简称D公司）等3家公司资产组的可回收价值进行评估，评估收费合计50万元（其中评估费471 698.10元，增值税28 301.90元），但未约定上述3家公司评估项目具体单项收费金额。上述3家公司评估项目的评估报告分别出具。

2020年6月8日，××××资产评估机构对ST集团拟合并B公司形成的商誉进行减值测试项目涉及的资产组可回收价值（以下简称B公司商誉项目）出具《资产评估报告》，项目签字评估师彭某某、詹某某。

2020年6月8日和8月12日，ST集团分两次向××××资产评估机构支付了上述3家公司评估项目总评估费合计50万元。经认定，案涉B公司商誉项目的评估费用为157 232.70元（已扣除增值税）。

二、××××资产评估机构未勤勉尽责，出具的资产评估报告存在虚假记载

××××资产评估机构在对B公司商誉项目进行评估时，存在两项错误：一是在计算资产组的可回收金额过程中，利息支出项目重复加计，导致计算错误。二是在计算折现率时，相关参数未以评估基准日（2019年12月31日）为基准进行取值，导致折现率计算错误。调整上述两项错误后，B公司的预计未来现金流量现值应由21 657.45万元下调为13 007.69万元，公允价值减处置费用后的金额应由24 503.66万元下调为15 715.10万元。按照预计未来现金流量现值和公允价值减处置费用孰高原则，修正错误后的可收回金额应为15 715.10万元。上述错误导致B公司商誉及其资产组的评估值高估8 788.56万元，占原评估结果的比例为35.87%。

2021年8月12日，××××资产评估机构向ST集团出具了《关于对〈福建ST集团股份有限公司拟对合并B科技有限公司形成的商誉进行减值测试项目涉及的资产组可回收价值资产评估报告（××××资产评估机构

评报字〔2020〕第 01-368 号)》评估结论调整说明》，对上述两项错误进行了修正。

2021 年 9 月 18 日，ST 集团披露《福建 ST 集团股份有限公司关于前期会计差错更正的公告》，补提 2019 年度资产减值损失 87 885 571.55 元，进而导致调减 2019 年净利润 87 885 571.55 元；调减 2019 年净资产 87 885 571.55 元，占 ST 集团 2019 年经审计归属于上市公司股东的净资产（-468 255 418.78 元）绝对值的 18.77%。

××××资产评估机构未勤勉尽责，未发现利息支出项目重复加计和相关参数取值错误，导致出具的资产评估报告存在虚假记载，上述行为不符合《资产评估执业准则——资产评估程序》第十九条、《资产评估执业准则——企业价值》第二十六条的规定。

上述违法事实，有相关公告、评估报告、询问笔录、评估工作底稿、情况说明等证据证明，足以认定。

××××资产评估机构上述行为涉嫌违反《证券法》第一百六十条第一款、第一百六十三条的规定，构成《证券法》第二百一十三条第三款所述的情形。

彭某某、詹某某作为项目签字评估师，负责 B 公司商誉项目审核把关。在 B 公司商誉项目评估中，因彭某某、詹某某工作疏忽导致评估报告存在虚假记载，负有主要责任，系直接负责的主管人员。

彭某某在其申辩材料中提出：案涉评估报告预测期每年 5 000 余万元的利息应形成应付利息，在计算营运资金增加额中作为减项处理，可对冲涉案的票据贴现利息重复加计的影响。在营运资金测算时少计应付款项，若补计应付款，可对冲涉案的票据贴现利息重复加计的影响，要求减免处罚。

经复核，我局认为，根据 B 公司历史财务报表数据（2016 年至 2019 年），未见公司财务费用形成包括应付利息在内的应付款项。当事人以假定案涉评估报告存在其他估值偏差，对冲评估报告中实际存在的未发现利息支出项目重复加计和相关参数取值错误产生的估值偏差，于法无据，对彭某某的申辩理由不予采信。

根据当事人违法行为的事实、性质、情节与社会危害程度，依据《证券法》第二百一十三条第三款的规定，我局决定：

一、对××××资产评估机构没收业务收入157 232.70元，并处以50万元的罚款；

二、对彭某某、詹某某给予警告，并分别处以20万元的罚款。

上述当事人应自收到本处罚决定书之日起15日内，将罚款汇交中国证券监督管理委员会开户银行：中信银行北京分行营业部，账号：7111101018980000162，由该行直接上缴国库，并将注有当事人名称的付款凭证复印件送中国证券监督管理委员会行政处罚委员会办公室备案。当事人如果对本处罚决定不服，可在收到本处罚决定书之日起60日内向中国证券监督管理委员会申请行政复议，也可在收到本处罚决定书之日起6个月内直接向有管辖权的人民法院提起行政诉讼。复议和诉讼期间，上述决定不停止执行。

福建证监局
2022年12月××日

1-1-5　其他类相关案例（2021年）

中国证券监督管理委员会江苏监管局

行政处罚决定书〔2021〕××号

当事人：××××资产评估有限公司（以下简称××评估机构或公司），注册住址：北京市朝阳区。

依据《中华人民共和国证券法》（以下简称《证券法》）的有关规定，我局对××评估机构首次从事证券服务业务未备案违法违规行为进行了立案调查、审理，并依法向当事人告知作出行政处罚的事实、理由、依据及当事人依法享有的权利。当事人未提出陈述、申辩意见。本案现已调查、审理终结。

经查明，当事人存在以下违法事实：

××评估机构于2021年3月28日接受A股份有限公司委托开展评估业务，并于2021年4月7日出具《A股份有限公司股权收购涉及的B有限公司股东全部权益价值追溯性项目资产评估报告》（×××评报字〔2021〕

第2006号）。该行为属于《证券服务机构从事证券服务业务备案管理规定》（证监会公告〔2020〕××号，以下简称《备案管理规定》）第六条规定的证券服务业务。公司未按照《备案管理规定》第六条、第十条的规定向中国证监会备案。

上述违法违规事实，有相关公告、资产评估委托合同、资产评估报告、询问笔录、从事证券服务业务资产评估机构名录等证据证明，足以认定。

我局认为，××评估机构的上述违法行为违反了《证券法》第一百六十条第二款、《备案管理规定》第十条的规定，构成《证券法》第二百一十三条第二款所述的违法行为。

根据当事人违法行为的事实、性质、情节与社会危害程度，依据《证券法》第二百一十三条第二款的规定，我局决定：

对××评估机构责令改正，并处以五万元的罚款。

上述当事人应自收到本处罚决定书之日起15日内，将罚款汇交中国证券监督管理委员会，开户银行：中信银行北京分行营业部，账号：7111010189800000162，由该行直接上缴国库。当事人还应将注有其名称的付款凭证复印件送我局备案。当事人如果对本处罚决定不服，可在收到本处罚决定书之日起60日内向中国证券监督管理委员会申请行政复议，也可以在收到本处罚决定书之日起6个月内直接向有管辖权的人民法院提起行政诉讼。复议和诉讼期间，上述决定不停止执行。

江苏证监局

2021年12月××日

1−1−6　财政部相关案例（2023年）

财政部行政处罚事项决定书

财监法〔2023〕××号

当事人：贵州××房地产资产评估事务所有限公司，地址：贵州省……。

根据《中华人民共和国资产评估法》等法律的规定，我部组织检查组，于2023年7月至8月对你公司2022年度执业质量等情况开展了检查。检查发现的主要问题和行政处罚决定如下：

一、检查发现的主要问题

检查发现，你公司出具的《贵阳市××集团有限公司拟以其持有的贵州××有限公司股权作为对贵州××股份有限公司的出资所涉及的贵州××有限公司股东全部权益价值资产评估报告》（××评报字〔2022〕第A号，以下称第A号报告）、《贵州省××有限公司拟增资扩股所涉及的其股东全部权益价值资产评估报告》（××评报字〔2022〕第B号，以下称第B号报告）等2份报告存在以下问题：

（一）第A号报告存在收益法部分参数计算错误。

1. 营运资金预测中未考虑出口退税尚未收到对营运资金占用的影响，导致评估结论差异5 074.39万元（在其他条件不变的情况下，造成评估结论高估），差异率为17.96%。

2. 现金流中加回的折旧摊销金额与利润表预测的折旧摊销金额不一致，导致评估结论差异498.86万元（在其他条件不变的情况下，造成评估结论高估），差异率为1.77%。

3. 人工成本费用计算错误，导致评估结论差异325.77万元（在其他条件不变的情况下，造成评估结论高估），差异率为1.15%。

（二）第B号报告存在土地使用权评估容积率修正系数计算错误。

土地使用权评估容积率修正系数计算中，未按照评估报告列示的公式进行计算，导致评估结论差异6 516.5万元（在其他条件不变的情况下，造成评估结论高估），差异率为9.44%。

二、行政处罚决定

依据《资产评估行业财政监督管理办法》第四十六条，我部认定上述事项构成重大遗漏，违反了《中华人民共和国资产评估法》第十四条、第二十条，《资产评估基本准则》第五条，《资产评估执业准则——企业价值》第五条等有关规定。

上述事实，有检查报告、检查工作底稿、当事人签证和反馈意见等证据予以证实。

依据《中华人民共和国资产评估法》第四十七条的规定，我部决定给予你公司警告、责令停业三个月的行政处罚。

如不服本处罚决定，可以在接到本决定书之日起六十日内，依法向我部申请行政复议；或者在接到本决定书之日起六个月内，依法向北京市第一中级人民法院提起行政诉讼。除法律另有规定外，行政复议和行政诉讼期间，本处罚决定不停止执行。

财 政 部

2023 年 11 月 ×× 日

1-1-7　财政部相关案例（2023年）

财政部行政处罚事项决定书

财监法〔2023〕××号

当事人：河北××资产评估有限责任公司，地址：河北省……。

根据《中华人民共和国资产评估法》等法律的规定，我部组织检查组，于2023年7月对你公司2022年度执业质量等情况开展了检查。检查发现的主要问题和行政处罚决定如下：

一、检查发现的主要问题

（一）机构内部治理及质量控制体系问题。

检查发现，你公司存在项目承做期间及完成后规定时限内持有或买卖相关上市公司股票的问题。2022年7月×日起，你公司承接开展"××股份有限公司拟增资事宜涉及的河北××有限公司股东全部权益资产评估"项目业务，并于2022年12月××日出具该项目资产评估报告。在此期间，你公司证券账号买卖"××××"股票650 000股，共计盈利130 500元。

（二）资产评估业务质量问题。

检查发现，你公司出具的《××有限公司资产减值测试事宜涉及的××有限公司20万吨稳定轻烃工程资产评估报告》（××评报字〔2022〕第008号），在现金流量测算时，将不属于本次评估资产组范围的待抵扣进项税纳入现金流量测算范围,导致评估结论差异 10 520 万元(在其他条件不变的情况下,造成评估结论高估,导致资产组应减值未减值),尽管差异率为 2.44%。

二、行政处罚决定

依据《资产评估行业财政监督管理办法》第四十六条等有关规定,我部认定上述事项构成重大遗漏等问题,违反了《中华人民共和国资产评估法》第十四条、第二十条,《资产评估基本准则》第五条,《资产评估职业道德准则》第十二条等有关规定。

上述事实,有检查报告、检查工作底稿、当事人签证和反馈意见等证据予以证实。

依据《中华人民共和国资产评估法》第四十七条的规定,我部决定给予你公司警告、责令停业三个月、没收违法所得 13.05 万元并处罚款 65.25 万元的行政处罚。

你公司应在收到本决定书之日起 15 日内向财政部河北监管局申领并填写"一般缴款书"(收款单位:财政部;预算级次:中央级;预算科目:其他一般罚没收入;科目代码:103050199),将违法所得及罚款缴入中央国库,并将缴款凭证等相关材料书面报送财政部监督评价局。

如不服本处罚决定,可以在接到本决定书之日起六十日内,依法向我部申请行政复议;或者在接到本决定书之日起六个月内,依法向北京市第一中级人民法院提起行政诉讼。除法律另有规定外,行政复议和行政诉讼期间,本处罚决定不停止执行。

财 政 部
2023 年 11 月 ×× 日

1-2 行政监管措施相关案例

1-2-1 交易类相关案例（2023年）

中国证券监督管理委员会山东监管局

行政监管措施决定书〔2023〕××号

××××资产评估（北京）有限责任公司及资产评估师王某某、蔡某某：

我局对××评估机构执业的Q股份公司拟收购S科技有限公司（以下简称S有限公司）股权涉及的S有限公司股东全部权益价值项目（××××评报字〔2022〕第2×××号）进行了检查。经查，××评估机构在执业中存在以下问题：

一、报告披露不符合准则规定

S有限公司2021年、2022年1月至9月份实现收入分别比2020年、2021年增长37.19%、-28.8%，截至评估基准日尚未实现盈利。××评估机构以2022年9月30日为评估基准日对S有限公司2023年至2027年预测收入增长率分别为66.25%、55.41%、46.96%、27.81%、16.67%，且在预测期首年实现扭亏为盈，上述预测趋势与S有限公司历史业绩和现实经营状况存在重大差异，且××评估机构未按照《资产评估执业准则——企业价值》第二十三条的规定，对上述差异在资产评估报告中予以披露，并对产生差异的原因及其合理性进行说明。

二、评估参数预测依据不足

（一）收入预测方面。评估说明中企业所处行业分析引用Yole数据，2018年至2026年全球MEMS声学传感器市场规模年均复合增长率6.24%。××评估机构结合行业发展趋势及企业自身规模和市场占用率，预估S有限公司未来年度各细分市场可保持15%~20%/25%的增长，但评估结论中详细预测期（2023—2027年）收入增长率分别为66.25%、55.41%、46.96%、27.81%、16.67%，未见××评估机构对S有限公司未来远高于行业增长率的预测进行合理性分析，未对预估增长率与实际预测增长率的差异进行说明，评估底稿中亦未见 S 有限公司改善收入状况所采取的具体措施等支撑材料，预测依据不充分。

（二）成本预测方面。S 有限公司历史期间毛利率发生较大变化，未见××评估机构对影响毛利率的关键因素进行分析与验证。详细预测期 S 有限公司毛利率逐年增长，在预测产品售价基本不变的情况下，底稿中未见××评估机构对成本构成要素的变化趋势进行分析并获取相关的支撑资料，毛利率的预测依据不足。

（三）费用预测方面。职工薪酬中未对业务大幅增长而人员基本未增长的情况进行合理性分析。研发费用预测中，××评估机构预测 2023 年研发费用占营业收入比重较历史期间下降，且以后年度逐年降低，工作底稿中未对降低的原因及 S 有限公司现有技术较竞争对手的优势进行有效论证分析，也未见与之相关的支撑材料，研发费用的预测依据不充分。

上述情形不符合《资产评估基本准则》第五条、第十五条，《资产评估执业准则——资产评估程序》第十五条、第十七条、第十九条，《资产评估执业准则——企业价值》第二十三条及《资产评估执业准则——资产评估档案》第十一条的规定。

三、核查验证程序不规范

一是××评估机构对委托加工物资评估申报明细表中数量与询证函回函记录的数量不一致的情况，未进行差异性分析。二是评估说明中对 S 有限公司的行业现状与发展前景分析引用了 Yole 数据，但注明的资料来源与工作底稿中记录的信息查询载体不一致。上述情形不符合《资产评估基本准则》第五条、第十五条，《资产评估执业准则——资产评估程序》第十三条、第十五条及第十七条的规定。

四、工作底稿存在错误

××评估机构在评估中使用了审计机构的函证结果，但评估底稿中 S 有限公司提供的《利用审计函证的说明》系向中水致远资产评估有限公司出具的。上述情形不符合《资产评估基本准则》第五条、《资产评估执业准则——资产评估档案》第六条及第七条的规定。

上述行为不符合《资产评估基本准则》《资产评估执业准则》的有关要求，违反了《上市公司信息披露管理办法》（证监会令第 182 号）第四十五条、第四十七条的规定。按照《上市公司信息披露管理办法》（证监会令第182号）第五十五条的规定，我局决定对××评估机构及签字评估师王某某、蔡某某采取出具警示函的监督管理措施，并记入证券期货市场诚信档案数据库。

如果对本监督管理措施不服，可以在收到本决定书之日起60日内向中国证券监督管理委员会提出行政复议申请，也可以在收到本决定书之日起6个月内向有管辖权的人民法院提起诉讼。复议与诉讼期间，上述监督管理措施不停止执行。

山东监管局

2023年4月××日

1-2-2　交易类相关案例（2022年）

关于对北京××××资产评估有限责任公司

及资产评估师张某某、崔某某、弓某

采取出具警示函措施的决定

〔2022〕××号

北京××××资产评估有限责任公司、张某某、崔某某、弓某：

经查，你们在执业的K上市公司全资子公司J有限公司收购股权所涉及的××××投资发展有限公司（以下简称××有限公司）股东全部权益价值评估项目（××××评报字〔2021〕第020203号）及F有限公司收购股权涉及的××××科技集团有限公司（以下简称××集团公司）股东全部权益价值评估项目（××××评报字〔2022〕第020124号）中存在以下问题：

一、××有限公司项目存在问题

（一）评估假设不恰当

一是评估标的资产未办妥土地使用权证，长期未按约定开发，且处于协议约定的政府有权无偿回收状态，你们没有分析未来各种可能性及其影响,未将其认定为评估结论所依托的前提条件,评估假设不合理。二是你们以委托方临时提供且无具体可执行性的实施方案作为评估假设基础,评估假设依据不充分。

上述行为不符合《资产评估执业准则——企业价值》第六条的规定。

(二)评估程序执行不到位

对土地权属相关事项,你们对关键人员访谈时,未获取土地长期闲置相关处置的正面答复或书面说明,未进一步分析可能产生的闲置费、滞纳金及税费等相关费用,未判断其对评估报告的影响程度。

上述行为不符合《资产评估执业准则——资产评估程序》第六条、第十三条、第十七条的规定。

(三)评估报告披露不充分

一是评估报告特殊事项说明部分仅披露"被评估单位未办理国有土地使用权证,且未按国有建设用地使用权出让合同约定进行开发建设",未披露存在被政府无偿回收土地的风险及对评估结论的影响程度。二是评估结论较资产账面价值的增值率131 862.94%,但评估报告附件中未披露资产账面价值与评估结论存在较大差异的说明。

上述行为不符合《资产评估执业准则——资产评估报告》第七条、第二十八条的规定。

(四)质量控制程序不到位

根据《业务承接评价表》,你们在业务承接时仅关注到待估资产产权证明文件不齐全,未充分关注法律权属不清的原因,对承接业务前评估标的已经完成股权转让及工商变更、资产处于法院查封状态等异常情形,未保持合理关注和应有的职业谨慎。

上述行为不符合《资产评估基本准则》第九条、《资产评估执业准则——资产评估程序》第九条的规定。

二、××集团公司项目存在问题

(一)收益法评估方面

1. 收入核查验证程序不到位

一是对历史上同一客户不同业务,规模及增长率均存在重大差异的,预测期对同一客户的不同业务采用同样增长率,未分析验证合理性,收入增长率测算依据不足。二是底稿记录月均收入公式错误。不同客户月均收入预测基数未按既定方式确定，未分析数据替代的合理性。三是对实际收入作为预测基数的，未验证实际收入确认计量的准确性。

上述行为不符合《资产评估执业准则——企业价值》第二十三条、《资产评估执业准则——资产评估程序》第十五条的规定。

2. 毛利率核查验证程序不到位

一是历史期间毛利率发生较大变化，未分析验证影响毛利率关键因素的取值标准及变化合理性。二是部分没有核心技术要求的业务，但整体预测毛利率高于10%，不符合商业逻辑，未核查验证毛利率的合理性。

上述行为不符合《资产评估执业准则——企业价值》第二十三条、《资产评估执业准则——资产评估程序》第十五条的规定。

3. 人工成本核查验证程序不到位

一是被评估单位历史期间人均薪酬与可比公司存在重大差异，未验证人均薪酬的合理性。二是对计算表中员工人数直接采用期末数的，未考虑员工入职日期对平均工资测算的影响。

上述行为不符合《资产评估执业准则——企业价值》第二十三条、《资产评估执业准则——资产评估程序》第十五条的规定。

4. 折现率取值程序不到位

一是三次审核表（最终稿）与折现率计算表显示的个别风险取值不一致，最终修改三次审核意见，未说明修改的过程和原因。二是标的公司所在行业存在多家上市公司，底稿无可比公司的分析选择过程；且选取样本中包含已出售同类业务的公司，可比对象选取不恰当。

上述行为不符合《资产评估执业准则——企业价值》第二十三条、《资产评估执业准则——资产评估程序》第十五条、《资产评估基本准则》第三十一条的规定。

（二）市场法评估方面

1. 可比对象选取不恰当

标的公司所在行业存在多家上市公司，底稿无可比公司的分析选择过程；且选取样本中包含已出售同类业务的公司，可比对象选取不恰当。

上述行为不符合《资产评估执业准则——企业价值》第三十三条、

《资产评估执业准则——资产评估程序》第十五条的规定。

2. 相关重要参数取值程序不到位

某可比公司的重要参数、修正系数计算表中预期持续增长率、折现率计算的贝塔系数等取值计算分析过程不到位、依据不足。

上述行为不符合《资产评估执业准则——资产评估程序》第十五条、第十九条的规定。

以上行为违反了资产评估执业准则等有关要求,违反了《上市公司信息披露管理办法》(证监会令第182号)第四十五条、第四十七条的规定。张某某、崔某某作为××有限公司项目签字注册评估师,张某某、弓某作为××集团公司项目签字注册评估师,对上述相关行为应承担主要责任。按照《上市公司信息披露管理办法》(证监会令第182号)第五十五条的规定,我局决定对你们分别采取出具警示函的监督管理措施,并记入证券期货市场诚信档案。你们应严格遵照相关法律法规和资产评估执业准则的规定,及时采取措施加强内部管理,建立健全质量控制制度,确保评估执业质量。你们应当在收到本决定书之日起15个工作日内向我局报送整改报告。

如果对本监督管理措施不服的,可以在收到本决定书之日起60日内向中国证券监督管理委员会提出行政复议申请,也可以在收到本决定书之日起6个月内向有管辖权的人民法院提起诉讼。复议与诉讼期间,上述监督管理措施不停止执行。

浙江证监局
2022年11月××日

1-2-3 交易类相关案例(2021年)

中国证券监督管理委员会浙江监管局

行政监管措施决定书〔2021〕××号

××××资产评估集团有限公司、胡某某、牛某某:

我局发现你们执业的K上市公司拟增资事宜涉及的B环保科技有限公

司（以下简称 B 有限公司）股东全部权益价值资产评估项目（报告文号：××××评报字［2021］第×××号）中存在以下问题：

一、预测产能的评估依据不充分

你们预测 B 有限公司年处理锂云母制备硫酸锂母液产能时，仅获取某一日的出库量进行核查验证，评估依据不充分，且未论证其合理性。上述情况不符合《资产评估准则——企业价值》第二十三条的规定。

二、预测产品销售量的评估程序不完整、不充分

你们以目前及尚未建成的二期产能为基础预测月销售量，未充分考虑预测趋势与历史业绩、实际经营情况存在的差异，未核查验证销售量按其产量同步增长的合理性，对在手订单的有效性未执行充分必要的核查验证程序。此外，你们未预测扩大销售网络的相关费用。上述情况不符合《资产评估基本准则》第十五条、《资产评估准则——企业价值》第二十三条、《资产评估准则——评估程序》第十五条的规定。

三、预测产品单价的评估依据不合理

你们以单日的碳酸锂行业价格折算产品单价，未充分考虑预测趋势与公司实际销售价格、碳酸锂价格周期性波动情况存在的差异。此外，你们预测期选用的碳酸锂价格与评估说明中预计的碳酸锂中长期价格中枢存在差异，未执行进一步的核查验证程序。上述情况不符合《资产评估准则——企业价值》第二十三条的规定。

四、折现率参数取值未合理说明理由

你们对资本结构、债权期望报酬率取值时，未说明理由。上述情况不符合《资产评估准则——资产评估档案》第十一条的规定。

你们的上述行为未严格遵守《资产评估准则》，违反了《上市公司信息披露管理办法》（证监会令第 182 号）第四十五条的规定。按照《上市公司信息披露管理办法》第五十五条的规定，我局决定对你们分别采取出具警示函的监督管理措施，并记入证券期货市场诚信档案。

你们应严格遵照相关法律法规和中国注册评估师执业准则的规定，及时加强质量控制，确保评估执业质量。你们应当在收到本决定书之日起 15 个工作日内向我局报送整改报告。

如果对本监督管理措施不服，可以在收到本决定书之日起 60 日内向中

国证券监督管理委员会提出行政复议申请,也可以在收到本决定书之日起6个月内向有管辖权的人民法院提起诉讼。复议与诉讼期间,上述监督管理措施不停止执行。

浙江证监局
2021 年 12 月××日

1-2-4 财报类相关案例(2023 年)

中国证券监督管理委员会山东监管局
行政监管措施决定书〔2023〕1××号

××××资产评估所(特殊普通合伙)及谭某某、罗某某、赵某某:

根据《证券法》相关要求,我局对××评估所执行的 H 科技股份有限公司 2021 年、2022 年商誉减值测试涉及的 H 控股公司(以下简称 H 控股公司)资产组组合可收回金额评估项目进行了检查。经查,××评估所主要存在以下问题。

一、营业收入及成本评估方面

(一)2021 年商誉减值测试评估

1. ××评估所未对预测的主营业务收入、毛利率数据与 H 控股公司历史数据存在差异的原因及合理性进行充分分析说明。

2. 未结合历史期固定成本和变动成本构成、变动成本影响因素等对 H 控股公司销售类业务变动成本合理性进行分析说明。

上述行为不符合《资产评估执业准则——资产评估程序》第十七条、《资产评估执业准则——资产评估方法》第十一条、《以财务报告为目的的评估指南》第二十八条的相关规定。

(二)2022 年商誉减值测试评估

1. ××评估所预测的 H 控股公司各类业务 2023 年增长趋势变动较大,但未按照业务类型对收入预测的合理性进行分析说明。

2. ××评估所在预测营业成本和毛利率时,未能充分考虑各类业务毛利率差异较大等实际情况对不同业务类型分别进行分析预测。

3. 2022年毛利率预测方式与2021年不一致，××评估所未说明两次评估预测方式不一致的原因及合理性。

上述行为不符合《资产评估执业准则——资产评估程序》第十七条，《资产评估执业准则——资产评估方法》第十一条，《以财务报告为目的的评估指南》第二十三条、第二十八条、第三十七条的相关规定。

二、税金及附加评估方面

1. 2021年、2022年商誉减值测试评估时，××评估所按照历史期平均税率预测增值税进项税额，而未根据预测成本及对应税率进行测算，××评估所未对采用上述评估方法的合理性进行分析说明。

2. 2021年、2022年商誉减值测试评估时，××评估所对印花税预测方式不一致，××评估所未说明两次评估预测方式不一致原因及合理性。

上述行为不符合《资产评估执业准则——资产评估程序》第十七条，《资产评估执业准则——资产评估方法》第十一条，《以财务报告为目的的评估指南》第二十三条、第二十八条、第三十七条的相关规定。

三、管理费用、销售费用评估方面

1. 2021年商誉减值测试评估时，未对H控股公司收入预测增长的情况下，预测的销售人员数量、人均工资及职工薪酬下降的合理性进行充分分析说明。

2. 2022年商誉减值测试评估时，未对H控股公司管理人员大幅减少的合理性进行充分分析说明。

上述行为不符合《资产评估执业准则——资产评估程序》第十七条、《资产评估执业准则——资产评估方法》第十一条、《以财务报告为目的的评估指南》第二十八条的相关规定。

四、营运资金评估方面

1. 2021年商誉减值测试评估时，预测的H控股公司详细预测期营运资金周转率与历史期差异较大，××评估所未对其合理性进行充分分析说明。

2. 2022年商誉减值测试评估时，预测的H控股公司营业收入与回款速度同时增加，与公司实际情况不符，××评估所未对其合理性进行充分分析说明。

3. 两次评估预测的 H 控股公司营运资金周转率差异较大，××评估所未对差异原因及合理性进行充分分析说明。

上述行为不符合《资产评估执业准则——资产评估程序》第十七条、《资产评估执业准则——资产评估方法》第十一条、《以财务报告为目的的评估指南》第二十八条的相关规定。

五、折现率评估方面

1. 2021 年、2022 年商誉减值测试评估时，××评估所按照息税前利润与 15%所得税税率计算税后现金流，但 H 控股公司子公司所得税率均为 25%，××评估所未对采用 15%所得税税率合理性进行分析说明。

2. 2021 年、2022 年商誉减值测试评估时，××评估所在计算 H 控股公司税前折现率时未考虑研发费用加计扣除税收政策对所得税的影响。

上述行为不符合《资产评估执业准则——资产评估程序》第十七条、《资产评估执业准则——资产评估方法》第十一条、《以财务报告为目的的评估指南》第三十四条的相关规定。

××评估所上述行为违反了《上市公司信息披露管理办法》（证监会令第 182 号）第四十五条、第四十七条的规定。按照《上市公司信息披露管理办法》（证监会令第 182 号）第五十五条的相关规定，我局决定对××评估所采取出具警示函的监督管理措施并记入证券期货市场诚信档案数据库。

××评估所应严格遵照相关法律法规规定，及时采取措施加强内部管理，建立健全质量控制体系，确保执业质量。××评估所应当在收到本决定书之日起 15 个工作日内向我局报送书面整改报告。

如果对本监督管理措施不服，可以在收到本决定书之日起 60 日内向中国证券监督管理委员会提出行政复议申请，也可以在收到本决定书之日起 6 个月内向有管辖权的人民法院提起诉讼。复议与诉讼期间，上述监督管理措施不停止执行。

山东监管局
2023 年 12 月××日

1–2–5 财报类相关案例（2022年）

中国证券监督管理委员会北京监管局
行政监管措施决定书〔2022〕××号

××××资产评估有限责任公司及彭某某、胡某某、韩某、翟某某、李某某：

经查，你们在K上市公司2018年度至2020年度以财务报告为目的的商誉减值测试所涉及的L科技有限公司（以下简称L科技公司）、M科技发展有限公司（以下简称M科技公司）相关资产组组合可回收价值评估项目（××××资评财报字〔2019〕第3133和3132号、××××资评报字〔2020〕第10163和10164号、××××资评报字〔2021〕第10219和10220号，以下分别简称2018/2019/2020年度L科技公司/M科技公司项目，或合称6个项目）执业中存在以下问题。

一、评估范围与评估方法方面

1. 评估范围方面。未对企业确定的商誉减值测试评估范围进行充分核实，6个项目的实际评估范围与商誉减值测试评估相关要求不一致。

2. 评估方法方面。对于收益法评估结果显示商誉需减值的2018年度M科技公司项目、2019年度M科技公司和L科技公司项目，未进一步估算资产组组合公允价值减去处置费用后的净额以确定资产组组合可回收价值。

上述情形不符合《资产评估执业准则——资产评估程序》第十五条，《以财务报告为目的的评估指南》第十二条、第十三条、第十九条和第二十一条，《资产评估专家指引第11号——商誉减值测试评估》第八条和第十条的规定。

二、评估模型与参数方面

1. 营运资金方面。一是对相同评估对象不同年度的营运资金预测方法及参数取值差异较大，部分预测方法及调整依据不充分。二是2020年度L科技公司项目测算过程中个别数据取值错误。

2. 折现率方面。一是2020年度L科技公司和M科技公司项目计算资本结构时取值错误。二是折现率涉及的贝塔系数、参数取值方式各年度间存在不一致，且无充分理由。

3. 折现时点方面。2020年度M科技公司项目调整现金流折现时点依据不充分。

4. 增值税和企业所得税方面。一是2019年度和2020年度M科技公司项目同类业务增值税税率取值不一致。二是未充分考虑母子公司企业所得税税率不一致的影响。

5. 其他参数方面。2018年度L科技公司项目、2019年度L科技公司和M科技公司项目部分参数取值人为调整的依据不充分。

上述情形不符合《资产评估执业准则——资产评估程序》第十七条、第十九条和《资产评估执业准则——资产评估档案》第六条、第十一条的规定。

三、评估报告及评估说明、工作底稿方面

一是2020年度M科技公司项目底稿中未见复核人对最终评估结果的复核情况。二是2020年度M科技公司和L科技公司项目评估报告及评估说明、底稿部分表述与实际做法不一致。三是部分底稿归档时间晚于规定期限，部分管理类底稿未签署名字和日期，个别底稿缺失，部分底稿填列错误等。

上述情形不符合《资产评估执业准则——资产评估档案》第七条、第十三条和第十五条和《资产评估执业准则——资产评估报告》第四条的规定。

你们的上述行为违反了《上市公司信息披露管理办法》（证监会令第40号）第五十二条、第五十四条的规定。按照《上市公司信息披露管理办法》第六十五条的规定，我局决定对你们采取出具警示函的监督管理措施。你们应关注执业风险，及时采取措施加强质量管理，确保审计执业质量，并于收到本决定书之日起30日内向我局提交书面报告。

如果对本监督管理措施不服，可以在收到本决定书之日起60日内向中国证券监督管理委员会提出行政复议申请，也可以在收到本决定书之日起6个月内向有管辖权的人民法院提起诉讼。复议与诉讼期间，上述监督管理措施不停止执行。

北京监管局

2022年1月××日

1-2-6 财报类相关案例（2020年）

中国证券监督管理委员会湖北监管局
行政监管措施决定书〔2020〕××号

××××资产评估有限公司：

根据《中华人民共和国证券法》有关规定，我局对你公司出具的D股份有限公司（以下简称D上市公司）收购的S体育媒体有限公司（简称S有限公司，注：境外企业）相关商誉估值的估值报告（××××估值字〔2019〕第×××号）进行了检查。经查，你公司在执业中存在以下问题：

一是未复核用于收入预测的关键估值系数相关证据资料。S有限公司历史年度版权分销收入与对应的成本数据的比值2.4倍，系用于预测未来年度营业收入的关键估值系数，但未见计算该关键估值系数所用的历史成本数据资料，计算系数的基础证据不够充分。你公司估值报告中，对相关收入的预测是先确定未来年度的成本，再根据关键估值系数来倒算未来年度收入，在你公司估值说明关于"营业收入的预测"部分描述"根据其运营英超赛事版权的财务数据，确定收入与成本的比例历史平均水平为2.4倍。据此倒算2021年至永续年期每年赛事版权的收入"。但底稿中未见历史年度版权分销收入对应的成本，也未见2.4倍相关系数的测算过程。

二是市场份额预测不审慎。在你公司估值报告提及市场竞争日趋激烈的情况下，你公司未对Y体育公司2021年至永续年期按市场份额20%预估成本及利润的适当性进行充分论证。你公司估值说明中关于"营业收入预测"部分显示，欧洲顶级足球赛事在中国大陆版权销售从原仅英超采用分销模式，逐渐均转向分销模式。原来仅有Y体育公司从事相关版权分销，发展至目前有苏宁和Y体育公司两家，潜在的竞争对手有苏宁PPTV、腾讯、新浪等互联网平台，Y体育公司的市场份额有可能被侵占；另外根据你公司估值报告等资料，Y体育公司在历史年度拥有英超版权时市场份额为25%，但2019年未获得英超、德甲等相关赛事版权，虽Y体育公司可参与下一周期的版权竞争，但即使在下一轮版权竞争中获胜，英超版权、德甲版权也需分别在 2022 年、2023 年到期后才能取得，2021 年及以后市场份额维持 20% 的依据不充分。

三是未审慎确定资本结构的评估值。你公司在 S 有限公司商誉估值折现率测算中，选取了 5 家可比公司作为计算 S 有限公司资本结构的基础，但这 5 家公司资本结构差异较大，对 S 有限公司资本结构最终评估取值为 29.91%，底稿中未见解释说明。

四是未解释本次商誉测试时收入预测数据比收购时预测数据更乐观的依据。你公司估值报告中，2018 年实际收入未达到收购时《D 上市公司收购 S 有限公司股东全部权益评估报告》（××××评报字〔2017〕第×××号）的预测 2018 年度收入。但在此情况下，你公司估值报告中未来年度预测期收入仍然高于收购时对应年度的预测收入，底稿中未进行解释说明。

五是毛利率预测不审慎。你公司估值报告中，预测期中 2020 年以后毛利率明显高于基准日所在的 2018 年度及历史年度毛利率，底稿中未见相关说明。

六是相关测试数据逻辑关系不清晰。你公司估值报告中，全口径资产组（即 Y 体育和 Z 传媒）测算表和资产组二（即 Z 传媒）测算表中收入成本的逻辑关系不清晰。全口径资产组的收入测算表包含资产组二的全部收入，但是成本费用全口径资产组测算表未在所有年度都覆盖资产组二的全部成本，且在底稿中未见相关说明。

综上，你公司的上述行为不符合评估执业勤勉尽责的总体要求，违反了《上市公司信息披露管理办法》（证监会令第 40 号）第五十二条、第五十四条的规定。按照《上市公司信息披露管理办法》第六十五条的规定，我局决定对你公司采取出具警示函的监督管理措施。

你公司应严格遵照相关法律法规和资产评估准则的规定，及时采取措施加强内部管理，建立健全质量控制制度，确保评估执业质量。你公司应督促相关注册资产评估师加强对证券期货相关法规的学习，勤勉尽责履行评估工作义务。你公司应高度重视上述问题，制定切实可行的整改计划，在收到本决定书之日起 30 日内向我局提交书面报告。

如果对本监督管理措施不服，可以在收到本决定书之日起 60 日内向中国证券监督管理委员会提出行政复议申请，也可以在收到本决定书之日起6个月内向有管辖权的人民法院提起诉讼。复议与诉讼期间，上述监督管理措施不停止执行。

湖北证监局
2020年4月××日

1-2-7　其他类相关案例（2023年）

中国证券监督管理委员会山东监管局
行政监管措施决定书〔2023〕××号

××××评估有限公司及签字评估师徐某、陈某、沈某某、李某某：

根据《证券法》的相关要求，我局对你们执行的D股份有限公司（以下简称D股份或公司）拟收购W有限公司（以下简称W有限公司）所涉及的采矿权、股东权益价值评估项目进行了检查，其中采矿权评估项目签字评估师为徐某、陈某、沈某某，股东权益价值评估项目签字评估师为徐某、李某某。经查，你们主要存在以下问题。

一、采矿权评估方面

1. 固定资产投资测算方面。一是你们未识别出《W有限公司商南县楼房沟钒矿2000t/d采冶工程可行性研究报告》（以下简称《可行性研究报告》）固定资产投资设计金额为不含税金额，错误按照含税金额进行了调整测算。二是确定固定资产投资时未考虑评估基准日固定资产、在建工程投入情况，也未对其合理性进行分析说明。三是未对按照"陕西省工业生产者购进价格指数"调整固定资产投资的合理性进行分析说明。

上述行为不符合《矿业权评估技术基本准则（CMVS00001——2008）》第1.6条、第9.3条，《矿业权评估程序规范（CMVS11000——2008）》第2.5条、第8.1条、第8.2条，《矿业权评估项目工作底稿规范（CMVS11200——2010）》第4.2条，《收益途径评估方法规范（CMVS12100——2008）》第5.5.4条，《矿业权评估参数确定指导意见（CMVS30800——2008）》第1.5条的相关规定。

2. 安全费用测算方面。你们未识别出《可行性研究报告》设计的尾矿比重 2.37 t/m³ 实际为矿石体重，导致尾矿安全费用计算错误。

上述行为不符合《矿业权评估技术基本准则（CMVS00001——2008）》第 1.6 条、第 9.3 条，《矿业权评估程序规范（CMVS11000——2008）》第 8.2 条，《矿业权评估参数确定指导意见（CMVS30800——2008）》第 1.5 条的相关规定。

3. 地质环境治理与土地复垦费用测算方面。你们未获取《W 有限公司商南县楼房沟钒矿矿山环境保护与土地复垦方案》，并按照批准金额计算地质环境治理与土地复垦费用。

上述行为不符合《矿业权评估程序规范（CMVS11000——2008）》第 7.1 条、8.2 条，《矿业权评估参数确定指导意见（CMVS30800——2008）》第 1.5 条的相关规定。

4. 基建期确定方面。你们确定一期工程基建期时未对设计单位补充说明情况进行披露和分析说明。

上述行为不符合《矿业权评估技术基本准则（CMVS00001——2008）》第 1.6 条、第 9.3 条，《矿业权评估程序规范（CMVS11000——2008）》第 2.5 条、第 8.1 条，《矿业权评估项目工作底稿规范（CMVS11200——2010）》第 4.2 条的相关规定。

5. 无形资产投资测算方面。你们未对周边土地使用权市场进行调查分析，也未对按照矿区范围及全国工业用地出让最低价标准确定无形资产投资、矿山服务年限的合理性进行分析说明。

上述行为不符合《矿业权评估程序规范（CMVS11000——2008）》第 2.5 条、第 8.1 条，《矿业权评估报告编制规范（CMVS11400——2008）》第 3.4 条，《矿业权评估项目工作底稿规范（CMVS11200——2010）》第 4.2 条，《收益途径评估方法规范（CMVS12100——2008）》第 5.5.8.2 条的相关规定。

6. 矿石产量测算方面。你们未对矿产产量自第一年起即 100% 达产合理性进行分析说明。

上述行为不符合《矿业权评估技术基本准则（CMVS00001——2008）》第 1.6 条、第 9.3 条，《矿业权评估程序规范（CMVS11000——2008）》第

2.5 条、第 8.1 条，《矿业权评估报告编制规范（CMVS11400——2008）》第 3.4 条，《矿业权评估项目工作底稿规范（CMVS11200——2010）》第 4.2 条的相关规定。

7. 报告及底稿记录披露方面。一是评估报告矿区地质概况部分缺少有关矿床和矿体特征的简要说明和披露。二是评估报告内部复核表中无答复审核意见相关具体记录。

上述行为不符合《矿业权评估程序规范（CMVS11000——2008）》第 2.5 条，《矿业权评估报告编制规范（CMVS11400——2010）》第 3.4 条，《矿业权评估项目工作底稿规范（CMVS11200——2010）》第 3.2 条、第 3.7 条的相关规定。

二、股东权益价值评估方面

1. 你们未考虑未缴纳采矿权出让收益事项对评估结论的影响，底稿中也未见与委托方、审计单位就该事项进行沟通的相关记录。

上述行为不符合《资产评估执业准则——资产评估程序》第十七条的相关规定。

2. 未对银行存款及往来款项执行函证程序，也未对其发生额执行替代程序；实物资产盘点表未见盘点人员及监盘人员签字，未见盘点痕迹和勘察表；访谈记录无访谈人及被访谈人签字；在建工程评估明细表中未记录开工日期、预计完成日期、形象进度、付款比例等相关资料信息。

上述行为不符合《资产评估执业准则——资产评估程序》第十二条、第十五条，《资产评估执业准则——资产评估档案》第七条的相关规定。

3. 评估报告及底稿记录不充分、不准确。未在评估报告法规依据中列示《证券法》；未在评估报告特别事项说明中披露 W 有限公司全部股权被法院冻结的情况；评估底稿中未见询价记录、资产评估师专业胜任能力评价表等相关资料；评估报告特别事项说明中关于权属资料的披露不准确；评估报告与《评估服务合同》记载的评估基准日不一致。

上述行为不符合《资产评估执业准则——资产评估报告》第四条、第十九条、第二十条、第二十五条。

4. 未及时就从事证券服务业务进行首次备案。

上述行为不符合《证券服务机构从事证券服务业务备案管理规定》

（证监会公告〔2020〕52号）第六条，《资产评估机构从事证券服务业务备案办法》（财资〔2020〕114号）第六条、第七条的相关规定。

你们上述行为违反了《上市公司信息披露管理办法》（证监会令第182号）第四十五条、第四十七条的规定。按照《上市公司信息披露管理办法》（证监会令第182号）第五十五条的相关规定，我局决定对你们采取出具警示函的监督管理措施并记入证券期货市场诚信档案数据库。

你们应严格遵照相关法律法规规定，及时采取措施加强内部管理，建立健全质量控制体系，确保执业质量。你们应当在收到本决定书之日起15个工作日内向我局报送书面整改报告。

如果对本监督管理措施不服，可以在收到本决定书之日起60日内向中国证券监督管理委员会提出行政复议申请，也可以在收到本决定书之日起6个月内向有管辖权的人民法院提起诉讼。复议与诉讼期间，上述监督管理措施不停止执行。

山东监管局
2023年6月××日

1-2-8 其他类相关案例（2023年）

关于对××房地产土地资产评估机构
及资产评估师陈某某、付某某
采取监管谈话措施的决定

××××房地产土地资产评估有限公司（以下简称：××房地产土地资产评估机构）及资产评估师陈某某、付某某：

依据《中华人民共和国证券法》（以下简称《证券法》）的有关规定，我局对你们执行的P房地产有限公司（以下简称P房地产公司）、K房地产开发有限公司（以下简称K房地产公司）持有的投资性房地产及存货（开发产品）资产评估项目开展专项检查，发现你们在执业过程中存在以下问题：

一、P 房地产公司投资性房地产评估项目

（一）可比实例的房地产他项权利状况调整不充分。××房地产土地资产评估机构对 P 房地产公司的投资性房地产采用市场法评估时，所涉及估价对象的他项权利状况描述为："产权持有人承诺，截至评估基准日，纳入评估范围的投资性房地产已设立抵押及担保物权、用益物权，存在租赁、不存在被占用、拖欠税费、被查封等情况以及其他债权、债务。"经查，P 房地产公司所出具的《产权持有人承诺函》中并未对估值对象的他项权利状态明确做出上述承诺。××房地产土地资产评估机构未对《产权持有人承诺函》进行核查验证，未能发现 P 房地产公司持有的纳入评估的 17 地块 1 021 套 LOFT 房地产、64 套商业房地产和 21 地块 177 套 LOFT 房地产、65 套商业房地产、397 个车位房地产自 2020 年 5 月 19 日起被北京市第二中级人民法院、北京市大兴区人民法院、深圳中级人民法院查封，截至评估基准日仍在查封状态；××房地产土地资产评估机构在对比估价对象与可比实例时，未对可比实例的"权益状况——他项权力限制"进行调整。前述情况不符合《资产评估执业准则——资产评估程序》（中评协〔2018〕36 号）第十五条、《资产评估执业准则——不动产》（中评协〔2017〕38 号）第十九条的规定。

（二）未收集足够的可比交易实例且无实地勘察资料。××房地产土地资产评估机构采用市场法评估 P 房地产公司 LOFT 房地产时，选取了坐落于估价对象周边楼盘的 3 个项目作为可比交易实例。经查询北京市住房和城乡建设委员会公示的房地产交易信息，××房地产土地资产评估机构选取的大兴区瀛裕街 2 号院兴悦家园 5 号楼 1 202 未签约备案，非交易实例，其成交单价为拟售参考均价，非实际成交单价。此外，相关《可比实例调查表》仅附上述 3 个可比交易实例的位置示意图，无实地查勘资料。

××房地产土地资产评估机构采用市场法评估 P 房地产公司车位房地产时，选取了坐落于估价对象周边楼盘的 3 个项目作为可比交易实例。经查询北京市住房和城乡建设委员会公示的房地产交易信息，上述选例均未签约备案，均非交易实例，也未见××房地产土地资产评估机构收集成交价格及实地查勘过程。《可比实例调查表》显示其中一选例同和中心地下二层为面积 34.20 平方米的 B218 车位，其实际为面积 21.39 平方米的戊类库房，不具可比性。

××房地产土地资产评估机构采用市场法评估 P 房地产公司商业房地产时，选取了坐落于估价对象周边楼盘的 3 个项目作为可比交易实例。经查询北京市住房和城乡建设委员会公示的房地产交易信息，选例大兴区永旺路 1 号院的金科嘉苑 17#楼 102 商业未签约备案，非交易实例，其成交单价（含税）69 790.47 元/平方米为拟售参考均价，非实际成交单价；选例大兴区新源大街的荣锦园 51 号 131 商业虽已签约备案，但其成交单价（含税）60 893.58 元/平方米，同为拟售参考均价，非实际成交单价。同时经地图查询，相关《可比实例调查表》中大兴区新源大街荣锦园 51 号的位置示意图在地图中实际显示的是同仁堂科技公司新厂地址，且大兴区永旺路 1 号院金科嘉苑仅附位置示意图，无实地查勘资料。

同时，J 集团全资子公司 N 房地产开发有限公司持有的与 P 房地产公司地理位置相近的中央广场 16 地块、20 地块车位房地产销售台账显示，2019 年 1 月至 2022 年 1 月，该公司共计销售 88 个车位（平均单价 11.39 万元/个），其中 2019 年度 6 个（平均单价 22.5 万元/个）、2020 年度 3 个（平均单价 22 万元/个）、2021 年度 73 个（平均单价 10.14 万元/个）、2022 年度 6 个（平均单价 10.07 万元/个），上述成交均价均低于评估单价 25.1 万元（不含税）/个。

前述情况不符合《资产评估执业准则——资产评估程序》（中评协〔2018〕36 号）第十五条、《资产评估执业准则——不动产》（中评协〔2017〕38 号）第十七条、第十八条的规定。

二、K 房地产公司投资性房地产评估项目

可比实例的房地产状况调整不充分。××房地产土地资产评估机构在对 K 房地产公司投资性房地产采用市场法进行评估时，就估价对象的他项权利状况描述为"根据产权持有人承诺，截至评估基准日，纳入评估范围的投资性房地产除东二环××城市广场 3#楼底商店面一至二层 01 商业、东二环××城市广场 11#楼底商店面一层 03 商业、东二环××城市广场 11#楼底商店面一层 05 商业三项资产外均已设立抵押，未设立担保物权、用益物权，均已实际租赁、不存在被占用、被查封等情况以及其他债权、债务"。××房地产土地资产评估机构已关注到上述三项资产评估时存在限制权利情况，但在对比评估对象与可比对象评估状态时，可比实例的"权益状况——他项权力限制"项目均仍为"未设定担保物权，不存在租赁、被占用、拖欠税费、查封等形式限制权利情况，权属清晰，权利未受限制"，未对可比实例的"权益状况——他项权力限制"进行调整。前述情况不符合《资产评估执业准则——资产评估程序》（中评协〔2018〕36号）第十五条、《资产评估执业准则——不动产》（中评协〔2017〕38号）第十九条的规定。

三、K房地产公司存货（开发产品）评估项目

未收集足够的可比交易实例且无实地勘察资料。××房地产土地资产评估机构采用市场价值倒扣法评估K房地产公司车位存货（开发产品）时，选取了估价对象周边楼盘3个项目作为可比交易实例。经查询福州市不动产登记和交易中心新盘公示信息，选例A广场（三盛滨江国际）地下1层C001车位、B城C郡（三区）地下1层035车位截至评估基准日均未签约备案，均非交易实例。同时，A广场（三盛滨江国际）地下1层C001车位及B城C郡（三区）地下1层035车位的成交单价（含税）470 000元/个，也为备案价，非实际成交单价。此外，相关《可比实例调查表》仅附上述案例的位置示意图，无实地查勘资料。

同时，K房地产公司销售台账显示，2022年2月8日至27日，该公司向××投资合伙企业有限合伙合计销售东二环××城市广场一期地下室一层车位400个，平均单价13.36万元（含税）/个，上述成交单价低于K房地产公司地下室一层车位评估单价46.87万元（含税）/个。

前述情况不符合《资产评估执业准则——资产评估程序》（中评协〔2018〕36号）第十五条、《资产评估执业准则——不动产》（中评协〔2017〕38号）第十七条、第十八条的规定。

综上，你们的上述行为不符合《资产评估执业准则》的有关规定，违反了《证券法》第一百六十条、《上市公司信息披露管理办法》（证监会令第40号，以下简称《信息披露管理办法》）第四十五条和第四十七条的规定。按照《信息披露管理办法》第五十五条的规定，我局决定对你们采取监管谈话的行政监管措施。现要求××房地产土地资产评估机构主要负

责人及资产评估师陈某某、付某某于 2023 年 7 月 5 日上午 10 时 30 分携带有效身份证件到福建证监局接受监管谈话。谈话地点：福州市铜盘路软件大道 89 号福州软件园 B 区 10 号楼 A 栋三层 302 会议室。你们应当在 2023 年 7 月 15 日前向我局提交书面整改报告。

如果对本监督管理措施不服，可以在收到本决定书之日起 60 日内向我会（中国证券监督管理委员会）提出行政复议申请，也可以在收到本决定书之日起 6 个月内向有管辖权的人民法院提起诉讼。复议与诉讼期间，上述监督管理措施不停止执行。

福建证监局

2023 年 6 月××日

1-2-9　其他类相关案例（2023 年）

中国证券监督管理委员会浙江证监局
关于对××××资产评估有限公司采取出具警示函措施的决定

行政监管措施决定书〔2023〕××号

××××资产评估有限公司：

经查，你公司从事证券服务业务，未按规定向中国证券监督管理委员会备案。

以上行为违反了《证券服务机构从事证券服务业务备案管理规定》（证监会公告〔2020〕52 号）第六条、第十条，《上市公司信息披露管理办法》（证监会令第 182 号）第四十五条的规定。依据《上市公司信息披露管理办法》（证监会令第 182 号）第五十五条规定，我局决定对你公司采取出具警示函的监督管理措施，并记入证券期货市场诚信档案。你公司应充分吸取教训，加强相关法律法规学习，提高规范运作意识。你公司应当在收到本决定书之日起 15 个工作日内向我局报送整改报告。

如果对本监督管理措施不服，可以在收到本决定书之日起 60 日内向中国证券监督管理委员会提出行政复议申请，也可以在收到本决定书之日起

6个月内向有管辖权的人民法院提起诉讼。复议与诉讼期间，上述监督管理措施不停止执行。

浙江证监局
2023年11月××日

1-3 自律监管相关案例

1-3-1 上交所纪律处分案例（2022年）

关于对K上市公司××××资产评估集团有限公司
及资产评估师予以通报批评的决定

上海证券交易所纪律处分决定书〔2022〕××号

当事人：××××资产评估集团有限公司（以下简称某评估机构），K上市公司评估机构；

胡某某，某评估机构资产评估师；

牛某某，某评估机构资产评估师。

一、相关责任主体违规情况

根据中国证监会浙江监管局《关于对某评估机构及资产评估师胡某某、牛某某采取出具警示函措施的决定》（以下简称《行政监管措施决定书》）查明的事实，某评估机构（以下简称评估机构）和胡某某、牛某某（以下合称评估师）就K上市公司（以下简称公司）拟增资事宜涉及的B环保科技有限公司（以下简称B有限公司）股东全部权益价值出具资产评估报告（××评报字〔2021〕第×××号）。评估机构和评估师在上述项目中存在以下问题：

一是预测产能的评估依据不充分。在预测B有限公司年处理锂云母制备硫酸锂母液产能时，仅获取某一日的出库量进行核查验证，评估依据不充分，且未论证其合理性。

二是预测产品销售量的评估程序不完整、不充分。评估机构以目前及尚未建成的二期产能为基础预测月销售量，未充分考虑预测趋势与历史业绩、实际经营情况存在的差异，未核查验证销售量按其产量同步增长的合理性，对在手订单的有效性未执行充分必要的核查验证程序。此外，未预测扩大销售网络的相关费用。

三是预测产品单价的评估依据不合理。评估机构以单日的碳酸锂行业价格折算产品单价，未充分考虑预测趋势与公司实际销售价格、碳酸锂价格周期性波动情况存在的差异。此外，预测期选用的碳酸锂价格与评估说明中预计的碳酸锂中长期价格中枢存在差异，未执行进一步的核查验证程序。

四是折现率参数取值未合理说明理由。评估机构对资本结构、债权期望报酬率取值时，未说明理由。

另经查明，2021年11月5日，评估机构在公司披露的问询函回复公告中发表意见称，销售单价、销量、产能等数据预测合理且较为谨慎，相关预测充分考虑了市场需求和价格的变动趋势。上述发表意见与《行政监管措施决定书》查明的实际情况不符，相关信息披露不准确。

二、责任认定和处分决定

（一）责任认定

某评估机构及其评估师胡某某、牛某某在公司拟增资事宜涉及的B有限公司股东全部权益价值资产评估项目中未能勤勉尽责，预测产能的评估依据不充分，预测产品销售量的评估程序不完整、不充分，预测产品单价的评估依据不合理，折现率参数取值未合理说明理由。同时，在监管问询回复中发表的意见与实际情况不一致、情节严重。评估机构及其评估师的上述行为违反了《资产评估基本准则》第十五条、《资产评估准则——企业价值》第二十三条、《资产评估准则——评估程序》第十五条、《资产评估准则——资产评估档案》第十一条和《上海证券交易所股票上市规则（2020年修订）》（以下简称《股票上市规则》）第1.4条、第2.24条等有关规定。

（二）相关责任主体申辩意见

相关责任主体在异议回复中提出如下申辩理由：一是关于预测产能评估依据不充分，评估人员获取了B有限公司委外加工协议及核查记录、二期生产线相关施工合同及核查验证记录，并非只获取了某一日的出库量。二是关于预测产品销售量的评估程序不完整、不充分，评估人员在现场核实时取得了 B 有限公司历史销售情况资料并进行统计分析，以目前和即将建成的二期产能预测销售量，对预测趋势与历史业绩、现实经营情况进行了充分分析，其预测是合理谨慎的。此外，评估人员核实了抹账协议和审计调整分录，且因二期建成后扩大销售网络不需要新增大量开发销售网络费用而未预测相关费用。三是关于预测产品单价的评估依据不合理，评估人员搜集的行研数据可以支持预测数据，对基准日碳酸锂价格的预测严格遵守了谨慎、合理的职业准则要求。四是关于折现率参数取值未合理说明理由，本次评估债券期望报酬率是合理的，有理论依据支持。

（三）纪律处分决定

对于上述申辩理由，上海证券交易所（以下简称本所）认为不能成立。公司评估机构及评估师在执行评估工作的过程中未能勤勉尽责，部分评估依据、评估程序未严格遵守评估准则的相关规定。上述违规事实已经《行政监管措施决定书》查明，违规事实清楚。相关责任人提出的异议理由已在行政监管措施作出过程中提交，但未获得监管机关采信，本所对相关异议理由不予采纳。此外，相关责任人提到的评估机构尚未将审计调整分录打印整理形成评估纸质档案、实际未预测扩大销售网络的相关费用、未见其前期合理说明折现率参数取值理由的情况，已经表明其未严格按照资产评估相关执业规范履职尽责。相关责任人提出的关于评估依据充分、程序完整等异议理由不予采纳。

鉴于上述违规事实和情节，根据《股票上市规则》第 16.5 条和《上海证券交易所纪律处分和监管措施实施办法》《上海证券交易所上市公司自律监管规则适用指引第 2 号——纪律处分实施标准》的有关规定，本所作出如下纪律处分决定：对 K 上市公司评估机构××××资产评估集团有限公司及资产评估师胡某某、牛某某予以通报批评。

对于上述纪律处分，本所将通报中国证监会，并记入上市公司诚信档案。评估机构等证券服务机构及相关人员应当引以为戒，在为上市公司制作、出具有关文件时，勤勉尽责，对所依据文件资料内容的真实性、准确性、完整性进行核查和验证，制作、出具的文件不得有虚假记载、误导性陈述或者重大遗漏。

上海证券交易所
2022 年 5 月××日

1-3-2　上交所监管措施案例（2021 年）

关于对 G 公司评估机构 B 及资产评估师李某某、陈某予以监管警示的决定

上证公监函〔2021〕××号

当事人：

B 资产评估机构，G 公司商誉减值测试评估机构；

李某某，时任 G 公司商誉减值测试评估机构 B 的资产评估师；

陈某，时任 G 公司商誉减值测试评估机构 B 的资产评估师。

根据中国证监会北京监管局《关于对 B 资产评估机构采取出具警示函措施的决定》《关于对李某某、陈某采取出具警示函措施的决定》查明的事实，B 资产评估机构及其资产评估师李某某、陈某在 G 公司拟对合并 Q 公司形成的商誉减值测试涉及的资产组可回收价值资产评估项目执业过程中，存在以下违规行为，导致其为公司出具的相关商誉减值测试报告信息披露不准确、不完整。

一、未对公允价值减去处置费用净额高于预计未来现金流量现值的原因作出充分说明

在公司商誉减值测试涉及的资产组可回收价值项目中，评估师预计未来现金流量现值及公允价值减去处置费用的净额进行评估时，使用的评估假设前提和对收入、成本、费用等方面的预测基本一致，公允价值评估使用税后现金流与税后折现率，预计未来现金流现值评估使用税前现金流与税前折现率，据此得出公允价值减去处置费用的净额高于预计未来现金流量现值。但相关商誉减值测试报告未充分说明公允价值减去处置费用的净

额高于预计未来现金流量现值的原因。

二、资产组相关价值计算及范围不恰当

一是全投资口径商誉还原不到位，少数股东权益考虑不恰当。资产评估时，将商誉按照65%比例还原到Q公司层面为2.90亿元，计算资产组价值为7.78亿元，计算评估资产组价值时扣除Q公司子公司少数股东权益价值。评估对象Q公司主营业务经营性资产所形成的资产组为孙公司经营性资产形成的资产组，孙公司层面无少数股东权益。B资产评估机构及评估师未将商誉还原到底层资产层面，而是通过将现金流量现值扣除少数股东权益的方法弥补商誉还原不到位的问题，商誉还原至底层资产层面后的资产组价值为9.97亿元。二是资产组范围与并购时存在差异。公司并购时的评估报告期后事项披露，"评估基准日后，评估报告出具日前，二级长投孙公司在中国新成立了一家全资子公司，未来收益预测有考虑该公司收入"。本次未将该子公司纳入评估范围，评估报告及工作底稿中亦未见对资产组进行相关沟通、调整的说明。

三、现金流预测相关分析、支持材料不完整

一是预测期收入增长率较历史期增长率差异较大，底稿中未见对差异的原因进行分析，且未说明采用的收入预测数据与企业预测差异较大的原因。二是预测数据无相关支持材料。底稿中仅有2020至2022年三年的经营计划及盈利预测，无企业对2023、2024年及永续期的盈利预测资料。三是企业提供两种情景下的收入预测，评估中采用其一进行调整形成最终预测。底稿中未记录如何考虑新冠疫情对经营的影响，针对疫情企业做出的经营调整或相关措施，评估的假设前提及如何预计，报告中也未见相关披露。四是并购时原始设计团队有3年锁定期的要求，底稿中未见对原始团队是否会发生变化及对公司影响进行分析的底稿，报告中亦未见相关披露。

四、评估报告中部分评估假设与实际情况不符，也未披露因评估程序受限而采取的替代程序

一是部分评估假设与实际矛盾。评估假设披露"1、假设国家宏观经济形势及现行的有关法律、法规、政策，无重大变化。7、假设企业未来的经营策略以及成本控制与2019年经营情况不发生较大变化。"而实际情

况是因新冠疫情的影响，各国宏观经济形势发生变化，报告特别事项也提示"对2020年经营情况进行预测时，在现有情况下，对新冠疫情给经营情况带来的影响，已作了充分估计。如果新冠疫情仍然超出预期，对经营业绩的影响也可能超出预期"，评估假设部分内容与实际不符。二是评估报告未披露因评估程序受限而采取的替代程序。由于新冠疫情原因，B资产评估机构及评估师未进行现场实地勘察，仅披露"受疫情的影响，本次评估，没有履行现场勘查程序。评估人员认为，不对评估结论产生重大影响。提请报告使用者注意"。评估报告未说明采取的替代程序，认为该事项不对评估结论产生重大影响的依据不充分。

综上，B资产评估机构及其评估师李某某、陈某在公司资产组可回收价值资产评估项目中，未对公允价值减去处置费用的净额高于预计未来现金流量现值的原因作出充分说明，资产组相关价值计算及范围不恰当，现金流预测相关分析、支持材料不完整，评估报告中部分评估假设与实际不符、也未披露因评估程序受限而采取的替代程序。评估师上述行为违反了《资产评估执业准则——资产评估程序》第六条、第十三条、第十五条、第十六条、第十七条，《企业会计准则第8号——资产减值》第十九条，《以财务报告为目的的评估指南》第八条、第十条、第十三条、第十九条、第二十八条、第三十五条、第三十六条以及《上海证券交易所股票上市规则》（以下简称《股票上市规则》）第1.4条、第2.24条等有关规定。

鉴于上述违规事实和情节，根据《股票上市规则》第16.1条和《上海证券交易所纪律处分和监管措施实施办法》有关规定，我部做出如下监管措施决定：对B资产评估机构及资产评估师李某某、陈某予以监管警示。

评估机构等证券服务机构及相关人员应当引以为戒，在为上市公司制作、出具有关文件时，履行勤勉尽责义务，对所依据文件资料内容的真实性、准确性、完整性进行核查和验证，所制作、出具的文件不得有虚假记载、误导性陈述或者重大遗漏。

上海证券交易所上市公司监管一部
2021年4月××日

1-3-3　深交所监管措施案例（2023年）

关于对潘某某、张某的监管函

创业板监管函〔2023〕第××号

潘某某、张某：

根据广东证监局出具的《关于对广东××资产评估土地房地产估价有限公司、潘某、张某采取出具警示函措施的决定》（〔2023〕××号），广东××资产评估土地房地产估价有限公司（以下简称某评估机构）在S医药科技股份有限公司（以下简称S医药）2020年商誉减值测试评估项目（以下简称S医药评估项目）执业过程中存在以下问题：

一、S医药评估项目底稿显示，S医药管理层对资产组包含的启东大分子CDMO项目（以下简称启东项目）的销售收入预测不谨慎，依据不充分。S医药管理层预测启东项目未来销售收入的主要依据，一是项目建设可行性研究报告，二是公司2021年一季度的在手订单。上述可行性研究报告关于销售收入的预测明显较为乐观，在手订单多为框架性协议。该评估机构在复核分析及采纳S医药管理层相关收入预测数据时，未获取在手订单可有效执行的充分材料及其他支撑材料，执行的评估程序不到位，获取的证据不充分。

上述情形不符合《以财务报告为目的的评估指南》第十条、《资产评估专家指引第11号——商誉减值测试评估》第十一条、第十七条等相关规定。

二、S医药评估项目相关《评估报告》《评估说明》对在建工程的说明不完整，未包含对完工时间、工程内容、完工后对收益的影响、工程预算情况、评估基准日的账面情况、后续投资情况的核查验证过程。上述情形不符合《以财务报告为目的的评估指南》第十条、《资产评估专家指引第11号——商誉减值测试评估》第十一条等相关规定。

三、S医药评估项目相关《评估说明》载明"预测后阶段上海睿智进入稳定期（2026年至永续年限），保持前阶段最后一年（2025年）的预期收益额水平基础上每年固定增长",对预测期后永续期增长率的指标数值未明确,底稿未包含该指标的测算过程及依据。上述情形不符合《资产评估专家指引第 11 号——商誉减值测试评估》第二十三条等相关规定。

你们作为 S 医药评估项目的签字评估师,对上述违规行为负有主要责任,违反了本所《创业板股票上市规则(2020 年 12 月修订)》第 1.4 条的规定。

本所希望你们吸取教训,严格遵守《证券法》《公司法》等法律法规及本所《创业板股票上市规则》等规定,杜绝此类事件再次发生。

特此函告。

深圳证券交易所
创业板公司管理部
2023 年 12 月 × × 日

1-3-4 深交所监管措施案例(2022 年)

关于对付某、孙某某的监管函

公司部监管函〔2022〕第 × × 号

付某、孙某某:

根据宁波证监局出具的《关于对付某、孙某某采取出具警示函措施的决定》,你们作为 D 股份有限公司(以下简称 D 上市公司)收购深圳市 Y 供应链有限公司(以下简称 Y 有限公司)股东全部权益价值评估项目的签字资产评估师,在对该项目的执业过程中存在以下问题:

1. 对 Y 有限公司历史毛利率的分析不够充分。你们在分客户的收入毛利预测中,对 Y 有限公司的客户 R 集团有限公司(以下简称 R 集团)收益率偏高(4.98%,其他客户大多不到 2%)的现象没有予以充分关注。评估工作底稿中仅获取了与 R 集团基础服务费率相关的《供应链服务协议》(该协议约定的服务费率为 0.42%),未获取《补充协议》(服务费率 3%、5%)和《境外供应链服务协议》(服务费率 1.95%),你们确定的评估假设依据不足。上述行为不符合《资产评估准则——企业价值》第二十七条第一款和《资产评估准则——评估程序》第二十四条的规定。

2. 对其他应收款的评估程序执行不到位。你们的工作底稿2中仅收集了Y有限公司对其关联公司M有限公司应收账款余额的回函，但未收集对M有限公司应付账款余额的回函，而该应付账款余额的借方才是最终审计确认对M有限公司的其他应收款金额。上述行为不符合《资产评估准则——评估程序》第二十四条的相关规定。

你们的上述行为违反了本所《股票上市规则（2014年修订）》第1.4条、第2.23条的规定。

本所希望你们吸取教训，严格遵守《证券法》《公司法》等法律以及本所《股票上市规则》等规定，杜绝此类事件发生。

特此函告

深圳证券交易所上市公司管理一部
2022年4月××日

1-3-5 中评协自律惩戒案例（2023年）

惩戒决定书
中评协办〔2023〕××号

邢某某：

根据《中华人民共和国资产评估法》，按照《加强资产评估行业联合监管若干措施》的规定，财政部监督评价局与中国资产评估协会（以下简称中评协）成立联合检查组，于2023年7月对你所在的陕西××资产评估有限公司2022年执业质量等情况开展了检查。检查发现的主要问题和自律惩戒决定如下：

一、检查发现的主要问题

检查发现，你签署的《西安A有限公司股权质押项目涉及的股东全部权益价值资产评估报告》（××评报字〔2022〕××号）存在以下问题：

（一）其他应收款 5.54 亿元确定为 5 000 万元无依据。

子公司 B 有限公司其他应收款评估说明披露"B 其他应收款中对应关联公司 C 有限公司往来款 5.54 亿，为一年内发生金额，C 有限公司报表中当期无该发生额，该笔往来应为历史形成，C 有限公司回函仅确认金额为 50 000 000.00 元。B 有限公司亦无法提供充分适当的证据予以替代验证。考虑到本次评估目的为质押，根据谨慎性原则，本次以确认金额确定可回收金额，以可回收金额作为评估值"。工作底稿中 C 有限公司对该笔往来款询证函回函结论为"数据不符"，无具体金额及数据不符的说明事项。工作底稿无数据不符的原因分析记录、评估结果 5 000 万元无取值依据。

上述问题不符合《资产评估执业准则——资产评估档案》第六条、第十一条的规定。

（二）评估档案缺少开发成本和在建工程部分评估参数确定分析内容。

子公司 B 有限公司开发成本和子公司 D 在建工程评估时，前期及其他费用、投资利息按照账面值和评估计算结果"孰低"确定，无"孰低"取值方式的合理性分析。

上述问题不符合《资产评估执业准则——资产评估程序》第七条、《资产评估执业准则——资产评估档案》第十一条的规定。

以上事实，有签字资产评估师及被检查机构确认的评估检查工作底稿等证据证明。

二、自律惩戒决定

根据《中国资产评估协会会员执业行为自律惩戒办法》（中评协〔2018〕23 号）第十四条、第二十一条的规定，经中评协惩戒委员会会议审议，决定：

对你予以通报批评的行业自律惩戒。

如不服本自律惩戒决定，可以在收到本决定书之日起 15 个工作日内向中评协提出书面申诉。申诉期间，本自律惩戒决定不停止执行。

中国资产评估协会

2023 年 12 月××日

1-3-6　中评协自律惩戒案例（2023年）

惩戒决定书

中评协办〔2023〕××号

张某、蒋某：

根据《中华人民共和国资产评估法》，按照《加强资产评估行业联合监管若干措施》的规定，财政部监督评价局与中国资产评估协会（以下简称中评协）成立联合检查组，于2023年7月对你们所在的安徽××有限公司2022年执业质量等情况开展了检查。检查发现的主要问题和自律惩戒决定如下：

一、检查发现的主要问题

检查发现，你们签署的《通辽市A有限公司拟转让股权涉及B有限公司的股东全部权益价值项目资产评估报告》（××评报字〔2022〕××号）存在以下问题：

最终评估结论（1元）的确定缺少必要的分析测算过程，未定义"名义价值"内涵。采用收益法、资产基础法评估的股东全部权益价值分别为 −21 592.37 万元、−21 741.54 万元，评估结论表述为"基于B有限公司于评估基准日2022年9月30日的股东全部权益评估值为负值，为了便于交易该股东全部权益的名义价值为人民币1元"。

上述问题不符合《资产评估执业准则——资产评估方法》第二十二条、《企业国有资产评估报告指南》第二十二条、《资产评估执业准则——资产评估程序》第二十一条、《资产评估执业准则——企业价值》第三十九条的规定。

以上事实，有签字资产评估师及被检查机构确认的评估检查工作底稿等证据证明。

二、自律惩戒决定

根据《中国资产评估协会会员执业行为自律惩戒办法》（中评协〔2018〕23号）第十四条、第十六条的规定，经中评协惩戒委员会会议审议，决定：

对你们予以警告的行业自律惩戒。

如不服本自律惩戒决定，可以在收到本决定书之日起 15 个工作日内向中评协提出书面申诉。申诉期间，本自律惩戒决定不停止执行。

中国资产评估协会

2023 年 12 月××日

1-4　民事赔偿相关案例

××××资产评估有限公司、××××集团股份有限公司等证券虚假陈述责任纠纷民事二审民事判决书

（2020）粤民终××××号（略）

上诉人（一审原告）：陈某勇等 30 人。

上列 30 名上诉人共同的委托诉讼代理人：许某，上海××××律师事务所律师。

上列 30 名上诉人共同的委托诉讼代理人：于某婷，上海××××律师事务所律师。

上诉人（一审原告）：彭某贺等 26 人。

上列 26 名上诉人共同的委托诉讼代理人：臧某丽，北京××××律师事务所律师。

上列 26 名上诉人共同的委托诉讼代理人：刘某，北京××××律师事务所律师。

被上诉人（一审被告）：××××资产评估有限公司。住所地：上海市……。

法定代表人：梅某民，总经理。

委托诉讼代理人：李某敏，北京市××××律师事务所上海分所律师。

委托诉讼代理人：孙某娟，北京市××××律师事务所上海分所律师。

一审被告：××××集团股份有限公司。住所地：江苏省……，办公地址：广东省……。

法定代表人：丁某红。

一审被告：庄某1，男，196×年××月××日出生，汉族，身份证住址：广东省……。

一审被告：庄某2，男，196×年××月××日出生，汉族，身份证住址：广东省……。

一审被告：陈某昌，男，197×年××月××日出生，汉族，身份证住址：浙江省……。

一审被告：蒋某杰，男，196×年××月××日出生，汉族，身份证住址：广东省……。

上诉人陈某勇等30人、彭某贺等26人因与被上诉人×××资产评估有限公司（以下简称Y评估公司）、一审被告×××集团股份有限公司（以下简称B公司）、庄某1、陈某昌、庄某2、蒋某杰等证券虚假陈述责任纠纷系列案，不服广东省深圳市中级人民法院一审判决，向本院提起上诉。本院于2020年7月××日立案后，依法组成合议庭进行了审理，并于2020年9月××日进行了法庭调查。上诉人陈某勇等30人的委托诉讼代理人于某婷、上诉人彭某贺等26人的委托诉讼代理人刘某、被上诉人Y评估公司的委托诉讼代理人李某敏参加法庭调查。本案现已审理终结。

陈某勇等30人上诉请求：撤销一审判决第三项，改判Y评估公司对B公司所负全部债务承担连带赔偿责任。事实与理由：（一）Y评估公司与B公司等构成共同侵权，应该承担连带赔偿责任。根据《最高人民法院关于审理证券市场因虚假陈述引发的民事赔偿案件的若干规定》第二十七条与《中华人民共和国证券法》第一百七十三条，证券服务机构应当勤勉尽责，对所依据的文件资料的真实性、准确性、完整性进行核查和验证。其制作、出具的文件有虚假记载、误导性陈述或者重大遗漏，给他人造成损失的，应当与发行人、上市公司承担连带赔偿责任，但是能够证明自己没有过错的除外。根据中国证券监督管理委员会（以下简称证监会）对Y评估公司的处罚决定书，Y评估公司仅要求虚假陈述者深圳市×××电子有限公司（以下简称Q电子公司）对虚假协议确认，在合同没有公章或者骑缝章、合同缺失的情况下，仍然将相关资产纳入评估，是严重违反执业准则的行为。Y评估公司作为专业证券服务机构，在重大上市公司收购案的资产评估过程中发现重大、异常情况,未按照其执业准则,审慎、勤勉地执行充分适当的评估程序,对于 B 公司等虚假陈述行为的发生具有不可推卸的责任,Y 评估公司未举证证明其对此没有过错,依法应与 B 公司、庄某 1 等承担连带赔偿责任。(二)按照执业准则,Y 评估公司对于 Q 电子公司等提供虚假协议、意向性协议虚增评估值等违法行为应当知道,应认定其明知。即使参考《最高人民法院关于审理涉及会计师事务所在审计业务活动中民事侵权赔偿案件的若干规定》相关规定,Y 评估公司的行为也完全符合该规定第五条第二款规定的情形,足以认定其对于 Q 电子公司等违法行为应当知道。根据证监会的处罚决定,B 公司、庄某 1 等与 Y 评估公司的虚假陈述行为的主要方面基本吻合,足以认定构成共同侵权,故可将 Y 评估公司和 B 公司等的共同虚假陈述行为视为一个整体,对外统一承担连带赔偿责任。至于 Y 评估公司和 B 公司等之间内部责任的分摊比例,不影响其对外应承担的赔偿责任范围。

彭某贺等 26 人上诉请求:撤销一审判决第三项,改判 Y 评估公司对 B 公司所负全部债务承担连带赔偿责任。事实和理由:(一)一审判决第三项适用《最高人民法院关于审理证券市场因虚假陈述引发的民事赔偿案件的若干规定》第二十四条的规定,判令 Y 评估公司对 B 公司所负债务的 30% 部分承担补充赔偿责任,系适用法律错误,并且该判决结果违反《中华人民共和国证券法》第一百七十三条,应予纠正。《最高人民法院关于审理证券市场因虚假陈述引发的民事赔偿案件的若干规定》第二十四条明确说明需要遵守《中华人民共和国证券法》第一百六十一条和第二百零二条的规定。而该司法解释制定于 2003 年,当时应该适用的是 1998 年制定的《中华人民共和国证券法》。而《中华人民共和国证券法》于 2005 年作出了修改,修改内容之一就是加大了中介机构的民事责任,删除了 1998 年《中华人民共和国证券法》第一百六十一条和第二百零二条,取而代之的是第一百七十三条。该司法解释第二十四条因与修订后的《中华人民共和国证券法》第一百七十三条相冲突而失效。(二)根据新法优先于旧法、上位法优先于下位法的原则,本案应当适用《中华人民共和国证券法》第一百七十三条。该条法律规定不再区分中介机构是故意还是过失,只要存在过错均承担连带赔偿责任。而 Y 评估公司作为专业证券服务机构,未能勤勉尽责，对出具文件所依据的资料的真实性未进行必要的核查和验证，已经被证监会作出处罚，说明其存在过错，应该承担连带赔偿责任。

Y评估公司辩称，一审判决认定事实清楚，适用法律正确，依法应予维持。事实和理由：（一）一审判决关于Y评估公司应对B公司所负债务的30%部分承担补充赔偿责任的认定正确。陈某勇等30人、彭某贺等26人要求Y评估公司承担连带赔偿责任的主张缺乏事实和法律依据，不能成立。1. 在主观过错和侵权行为层面，Y评估公司不存在与B公司恶意串通，故意出具不实报告的主观过错和共同侵权行为，依法不应承担连带赔偿责任。2. 证监会对Y评估公司作出的行政处罚，涉及的是Y评估公司的评估程序是否适当，是否违反评估准则等行政管理规范，并没有认定Y评估公司知道上市公司虚假记载的信息披露违法行为，也不涉及Y评估公司对于投资者的交易损失具有连带责任的主观过错。不能基于证监会对Y评估公司作出处罚决定，就认定Y评估公司存在应该承担连带赔偿责任的主观过错。3. 从公平角度而言，Y评估公司不应该承担连带赔偿责任。证监会认定Q电子公司提供虚假协议，导致评估值虚增，庄某1及其一致行动人主导整个收购事项，是主要负责人员，构成共同侵权，依法应与上市公司承担连带赔偿责任。然而，Y评估公司作为收购方原江苏××集团股份有限公司（以下简称Z公司）聘请的评估机构，其收取的评估费与评估值没有必然联系，没有高估评估值的主观动机，不存在主导收购的地位和蓄意造假的行为，不应与庄某1及其一致行动人承担同等的连带赔偿责任。4. 在行业影响层面，如果一旦评估机构受到证监会的行政处罚，那么就需要对虚假陈述造成的投资者损失承担连带赔偿责任，将导致评估机构可能因为一单评估业务就面临巨额赔偿、甚至破产的风险，将引发证券服务机构破产潮，不利于划分不同市场主体在证券市场的责任和分工。（二）本案中，无论从虚假陈述行为内容、主观过错程度还是对投资者的影响程度看，Y评估公司应该承担的责任比例均不应超过30%。首先，Y评估公司作为重组评估机构，其所负有的注意义务和应负责任范围应限于其工作范围和专业领域。根据证监会《行政处罚事先告知书》，Q电子公司虚假意向性协议导致评估值虚增的数额约为2.7亿元，虚增比例仅为9.48%。即使按照一审判决的思路，从虚假协议的数量占比来看，评估依据的Q电子公司相关意向性合同一共有 28 份,其中有 9 份存在造假情况,合同数量占比也不超过 30%。其次,案涉重大资产重组中,Y 评估公司的过错主要体现在对于虚假意向性协议未予充分关注和审核,相较于 Q 电子公司及其实控人对于相关交易信息真实性、准确性、完整性所负有的法定义务,Y 评估公司作为评估机构的过错程度相对较轻。最后,对于投资者决策及其损失而言,Q 电子公司和庄某 1 的欺诈行为是直接原因和主要原因,而 Y 评估公司出具不实报告只是间接原因和次要原因,Y 评估公司应承担不超过 30% 的赔偿责任,一审法院对 Y 评估公司责任比例的认定正确。

陈某勇等 30 人、彭某贺等 26 人向一审法院起诉请求:B 公司、实际控制人庄某 1 及其一致行动人陈某昌、庄某 2、蒋某杰等因证券虚假陈述,被证监会以〔2017〕××××号《行政处罚决定书》认定并处罚,Y 评估公司因相关评估证券违法行为被证监会以〔2018〕××××号《行政处罚决定书》认定并处罚,故请求判令 B 公司、庄某 1、庄某 2、陈某昌、蒋某杰、Y 评估公司连带赔偿由此造成陈某勇等 30 人、彭某贺等 26 人的损失,并承担案件受理费。

一审法院认定事实:已生效的魏某群诉 B 公司、庄某 1、陈某昌、庄某 2、蒋某杰证券虚假陈述责任纠纷案判决【广东省深圳市中级人民法院（2017）粤××××民初××××号、广东省高级人民法院（2018）粤民终××××号】认定,案涉 B 公司证券虚假陈述行为的实施日为 2014 年 10 月 30 日,揭露日为 2016 年 12 月 29 日,对应的基准日为 2017 年 4 月 11 日。从揭露日 2016 年 12 月 29 日至基准日 2017 年 4 月 11 日,B 公司股票基准价为 13.32 元。揭露日至基准日之间 B 公司股票下跌未受沪深证券市场系统风险影响,投资者投资损失与 B 公司虚假陈述行为之间存在因果关系。

2018 年 11 月 ×× 日,证监会经调查作出〔2018〕××××号《行政处罚决定书》,认定 Y 评估公司存在以下违法事实:一、评估项目基本情况。2014 年 5 月 20 日,Y 评估公司与 Z 公司（2015 年 5 月 X 日更名为 B 公司）签订资产评估业务约定书,受托对 Q 电子公司截至 2014 年 3 月 31 日的股东全部权益价值进行评估,约定评估服务收费 100 万元。2014 年 10 月 10 日,Y 评估公司出具了《江苏××××集团股份有限公司重大资产出售及发行股份购买资产所涉及的深圳市××××电子有限公司股东全部权益价值评估报告》(××××评报字〔2014〕沪第×××号)。按照收益法评估,评估后Q电子公司股东全部权益价值为288 314万元,评估增值262 596.77万元,增值率1 021.09%。梅某民作为首席评估师在《评估报告》签字,李某和龚某璐作为注册评估师在《评估报告》签字,Y评估公司收取评估费100万元。二、Y评估公司未对作为未来销售预测的意向性协议适当关注并实施有效的评估程序,导致评估值高估,对市场和投资者产生严重误导。Y评估公司评估人员在进行收益测算工作时,基于Q电子公司汽车夜视前装系列产品无历史销售情况,对其估值主要是依据Q电子公司和汽车厂商签订的带有销售数量的意向性协议。2013年9月至2014年年底,Q电子公司针对汽车夜视前装系列产品与28家汽车厂商签订了意向性协议,其中,预测2015、2016年销售数量的协议合计12份,所涉预测销售数量共计114 800套。经查,Q电子公司伪造了与××××汽车股份有限公司签订的《××××项目夜视系统试装协议》、与重庆××××汽车股份有限公司签订的《技术合作意向书》等多份意向性协议或意向性协议附件。Y评估公司对上述意向性协议仅要求Q电子公司签署了承诺所提供的资料真实、完整的《承诺函》,在部分意向性协议存在主协议未约定预计采购数量而仅在附件中约定、且附件未加盖合作厂商公章或骑缝章等不合理情况下,未对Q电子公司作为未来销售预测的意向性协议适当关注并实施有效的评估程序,导致Q电子公司汽车夜视前装系列产品未来销售收入的预测明显不合理,进而导致评估值高估,对市场和投资者产生严重误导。以上行为违反《资产评估准则——企业价值》第七条、第九条以及《资产评估准则——评估程序》第十九条、第二十三条的规定。三、评估底稿中缺失部分合同评估资料及评估记录。在评估项目的工作底稿中,Y评估公司制作的《汽车前装项目进度表》包含23个项目合同,但后附项目合同仅有15份,8份缺失。评估底稿中也未见有关核对协议原件评估程序的记录。该行为违反《资产评估准则——工作底稿》第七条的规定。以上事实,有相关公告、《评估报告》、相关协议、评估工作底稿、汽车厂商出具的相关说明、Q电子公司业务员出具的相关说明、相关人员询问笔录、支付凭证等证据证明,足以认定。Y评估公司对Q电子公司全部股权项目进行资产评估时,未勤勉尽责,不符合《资产评估准则——企业价值》《资产评估准则——评估程序》《资产评估准则——工作底稿》的相关规定，导致出具的《评估报告》存在误导性陈述，违反《中华人民共和国证券法》第二十条第二款"为证券发行出具有关文件的证券服务机构和人员，必须严格履行法定职责，保证其所出具文件的真实性、准确性和完整性"和《中华人民共和国证券法》第一百七十三条"证券服务机构为证券的发行、上市、交易等证券业务活动制作、出具审计报告、资产评估报告、财务顾问报告、资信评级报告或者法律意见书等文件，应当勤勉尽责，对所依据的文件资料内容的真实性、准确性、完整性进行核查和验证"的规定，构成《中华人民共和国证券法》第二百二十三条所述"证券服务机构未勤勉尽责，所制作、出具的文件有虚假记载、误导性陈述或者重大遗漏"的情形。首席评估师梅某民、注册资产评估师李某、龚某璐在《评估报告》上签字，是对上述行为直接负责的主管人员。根据当事人违法行为的事实、性质、情节与社会危害程度，依据《中华人民共和国证券法》第二百二十三条的规定，对Y评估公司作出责令改正，没收评估业务收入100万元，并处以300万元罚款的处罚；对梅某民、李某作出给予警告，并分别处以5万元罚款的处罚；对龚某璐作出给予警告，并处以3万元罚款的处罚。

到庭当事人均同意由一审法院调取交易数据并确定损失计算方法，经一审法院调取陈某勇等人交易信息，按照"先进先出＋加权平均法"、以基准价13.32元计算投资差额损失（为计算方便及统一，交易手续费一审法院酌定以交易金额的万分之三标准计算，利息以银行同期活期存款利率计算，一审法院认定赔偿金额详见一审判决）。

一审法院认为，本案是证券虚假陈述责任纠纷。B公司在2014年底至2015年初破产重整过程中，旗下Q电子公司向Y评估公司提供了4份虚假协议及5份含有虚假附件的协议，致使拟注入资产评估值虚增较大，构成《中华人民共和国证券法》第六十三条、第六十八条规定的所披露信息有虚假记载的违法行为，并受到证监会〔2017〕×××号《行政处罚决定书》的行政处罚，构成了虚假陈述。上述虚假陈述行为属于虚假记载的故意行为，受到了管理部门的从严处罚。根据一审法院（2017）粤××××民初×××号、广东省高级人民法院（2018）粤民终××××号生效判决的理由，对一审法院统一计算的损失（赔偿金额详见一审判决），陈某勇等人请求 B 公司及庄某 1、庄某 2、陈某昌、蒋某杰等直接责任人或一致行动人承担连带赔偿责任，一审法院予以支持。

本案争议的焦点问题是 Y 评估公司应否为 B 公司的上述债务承担赔偿责任以及承担何种性质的赔偿责任。一审法院分述如下：

首先，现代证券市场交易的涉众性、标准化、虚拟化和即时性特征，使其高度依赖充分有效的信息披露，而市场又存在信息不对称和非均衡等固有缺陷，因此，一个充分有效的市场，必须确保信息披露的真实性、准确性和完整性。正因为此，证券市场围绕信息服务的专业分工越来越细，市场主体的重大交易、投资者特别是中小投资者的投资决策越来越依靠中介机构提供的专业意见和信息，越来越离不开对专业中介机构的信赖，而市场监管法律法规体系也相当部分围绕信息披露建立。可以说包括评估审计机构在内的各类专业中介机构作为市场"看门人"角色对证券市场公平有效运行至关重要。《中华人民共和国证券法》第一百七十三条与第二百二十三条对专业机构出具资产评估报告的勤勉义务以及对所依据的文件资料内容的真实性、准确性、完整性进行核查和验证的义务作出了规定。《最高人民法院关于审理证券市场因虚假陈述引发的民事赔偿案件的若干规定》对中介机构违反上述义务的责任进行了进一步明确。为了确保证券市场的审计评估机构认真履职，监管机构还制定了《资产评估准则》等相关业务指引提出具体要求。另一方面，从中介机构的工作特点和成本考量，为了保障中介机构能够充分适当履行职责，也不应对中介机构苛以过重乃至于超出其职责范围的注意义务，而是需要保持一定的平衡。否则，动辄得咎必然会打破市场各方的责任边界，走向良好目的的反面，也不利于市场投资者的理性成长。重温这些常识，是因为一审法院认同专业中介服务机构对与其有关的证券虚假陈述行为是否承担民事赔偿责任、承担何种性质的民事赔偿责任，应该取决于不同行为的性质、主观过错种类和过错程度，责任与过错应该相适应。

其次，《中华人民共和国证券法》第一百七十三条规定："证券服务机构为证券的发行、上市、交易等证券业务活动制作、出具的文件有虚假记载、误导性陈述或者重大遗漏，给他人造成损失的，应当与发行人、上市公司承担连带赔偿责任，但是能够证明自己没有过错的除外。"陈某勇等人据此主张Y评估公司承担连带赔偿责任。Y评估公司抗辩称该条应采取目的性限缩的法律解释方法，适用范围仅限定于证券服务机构故意或者推定故意的场合。一审法院认为，《最高人民法院关于审理证券市场因虚假陈述引发的民事赔偿案件的若干规定》第二十四条规定，专业中介服务机构及其直接责任人违反《中华人民共和国证券法》（1998年颁布）第一百六十一条和第二百零二条的规定虚假陈述，给投资人造成损失的，就其负有责任的部分承担赔偿责任。《最高人民法院关于审理证券市场因虚假陈述引发的民事赔偿案件的若干规定》第二十七条规定，证券承销商、证券上市推荐人或者专业服务机构，知道和应当知道发行人或者上市公司虚假陈述，而不予纠正或者不出具保留意见的，构成共同侵权，对投资人的损失承担连带责任。《中华人民共和国证券法》（1998年颁布）第一百六十一条的具体规定为："为证券的发行、上市或者证券交易活动出具审计报告、资产评估报告或者法律意见书等文件的专业机构和人员，必须按照执业规则规定的工作程序出具报告，对其所出具报告内容的真实性、准确性和完整性进行核查和验证，并就其负有责任的部分承担连带责任。"此处责任性质虽然仍规定为连带责任，但强调是对"其应负有责任的部分"而非全部连带责任。不难看出，《最高人民法院关于审理证券市场因虚假陈述引发的民事赔偿案件的若干规定》制定时，根据当时《中华人民共和国证券法》的具体规定对证券服务机构民事责任类型作了明确区分。2005年《中华人民共和国证券法》修改后，原第一百六十一条的上述规定被修改后的第一百七十三条内容所取代，具体规定中未再区分中介机构故意或过失情况。因此，在司法解释没有修改的情况下，《最高人民法院关于审理证券市场因虚假陈述引发的民事赔偿案件的若干规定》第二十四条规定与现行《中华人民共和国证券法》第一百七十三条是否存在对应关系不乏争议。但是，2007年颁布的《最高人民法院关于审理涉及会计师事务所在审计业务活动中民事侵权赔偿案件的若干规定》的第五条和第六条，不仅对会计师事务所审计业务中故意和过失侵权造成利害关系人损失的赔偿责任作出了不同规定，而且比《最高人民法院关于审理证券市场因虚假陈述引发的民事赔偿案件的若干规定》更为明确地列举规定了认定故意和过失的不同情形。一审法院认为，虽然会计师事务所审计业务和评估业务侧重有所不同，相应判断会计师执行职务时谨慎注意义务的侧重也应有所不同，但没有本质区别。《最高人民法院关于审理涉及会计师事务所在审计业务活动中民事侵权赔偿案件的若干规定》对认定会计师事务所的民事责任类型和大小具有重要参考适用价值。该司法解释立法意旨与《最高人民法院关于审理证券市场因虚假陈述引发的民事赔偿案件的若干规定》基本一脉相承，依照该司法解释规定，如果中介机构承担连带赔偿责任，需要有与发行人或者上市公司恶意串通等知道或应当知道的故意，构成共同侵权。而在过失的情况下，人民法院应根据其过失的大小确定其赔偿责任。根据2009年颁行的《中华人民共和国侵权责任法》第八条的规定，应承担连带责任的共同侵权是指二人以上共同实施侵权行为。理论上，共同侵权行为通常表现为主观上行为人之间有意思联络或者多个行为人之间对侵权行为知道或者应当知道。《中华人民共和国侵权责任法》第十一条规定："二人以上分别实施侵权行为造成同一损害，能够确定责任大小的，各自承担相应的责任；难以确定责任大小的，平均承担赔偿责任。"综上，考察相关法律规定的沿革背景，一审法院认为，判断中介机构的责任类型时应考量其过错性质，才符合立法意旨。

第三，就本案而言，证监会〔2018〕××××号《行政处罚决定书》认定，Y评估公司出具《江苏××××新材料集团股份有限公司重大资产出售及发行股份购买资产所涉及的深圳市××××电子有限公司股东全部权益价值评估报告》时未对作为未来销售预测的意向性协议适当关注并实施有效的评估程序，导致评估值高估，对市场和投资者产生严重误导，而且评估底稿中缺失部分合同评估资料及评估记录，违反《资产评估准则》的相关规定，构成《中华人民共和国证券法》第二百二十三条规定的"证券服务机构未勤勉尽责，所制作、出具的文件有虚假记载、误导性陈述或者重大遗漏"的情形，并据此进行了处罚。统观整个过程，Y评估公司受Z公司的委托对拟注入资产Q电子公司的估值进行专业评估，其估值主要是依据Q电子公司和汽车厂商签订的带有销售数量的意向性协议。对意向性协议造假的始作俑者是Q电子公司及庄某1等实际控制人，Y评估公司及其评估会计师虽未勤勉尽责，但本案并不能认定Y评估公司或其评估会计师与B公司共同串通作假，相关证据也尚不足以认定Y评估公司及其评估人员明知Q电子公司及庄某1等人作假而故意出具不实报告，故陈某勇等人主张适用《最高人民法院关于审理证券市场因虚假陈述引发的民事赔偿案件的若干规定》第二十七条规定，请求Y评估公司承担连带赔偿责任，一审法院不予支持。

第四，如前所述，根据证监会〔2018〕××××号《行政处罚决定书》的调查认定，Y评估公司及其评估人员在对Q电子公司评估进行收益测算工作时，基于Q电子公司汽车夜视前装系列产品无历史销售情况，对其估值主要是依据Q电子公司和汽车厂商签订的带有销售数量的意向性协议，仅要求Q电子公司签署了承诺所提供的资料真实、完整的《承诺函》，在部分意向性协议存在主协议未约定预计采购数量而仅在附件中约定、且附件未加盖合作厂商公章或骑缝章等不合理情况下，未对Q电子公司作为未来销售预测的意向性协议适当关注并实施有效的评估程序，导致Q电子公司汽车夜视前装系列产品未来销售收入的预测明显不合理。一审法院认为，类似本案这种，Y评估公司作为专业机构，在凭借专业知识、经验和技术已经或可以发现疑问的情况下，却没有进一步进行基本的现场走访、查证和核验程序，而仅仅向相关对象发询证函，要求其出具"承诺书"来确认或保证真实。这无异于要求造假者保证真实，进而让市场本来寄予厚望的郑重职责沦为一种例行公事式的游戏。原本因成本考量和职业保障需要，法律和市场对专业中介机构应有的宽容，已经逐步演变成底线一退再退的放任，以至于市场出现了不少让舆论哗然的严重造假行为，也能在专业人士层层"把关"下发生并通过。统观本案Q电子公司在Z公司借壳重整过程中的造假行为及Y评估公司在本案评估中全部违规行为，结合本案虚假陈述行为给市场带来的严重后果，一审法院认为，Y评估公司作为专业机构的违规行为虽然尚不能认定为故意，但构成较大过失，存在较大的过错。对于Y评估公司有关其在本案评估中完成了基本的评估程序，不存在严重失职性，故对于陈某勇等人的交易损失不存在主观过错的抗辩，一审法院不予采纳。根据《最高人民法院关于审理证券市场因虚假陈述引发的民事赔偿案件的若干规定》的相关规定，参照《最高人民法院关于审理涉及会计师事务所在审计业务活动中民事侵权赔偿案件的若干规定》第六条的具体规定，Y评估公司应就其负有责任的部分承担赔偿责任。

最后，关于Y评估公司赔偿责任的性质和范围。理论上，一般将共同责任划分为按份责任、连带责任和补充责任。按份责任是指由多数人按照法律规定或合同约定各自承担特定份额的责任。连带责任是由于违反连带债务或共同侵权行为而产生的民事责任。补充责任，是指在应承担责任主责任人的财产不足给付时，补充责任人对不足部分予以补充的责任。不难看出，责任产生的原因和当事人之间的法律关系决定着责任的具体承担方式。就补充责任而言，既强调了共同责任中多个责任主体的主从顺位，也反映了多个责任主体之间过错性质和程度的不同。从实践看，补充责任人要么与主责任人之间存在某种法律上的监督管理或利益支配关系，要么对主责任人的债务不履行行为具有一定的过错。在侵权性的补充责任中，补充责任人承担的是过错补充责任。最高人民法院法函〔1998〕13号"关于会计师事务所为企业出具虚假验资证明应如何承担责任问题"的复函（现行有效）指出："在民事责任的承担上，应当先由债务人负责清偿，不足部分，再由会计师事务所在其证明资金的范围内承担赔偿责任。"这是关于侵权性补充责任的直接规定，会计师事务所出具虚假验资报告，存在过错自不待言，对虚假验资企业对外债务清偿不足部分，批复要求验资会计师事务所在其"证明资金的范围内"承担赔偿责任，不难看出，此时会计师事务所承担的是有限的补充责任。综上，根据民法公平原则和权利与义务、过错与责任相一致的一般原则，如前所述，本案虚假陈述行为是B公司、庄某1等一致行动人故意做假，共同侵权，属于主责任人和连带责任人，对投资者损失应承担连带清偿责任；Y评估公司在评估过程中，疏忽大意，把关不严，使本来可以避免的或者减少的损失得以发生或者扩大，属于补充责任人，对投资者损失应承担补充赔偿责任。

Y评估公司还抗辩称，基于处罚决定认定的事实，存在造假合同对应虚增B电子公司估值为2.7亿元，占整个公司估值28.8亿元的大约9.48%；评估报告对Q电子公司未来收入预测误差、对B公司股价和投资者损失的影响比例不超过10%，故其只应在不超过10%范围内承担补充赔偿责任。一审法院认为，即使Y评估公司主张属实，但虚增估值占比也仅仅只是一个因素。从造假合同的数量占比来看，评估依据的Q电子公司相关意向性合同一共有28份，其中有9份存在造假情况，占比近30%；案涉虚假陈述行为的市场影响非常恶劣，造成了股票持续跌停。如前所述，市场中介机构的严格履行职责，对投资者的投资决策具有重要影响。综合考量Y评估公司行为的过错程度、虚增估值占比、对市场的影响及其与投资者所遭受损失的因果关系等因素，一审法院酌定Y评估公司对B公司因虚假陈述应赔偿陈某勇等人损失30%的部分承担补充赔偿责任。

一审法院判决：一、B公司应于判决生效之日起十日内向陈某勇等人赔偿损失合计14 169 701.79元；二、庄某1、陈某昌、庄某2、蒋某杰对上述第一项B公司所负债务承担连带赔偿责任；三、Y评估公司对上述第一项B公司所负债务的30%部分承担补充赔偿责任；四、驳回陈某勇等人的其他诉讼请求。各案一审案件受理费数额，由陈某勇等人负担数额，由B公司、庄某1、陈某昌、庄某2、蒋某杰连带负担数额，由Y评估公司补充负担数额详见一审判决附表。

本院二审对一审法院查明的事实予以确认。

本院认为，本案是证券虚假陈述侵权责任纠纷。根据双方当事人的二审诉辩意见，本案争议焦点为：Y评估公司应当为B公司所负案涉债务承担何种责任。

根据《最高人民法院关于适用〈中华人民共和国民法典〉时间效力的若干规定》第一条第二款的规定："民法典施行前的法律事实引起的民事纠纷案件，适用当时的法律、司法解释的规定，但是法律、司法解释另有规定的除外。"案涉证券虚假陈述侵权行为发生于2014年10月30日，应当适用当时有效的《中华人民共和国证券法（2005年修订）》《中华人民共和国侵权责任法》《最高人民法院关于审理证券市场因虚假陈述引发的民事赔偿案件的若干规定》等法律、司法解释。

一、关于Y评估公司应承担的法律责任形式问题。陈某勇等30人、彭某贺等26人主张，Y评估公司应当为B公司所负债务承担连带责任；Y评估公司主张，其仅应当为B公司所负债务承担补充赔偿责任。

本院认为，《中华人民共和国证券法（2005年修订）》第一百七十三条规定："证券服务机构为证券的发行、上市、交易等证券业务活动制作、出具审计报告、资产评估报告、财务顾问报告、资信评级报告或者法律意见书等文件，应当勤勉尽责，对所依据的文件资料内容的真实性、准确性、完整性进行核查和验证。其制作、出具的文件有虚假记载、误导性陈述或者重大遗漏，给他人造成损失的，应当与发行人、上市公司承担连带赔偿责任，但是能够证明自己没有过错的除外。"根据本案查明的事实，Y评估公司在出具案涉评估报告时未勤勉尽责，违反《资产评估准则》的相关规定，导致评估值高估，对市场和投资者产生严重误导，构成"制作、出具的文件有虚假记载、误导性陈述或者重大遗漏，给他人造成损失的"情形，亦未能证明自己没有过错。依据上述法律规定，Y评估公司应当与B公司承担连带赔偿责任。陈某勇等30人、彭某贺等26人主张Y评估公司应当为B公司所负债务承担连带责任，具有法律依据，本院予以采纳。

二、关于Y评估公司承担连带责任的范围。陈某勇等30人、彭某贺等26人主张，Y评估公司应当为B公司所负债务承担全部连带责任；Y评估公司主张，Y评估公司仅应当为B公司所负债务的30%部分承担责任。

本院认为，要确定Y评估公司承担连带责任的范围，应当综合考量案涉虚假陈述行为中各责任主体的过错程度及侵权行为原因力。根据本案查明的事实，本院认同一审判决对Y评估公司案涉侵权行为性质的认定。本案尚无证据可以认定Y评估公司与B公司、庄某1等人恶意串通，亦无证据足以认定Y评估公司明知或应当知道B公司、庄某1等人进行虚假陈述却不予指明。因此，不同于故意进行虚假陈述的Q电子公司及庄某1等实际控制人，Y评估公司的案涉行为在主观上应当认定为重大过失。在对损害结果所发挥的原因力上，导致案涉损害结果的原因主要是Q电子公司所提供的意向性协议造假。Y评估公司未对相关意向性协议适当关注并实施有效的评估程序，未能有效发挥"看门人"作用，阻止资本市场不当行为，但其行为产生损害必须以庄某1等第一责任人的侵权行为为前提，对损害结果的产生所起到的作用是第二位的。《中华人民共和国证券法（2005年修订）》第一百七十三条规定，证券服务机构应当就证券虚假陈述侵权与发行人、上市公司承担连带责任，但是能够证明自己没有过错的除外，该条规定本身即体现了对于证券服务机构过错程度的关注，允许证券服务机构以其过错程度提出抗辩，而非发行人与上市公司所适用的无过错责任。在证券虚假陈述侵权中，证券服务机构具有过错的情形从恶意串通到轻微过失，个案差别很大。如果具有过错的证券服务机构就全部损失承担连带责任，不基于过错情形予以区别，显然不符合责任与过错程度相当的侵权法基本法理。

因此，在Y评估公司对案涉侵权不存在主观故意的情况下，应当基于其过错程度，对其承担连带责任的范围予以确定。综合考量案涉侵权行为的事实、各责任主体的过错程度等因素，本院酌定Y评估公司应当就B公司案涉债务的30%承担连带责任。

综上所述，陈某勇等30人、彭某贺等26人的上诉请求部分成立，本院对成立部分予以支持，不成立部分予以驳回；一审判决认定事实清楚，但适用法律不当，本院予以部分改判。依照《中华人民共和国民事诉讼法》第一百七十条第一款第二项规定，判决如下：

一、维持一审判决第一、二项及一审案件受理费负担部分；

二、撤销一审判决第四项；

三、变更一审判决第三项为Y评估公司对一审判决第一项B公司所负债务的30%部分承担连带赔偿责任；

四、驳回陈某勇等30人、彭某贺等26人的其他诉讼请求。

如果未按本判决指定的期间履行给付金钱义务，应当依照《中华人民共和国民事诉讼法》第二百五十三条之规定，加倍支付迟延履行期间的债务利息。

本系列案二审案件受理费由陈某勇等30人、彭某贺等26人与Y评估公司各自负担50%。陈某勇等30人、彭某贺等26人已向本院预交的二审案件受理费数额，由本院向其退回部分的数额，Y评估公司应当向本院缴纳的二审案件受理费数额，均详见附表（略）。

本判决为终审判决。

审判长　秦　旺
审判员　郑华平
审判员　肖　薇
二〇二一年××月××日
书记员　谢彩萍

附录2　财政部近两年资产评估行业联合检查公告

2-1　财政部关于2021年度资产评估机构联合检查情况的公告

中华人民共和国财政部公告

2022年第36号

依据《中华人民共和国资产评估法》，财政部监督评价局、中国资产评估协会（以下称中评协）组织开展了首次资产评估行业联合检查，对部分备案从事证券服务业务的资产评估机构（以下称证券评估机构）和资产评估师作出处理处罚。现将有关情况公告如下：

一、检查开展情况

为把资产评估行业监管制度优势更好转化为治理效能，促进资产评估行业持续健康发展，2021年2月，财政部办公厅印发《加强资产评估行业联合监管若干措施》（财办监〔2021〕7号），建立了资产评估行业行政监管和行业自律相结合的联合监管机制，明确了行业监管的"六个统一""三个并重""一查双罚"等基本原则，实现了行政监管与行业自律的协同配合、相互促进。2021年6月至8月，财政部监督评价局与中评协联合组织7家财政部监管局，对15家证券评估机构进行了检查，共抽查资产评估报告262份。

二、检查发现的主要问题

总的来看，此次检查的证券评估机构基本能够遵循评估准则和职业道德开展业务，但在机构内部治理、专业胜任能力、质量控制体系和项目执业质量等方面仍存在一些问题。主要包括：

（一）机构内部治理有待规范。部分机构总分所一体化管理不到位，未建立完善的内部管理制度，或虽有制度但未有效执行。收入成本核算不实、薪酬费用化、挂名执业现象还较为普遍。

（二）专业胜任能力亟待提升。部分新证券评估机构对证券业务复杂性认识不足，风险意识薄弱，实务处理不当，未达到相应执业质量要求。

（三）质量控制体系尚需完善。部分机构评估报告三级复核流于形式，未根据新准则内容及时调整优化风险评价、专业胜任能力评价、评估计划等程序；部分新证券评估机构执业质量控制制度和责任追究机制不健全，未建立风险控制委员会和独立的质控部门等。

（四）执业质量有待提高。部分项目存在业务委托合同签订不规范，评估资料收集不充分，现场调查程序履行不到位，缺少实质性勘查记录，评定估算结论公式、参数选用错误，选取的参数缺少分析测算依据或过程，评估报告信息披露不充分等问题。

三、处理处罚情况

现场检查结束后，财政部监督评价局、中评协根据《资产评估行业财政监督管理办法》（财政部令第97号）规定，对部分涉嫌构成重大遗漏的资产评估报告的问题组织了专业技术论证，确保检查发现问题定性准确、处理适当，并按照"一查双罚"原则，分别对检查中发现的问题进行了行政处罚和自律惩戒。

（一）山东××土地房地产资产评估咨询有限公司出具的某公司股东全部权益价值资产评估报告，存在未按评估报告中列明的指引实施评估程序、计算模型中未考虑部分重要参数、营业外收支净额应用错误导致评估结果差异巨大、现场调查不规范等问题。根据《资产评估行业财政监督管理办法》，上述事项构成重大遗漏。财政部依法给予山东××土地房地产资产评估咨询有限公司警告、责令停业三个月的行政处罚；给予签字资产评估师都某忠、李某伦警告、责令停止从业六个月的行政处罚。

（二）四川××房地产土地资产评估有限公司出具的某公司2项注册商标所有权市场价值评估报告，存在运用收益法进行商标资产评估时折现系数计算错误导致评估值高估、未剔除与评估商标没有关联的拆迁安置收入导致评估值高估等问题。根据《资产评估行业财政监督管理办法》，上述事项构成重大遗漏。财政部依法给予签字资产评估师李某梅、王某警告的行政处罚。

（三）对其他检查发现的问题，依据《中国资产评估协会会员执业行为自律惩戒办法》（中评协〔2018〕23号），予以行业自律惩戒。分别是：

对天津××资产评估有限公司、上海××资产评估有限责任公司、北京××房地产土地资产评估有限公司予以严重警告；对××资产评估有限公司予以警告；对上海××资产评估有限责任公司资产评估师丁某辉、俞某勤、李某初、单某方予以严重警告；对上海××资产评估有限责任公司资产评估师赵某、戴某平，天津××资产评估有限公司资产评估师李某军、侯某、张某、薛某全、陈某，北京××房地产土地资产评估有限公司资产评估师曾某胜、麦某玲、程某龙、费某标，××资产评估有限公司资产评估师张某峰、焦某华，北京××资产评估有限公司资产评估师陈某庆、王某多予以警告。

下一步，财政部将坚决贯彻落实党中央、国务院决策部署，切实履行财会监督主责，加大对资产评估机构的执法检查力度，严惩重罚重大违规评估、出具不实报告等案件，保持"严监管、零容忍"高压态势不动摇，持续规范行业秩序，提升行业执业质量，促进资产评估行业健康发展。

特此公告。

财政部
2022年11月15日

2-2 财政部关于2022年度资产评估行业联合检查情况的公告

中华人民共和国财政部公告

2023年第65号

为贯彻落实《中共中央办公厅 国务院办公厅印发〈关于进一步加强

附录2 财政部近两年资产评估行业联合检查公告

财会监督工作的意见〉的通知》《加强资产评估行业联合监管若干措施》（财办监〔2021〕7号）等要求，财政部监督评价局会同中国资产评估协会（以下称中评协），依据《中华人民共和国资产评估法》等法律法规，持续加强对资产评估行业的联合监管，为优化行业执业环境，维护市场经济秩序发挥了重要保障作用。现将2022年度资产评估行业联合检查有关情况公告如下：

一、检查开展情况

2022年7月至12月，财政部监督评价局会同中评协组织6家财政部监管局，完成了对8家备案从事证券服务业务的资产评估机构（以下称评估机构）的执业质量检查。

检查发现，8家评估机构基本能够按照评估准则和职业道德的规定开展业务，但在执业质量、内部治理、质量控制和专业胜任能力等方面仍存在一些问题。

二、处理处罚情况

现场检查结束后，财政部监督评价局会同中评协对检查发现的问题进行了审理，并组织专家对重大问题进行了复核论证，确保检查发现的问题事实清楚、证据确凿、依据充分、定性准确。经审理及复核论证，财政部对2家评估机构及4名资产评估师作出行政处罚，中评协对2家评估机构及8名资产评估师作出行业自律惩戒，由海南省资产评估协会对1家评估机构进行谈话提醒。此外，督促其他3家评估机构对检查发现的问题进行整改。具体情况如下：

（一）深圳××资产评估房地产土地估价有限公司出具的某公司商誉资产组可收回金额资产评估报告，存在营运资金计算错误导致评估值低估、现金流量处理错误导致评估值低估、永续期资本性支出的处理与收益预测不匹配、评估程序缺失和评估范围遗漏等问题。根据《资产评估行业财政监督管理办法》，上述事项构成重大遗漏。财政部依法给予深圳××资产评估房地产土地估价有限公司警告、责令停业三个月的行政处罚；给予签字资产评估师梁某军和谭某警告、责令停止从业六个月的行政处罚。

（二）四川××资产评估有限公司出具的某公司股东全部权益价值资产评估报告，存在市净率计算错误导致评估值高估等问题；出具的某公司投资性房地产公允价值评估报告，存在部分评估参数计算错误导致评估值高估等问题。根据《资产评估行业财政监督管理办法》，上述事项构成重大遗漏。财政部依法给予四川××资产评估有限公司警告的行政处罚；给予签字资产评估师周某、杨某健警告的行政处罚。

（三）厦门××资产评估与房地产估价有限责任公司出具的某公司含商誉资产组可收回金额资产评估报告，存在营运资金和息税前利润公式链接错误、折现率计算错误等问题。根据《中国资产评估协会会员执业行为自律惩戒办法》（中评协〔2018〕23号，以下称《中评协自律惩戒办法》），给予厦门××资产评估与房地产估价有限责任公司严重警告的行业自律惩戒；给予签字资产评估师林某、肖某锋严重警告的行业自律惩戒。

（四）××资产评估（北京）有限公司出具的某公司商誉资产组可收回金额资产评估报告，存在企业所得税和企业工资总额计算错误、缺乏盈利预测主要参数的分析说明和支撑材料、现场调查不规范等问题。根据《中评协自律惩戒办法》，给予××资产评估（北京）有限公司警告的行业自律惩戒；给予签字资产评估师刘某平、彭某恒警告的行业自律惩戒。

（五）海南××资产评估土地房地产估价有限公司出具的某公司股东全部权益价值资产评估报告，存在溢余货币资金、非经营性资产和负债处理错误，营运资金处理、计算错误，所得税费用计算错误等问题；出具的某公司股东全部权益价值资产评估报告，存在计算容积率修正系数错误等问题。根据《中评协自律惩戒办法》，给予签字资产评估师黎某荣、潘某双严重警告的行业自律惩戒；给予签字资产评估师李某淦、陈某真警告的行业自律惩戒。同时，对海南××资产评估土地房地产估价有限公司实施谈话提醒行业自律监管措施。

下一步，财政部将坚决贯彻落实党中央、国务院关于加强财会监督的决策部署，切实履行财会监督主责，加大对资产评估行业的执法检查力度，保持"严监管、零容忍"的高压态势，严肃查处资产评估行业违法违规行为，推动提升行业执业质量，维护健康有序的市场环境。

财政部
2023年9月22日

附录3　证监会近两年证券资产评估市场分析报告

3-1　2021年度证券资产评估市场分析报告

2021年度证券资产评估市场分析报告

为便于市场各方了解证券资产评估市场情况，引导资产评估机构规范执业，我部组织专门力量对2021年度证券资产评估市场进行分析，形成本报告。报告主要内容为从事证券服务业务资产评估机构（以下简称证券评估机构）、证券资产评估业务、并购重组委审核项目所涉资产评估、证券业务资产评估折现率情况以及证券资产评估主要执业问题等。

一、证券评估机构情况

（一）证券评估机构数量持续增加，新增机构主要在北京、上海、江苏、广东等地

截至2021年底，证券评估机构为221家，较上年增加61家，增幅为38.1%，主要分布北京（72家）、深圳（24家）、上海（19家）、江苏（16家）、广东（10家）等28个省、市，其中北上广深江苏地区的证券评估机构合计141家，占机构总数的63.8%。新增机构主要来自北京（12家）、上海（6家）、江苏（7家）、广东（5家）、四川（4家）等地。其中，上海、江苏、广东等地证券评估机构增长率均在30%以上。

（二）评估人员有所增长，新增机构评估人员较少

截至2021年底，证券评估机构共有资产评估师8 128人，同比增长6.8%，主要源于机构数量的增长。资产评估师平均每家37人，同比下降

22.9%。其中，新增机构的资产评估师人数平均为14人，约为行业平均水平的37.8%，23家新增证券评估机构的资产评估师少于10人，显著低于行业平均水平。

（三）证券评估机构业务收入略有增长，新增机构各项业务收入占比较低

从收入规模看，证券评估机构收入总额为105.8亿元，较上年增长14.7%，其中资产评估收入为80.1亿元，占收入总额的75.8%，较上年增长9.7%；证券评估收入为14亿元，占收入总额的13.2%，较上年增长6.7%，证券评估收入增长不及收入总额增长。新增机构收入总额为10亿元，资产评估业务收入6亿元，占新增机构收入总额的60%，证券评估收入998.1万元，占新增机构收入总额的1%，新增机构证券评估收入占比低。

（四）行政监管不断强化，程序问题较为突出

2021年证监会及其派出机构对3家资产评估机构及其资产评估师进行了3家次、4人次的行政处罚，较2020年分别增加3家次、4人次。对22家资产评估机构及其资产评估师进行了23家次、60人次的行政监管措施，较2020年分别减少了9家次、5人次。处理处罚案件主要涉及以预先设定的价值作为评估结论，重要参数计算错误，评估报告存在虚假记载，内部治理不完善等问题。

二、证券资产评估业务情况

根据证券评估机构报备信息统计，2021年度186家证券评估机构出具了10 340份资产评估报告（含估值报告），主要情况如下：

（一）A股上市公司仍为最主要的报告委托方

按照委托方统计，2021年A股上市公司委托证券评估机构出具8 513份资产评估报告，占报告总数82.3%，较上年略有下降；挂牌公司委托出具710份资产评估报告，占报告总数6.9%，较上年略有下降；IPO公司委托出具708份资产评估报告，占报告总数的6.8%，较上年略有增加。A股上市公司仍为最主要的评估报告委托方。

附录3 证监会近两年证券资产评估市场分析报告

2021年报备资产评估报告委托方分类统计

序号	委托方类型	委托方数量	委托方比例	报告份数	报告比例
1	上市公司A股	2 275	72.3%	8 513	82.3%
2	股转系统挂牌公司	454	14.4%	710	6.9%
3	拟IPO公司	266	8.5%	708	6.8%
4	上市公司B股	27	0.9%	137	1.3%
5	其他	124	3.9%	272	2.6%
	合计	3 146	100.00%	10 340	100.00%

（二）软件信息服务行业评估需求最大，重资产行业公司评估需求明显增多

评估对象主要分布在软件和信息技术服务业，电力、热力生产和供应业，房地产业，计算机、通信和其他电子设备制造业，医药制造业等。软件和信息技术服务业仍位居第一，资产评估报告数量占比9.3%，评估收费占8.8%，与上年基本持平。评估报告占比排名10的行业中，6个属于传统重资产行业，如电力热力生产和供应业、房地产业、医药制造业、化学原料及化学制品制造业和专用设备制造业，合计报告数量3 003份，同比增长33.7%，重资产行业公司评估需求明显增多。

（三）以财报为目的的评估占比略有下降，评估服务收费下降明显

以财报为目的的评估主要包括商誉减值测试评估、公允价值计量评估等业务，本年以财报为目的的资产评估报告数量占比47.3%，收费金额占比45.2%，较上年均略有下降。2021年度资产评估报告收费均值为11.2万元，低于上年度的13.0万元，同比下降14.3%，降幅较为明显。

2021年报备资产评估报告经济行为分类统计

序号	评估经济行为	报告数量比例	合同金额比例	报告平均收费（万元）
1	以财报为目的的评估	47.3%	45.2%	10.7
2	股权/资产转让	26.8%	24.8%	10.3
3	发行股份购买资产（含借壳上市）	4.5%	5.4%	13.4
4	资产收购（不涉及发行股份）	0.9%	5.8%	76.4

续表

序号	评估经济行为	报告数量比例	合同金额比例	报告平均收费（万元）
5	股份制改造	0.1%	0.1%	16.9
6	其他	20.5%	18.7%	10.2
	合计	100.00%	100.00%	11.2

（四）境外资产评估报告数量和收费下降明显

境外资产评估主要为以财报为目的的评估，以及资产收购和转让评估，2021年境外资产评估报告数量为357份，占评估报告数量的3.5%，与上年基本持平；境外资产评估收费为6 307.2万元，占证券资产评估收费的5.5%，同比下降28.5%。单个报告平均收费为17.7万元，较上年下降8.1万元，降幅达31.3%；与境内项目相比，涉境外资产的评估收费为境内资产评估的1.6倍，低于上年的2.1倍，收费下降明显。

三、并购重组委审核项目涉及资产评估情况

2021年度，证监会并购重组委共召开了34次重组委会议，审核了41宗并购重组项目（有1宗项目上会两次）。42家上市公司并购重组项目中，36家上市公司并购重组项目涉及发行股份购买资产，6家涉及吸收合并；36家公司通过审核，占比为85.7%。

（一）审核项目数量下降幅度较大，通过率相对稳定

2019至2021年并购重组委审核家次分别为124家次、79家次、42家次，审核项目数量分别为118宗、77宗、41宗，呈逐年下降趋势，2019年、2020年、2021年并购重组委审核项目通过率分别为83.1%、81.0%、85.7%，通过率基本维持在80%以上，较为稳定。

（二）电力、机动车零配件与设备、建材等重资产行业成为并购热点

从标的公司看，机动车零配件与设备行业公司最多，为12家，占比为14.5%，新能源发电行业公司位列第二，为9家，占比为10.8%，电力和建材行业公司并列第三，各为5家，占比各为6.0%。从市场融资交易金额看，建筑行业交易金额最高，占比为39.9%，电力行业位列第二，占比为11.1%，基础化工行业位列第三，占比为5.8%。电力、机动车零配件与设备、建材等重资产行业成为并购热点。

（三）并购标的主要采用两种评估方法评估，市场法与其他方法的组合占比有所提高

2021年并购重组委审核项目中，109家被评估单位采取两种以上的评估方法进行评估，占比为77.9%，低于上年88.7%。从评估方法组合看，选取资产基础法和收益法的占比为65.0%，相比上年有所下降；选取收益法和市场法的占比为8.6%，选用资产基础法和市场法的占比为4.3%，资产基础法和收益法组合仍然是并购重组最常用的方法，选取市场法与其他方法的组合占比有所提高。

2021年并购重组委审核项目评估方法选择统计

评估方法选择	方法选择情况		评估结论采用的定价方法					
			市场法		收益法		资产基础法	
	项数	比例	项数	比例	项数	比例	项数	比例
市场法	1	0.7%	1	100.0%				
收益法	16	11.4%			16	100.0%		
资产基础法	14	10.0%					14	100.0%
收益法、市场法	12	8.6%	5	41.7%	7	58.3%		
资产基础法、市场法	6	4.3%	6	100.0%				
资产基础法、收益法	91	65.0%			67	73.6%	24	26.4%
总计	140	100.0%	13	9.3%	90	64.3%	38	27.1%

（四）评估结论以收益法评估结果为主，市场法结论占比有所提高

2021年并购重组委审核项目中，90家被评估单位采用收益法结果作为评估结论，占比为64.3%，高于上年的50.3%，收益法依然为并购重组项目中确定评估结论的最主要方法。13家被评估单位采用市场法结果作为评估结论，占比为9.3%，相比上年2.5%提高明显，这说明随着资本市场信息披露的规范性和透明度提高，市场可获取的估值数据和案例增加，为采用市场法评估提供了便利，市场法评估结论的准确度更高。

（五）头部资产评估机构业务占比高

18家证券评估机构参与了41宗审核项目的资产评估，其中前五大资

产评估机构参与了 18 宗，占比 45%；从并购重组涉及的 83 家标的公司看，前五大资产评估机构参与评估 34 个评估标的，占比 41%。前五大资产评估机构在并购重组委审核项目评估业务中优势明显。

四、证券服务业务资产评估折现率计算和披露情况

2021 年 1 月，证监会发布《监管规则适用指引——评估类第 1 号》，针对证券服务业务资产评估折现率测算涉及的参数进行规范，本报告对并购重组项目中折现率的计算及披露进行了如下分析：

（一）WACC 模型仍为折现率计算最主要模型

2021 年并购重组委审核项目中，119 家被评估单位采用了收益法进行评估，且全部披露收益法评估中关于折现率参数选取的过程，其中 115 家被评估单位的评估选用了 WACC 模型，占比 96.6%，3 家被评估单位选用了 CAPM 模型，1 家选用了累加法确定折现率，WACC 模型为折现率计算最主要模型。

（二）折现率取值差异较大，基本反映行业风险特征

从折现率分布区间来看，选取 WACC 模型计算折现率的 115 家被评估单位中，49 家被评估单位的折现率在 10% 以下，占比为 42.6%，36 家折现率在 10%—12% 之间，占比为 31.3%，29 家折现率在 12%—14% 之间，占比为 25.2%，1 家被评估单位折现率在 14% 以上，占比为 0.9%。从被评估单位所处行业看，电力、能源等传统行业居多，该类型传统行业经营比较稳定，业务类型比较成熟，折现率较低；服务行业经营情况复杂，行业波动大，折现率较高，折现率基本反映行业风险特征。

WACC 模型折现率取值区间分布情况表

序号	折现率区间	披露参数家数	占比
1	14% 以上	1	0.9%
2	12%—14%	29	25.2%
3	10%—12%	36	31.3%
4	10% 以下	49	42.6%
	总计	115	100.0%

折现率取值区间行业分布情况表

序号	行业分布	样本家数	最大值	最小值	区间
1	建筑与工程	7	13.7%	10.2%	[10.2%，13.7%]
2	服务业	4	14.1%	11.1%	[11.1%，14.1%]
3	新能源发电业者	25	9.5%	6.8%	[6.8%，9.5%]
4	机动车零配件与设备	12	12.8%	10.9%	[10.9%，12.8%]
5	电力	8	9.1%	7.2%	[7.2%，9.1%]
6	半导体产品，电气部件与设备	3	13.1%	11.5%	[11.5%，13.1%]
7	建材	17	12.4%	11.2%	[11.2%，12.4%]
8	多领域控股	4	9.7%	8.8%	[8.8%，9.7%]
9	信息科技咨询与其他服务	3	13.3%	12.4%	[12.4%，13.3%]
10	化学原料和化学制品制造业	3	11.4%	10.9%	[10.9%，11.4%]
11	民爆行业	4	11.6%	11.2%	[11.2%，11.6%]
12	工业机械	3	9.7%	9.4%	[9.4%，9.7%]

（三）无风险报酬率以国债为主，主要参考10年期国债利率

2021年并购重组委审核项目中，涉及收益法评估的被评估单位119家，106家披露折现率中无风险利率计算过程，其中53家被评估单位选取10年期国债到期收益率，占比为50%，31家被评估单位选取剩余期限10年以上国债收益率，占比为29.3%，14家被评估单位选取了10年期国债与30年期国债收益率，占比为13.2%。计算折现率中的无风险报酬主要参考国债到期收益率确定，其中10年期国债利率为主要参考对象。

（四）市场风险溢价主要以中国市场为主，指数选择以沪深300等为主

已披露市场风险溢价的被评估单位中，58家市场风险溢价在7%—7.5%之间，占比为50.4%；30家在6.5%—7%之间，占比为26.1%，其余区间占比分布不足25%。从选取的参照市场看，77家被评估单位选取中国市场作为参照市场，占比为64.7%，39家选取美国市场作为参照市场，占比为32.8%。市场风险溢价计算主要以中国市场为主。选取中国市场作为参照市场的评估中，62家选取上证综指、深证成指、沪深300作为市场指数，合计占比80.5%。

（五）八成被评估单位特定风险报酬率在0%—3%之间

117家已披露特定风险报酬取值的被评估单位中，特定风险报酬率取值范围分布在0—5%之间。从特定风险报酬率取值分布来看，31家被评估单位的特定风险报酬率取值在0—1%之间，占比为26.5%，34家被评估单位的特定风险报酬率取值在1%—2%之间，占比为29.1%，30家被评估单位的特定风险报酬取值在2%—3%之间，占比25.6%，特定风险报酬率在0%—3%之间的占比为81.2%。

（六）权益报酬率在11%—14%之间分布

WACC模型下披露权益报酬率计算参数的99家被评估单位中，93家披露计算权益报酬率取值情况，占比93.9%，相比上年提高14.1%。从权益报酬率区间分布看，其中11%—14%之间为76家，占比为76.8%，14%以上的为18家，占比为18.2%，11%以下的为5家，占比为5%。

权益报酬率取值区间分布情况表

序号	区间分布情况	被评估单位家数	占比情况
1	14%以上	18	18.2%
2	13%—14%	16	16.2%
3	12%—13%	31	31.3%
4	11%—12%	29	29.3%
5	11%以下	5	5.0%
	总计	99	100.0%

（七）债权期望报酬率主要以LPR为参考，九成以上取值在4%—5%之间

83家披露债权期望报酬率的被评估单位中，75家债权期望报酬率在4%—5%之间，占比为90.4%。从取值参考看，65家选取5年期以上LPR，占比为78.3%，7家选取1年期（短期债务报酬率）、5年期以上（长期债务报酬率）LPR，占比为8.4%，5家选取自身的债务成本，占比为6.0%，债务期望报酬率主要以5年期以上LRP为参考。

五、证券资产评估执业问题

本报告对2021年资产评估机构处理处罚和证券评估机构执业情况进行

了分析，发现存在主要问题如下：

（一）评估假设不合理或依据不足

一是评估假设不合理。如对某医药企业拟购买的无形资产的投资价值进行评估时，选用了"公开市场假设"，该假设与评估报告价值类型存在矛盾，评估假设不合理，同时评估报告假设药品研发项目能够通过临床试验并上市，未考虑药品项目后续研发失败的可能，评估假设缺少合理依据。二是评估假设依据不足。如对某供应链公司股权评估时，将重要参数服务费率列入评估假设，并按照3%、5%进行收益预测，上述参数与其实际获取的历史合同中0.42%的服务费率存在明显差异，资产评估时未能获取支持其使用3%、5%服务费率的依据，评估假设依据不足。三是未在评估报告中充分披露评估假设。如在股权收购评估时，评估说明中披露了企业某产品在2018年基本上实现稳定产出，并按企业计划实现最大产能的评估假设，这一假设对评估结果存在重大影响，却未在评估报告中充分披露。

（二）盈利预测依据不充分

一是收入预测依据不充分。如商誉减值测试评估中，资产评估师未对收入和成本预测的分析判断过程予以记录，对管理层提供的数据和资料的核查验证不到位，收入预测依据不充分。二是未说明预测期收入增长率与历史期差异较大的原因及合理性。如商誉减值测试评估中，预测期收入增长率较历史期增长率差异较大，底稿未对差异原因进行分析，也未说明采用的收入预测数据与企业历史期数据存在较大差异的原因。三是研发费用计算错误。如股权收购评估中，在预测2020年研发费用时错误使用了加计扣除比例，在预测2021年及以后年度研发费用时未考虑加计扣除，研发费用计算错误。再如按照优惠所得税政策将预测期内研发费用按照预测发生额的75%在税前加计扣除，未考虑该优惠所得税政策执行的有效期，与企业实际情况不符。四是营运资金测算依据不充分。如商誉减值测试中，公司历史期应收账款、存货等金额逐年上升，应收账款及存货周转率逐年下降，但评估报告预测未来5年应收账款、存货等均下降、应收账款及存货周转率显著高于历史期水平，评估报告未分析存货周转率等指标历史期变动的原因以及未来逐年下降的合理性，营运资金测算依据不充分。五是资本性支出考虑不充分。如在评估资本性支出时，将基准日长期资产作为全新资产，将折旧年限作为更新年限进行评估，未结合资产使用情况考虑距下一次资产更新时点的间隔年限，与企业长期资产支出的实际情况不符，资本性支出考虑不充分。

（三）折现率计算不恰当

一是贝塔系数计算不恰当。如在计算贝塔系数时，选取了深圳证券交易所主板上市公司为对比公司，但选取了上证综合指数作为计算贝塔系数相关的证券市场指数，可比公司和市场指数不匹配，贝塔系数计算不恰当。二是折现率参数选取口径不一致。如无形资产评估中，测算的加权资金成本为税后口径，但其营运资金回报率为税前口径，折现率参数选择口径不一致。三是折现率计算错误。如在计算贝塔系数时，未考虑资本结构影响或计算加权资金成本时债券收益率取值或计算错误。

（四）核查验证不到位

一是函证程序执行不到位。如在某项收购股权评估中，资产评估师未关注多个回函存在的数据差异，工作底稿中未记录回函情况统计表、回函差异原因分析等，函证程序执行不到位。二是应收账款核查验证不充分，如在商誉减值测试评估中，对应收账款核查验证不充分，且存在报告日后发函情况，函证程序执行不到位。三是外聘第三方工作核查不到位。如存货评估中，聘请第三方对标的公司不同地区的存货进行盘点，但未对账面结存数量与盘点数差异进行充分核查验证，也未充分考虑账实差异影响，对外聘第三方工作的核查不到位。四是重大合同核查程序不充分。如商誉减值测试评估中未获取用于预测收入的重要购销协议，合同核查程序不充分。

（五）评估底稿不完备

一是评估估算底稿不完善。如未将成本分析和相关资料收集入工作底稿，导致成本估算底稿不完善；再如未记录相关税金及附加率、销售费用率等参数的选取和形成，评估底稿不完备。二是底稿归档、审核不到位。如评估工作底稿整体编制归档日早于个别底稿文件的编写日，未记录评估机构内部审核意见，记录的审核时间晚于实际审核时间；再如未将电子版底稿列入工作底稿目录中归档等。三是委托方提供的资料未盖章确认。如获取的委托方提供的绝大部分资料未盖章确认，评估底稿不完备。

（六）内部管理不规范，质量控制制度执行不到位

内部管理主要问题包括：一是合伙协议不规范。如合伙协议未规定合伙人资质条件、退出程序，表决程序以及首席评估师的相关任职和职责等。二是人员、业务管理不到位。如公司章程未载明股东不得以其在评估机构中的股权对外出质进行担保，对分公司缺乏有效控制、管理缺位，个别项目存在签字资产评估师未实质参与评估的情形。三是职业风险基金管理不规范，未设立专户核算职业风险基金。

质量控制主要问题包括：一是质量控制制度不完善。未建立项目风险评估、分类制度，未设计资产评估计划编制、审核、批准相关质量控制程序。二是监控不到位。如未在监控制度中明确项目选择、评审人员、评审频率等，监控制度存在缺陷，再如未按规定对项目组成员进行考评并记录，监控执行不到位。三是质量控制记录不完整，如质量控制记录未见项目风险评估及分类结果，质量控制审核意见及项目组答复情况缺失，项目质量控制记录不完整。四是内部惩戒不到位。如未严肃惩戒存在重大违法违规执业问题的执业人员，未对收到行政监管措施的执业人员进行内部追责。五是项目独立性评价不到位，独立性管理存在瑕疵。

上述问题反映出部分证券评估机构疏于质量管理，未能按照统一标准复核评估工作；部分资产评估人员缺乏执业谨慎及专业胜任能力，未能按照资产评估准则和相关监管规定执行资产评估业务。下一步，证监会将继续强化对证券评估机构及其证券服务业务的监管，通过监督检查、专业联系和专业培训等方式切实督促证券评估机构及资产评估人员勤勉尽责、规范执业。

3-2 2022年度证券资产评估市场分析报告

2022年度证券资产评估市场分析报告

为便于市场各方了解证券资产评估市场情况，引导资产评估机构规范执业，证监会会计部组织专门力量对2022年度证券资产评估市场进行分

析，形成本报告。报告内容主要包括从事证券服务业务资产评估机构（以下简称证券评估机构）基本情况、证券资产评估业务情况、重大资产重组评估、基础设施公募REITs资产评估、证券资产评估折现率、监管关注重点及证券评估机构主要执业问题等。

一、证券评估机构基本情况

（一）证券评估机构数量持续增加，区域集中度有所降低

截至2022年底，证券评估机构为272家，较上年增加51家，增幅为23.1%。证券评估机构主要分布在北京（79家）、深圳（27家）、上海（23家）、江苏（18家）、广东（17家）等地区，上述地区的证券评估机构合计164家，占机构总数的60.3%，较上年63.8%有所下降。

（二）评估人员有所增长，新增机构评估人员较少

截至2022年底，证券评估机构共有资产评估师8 904人，同比增长9.5%，主要源于机构数量的增长。资产评估师平均每家33人，同比下降11.5%。2022年新增证券评估机构的资产评估师人数平均为14人，约为行业平均人数的42.1%，新增证券评估机构资产评估师人数明显低于行业平均水平。

（三）证券评估收入增幅低于总收入增幅，新增机构证券评估收入占比低

从收入规模看，证券评估机构收入总额为109.4亿元，较上年增长3.4%，其中资产评估收入为79.6亿元，占收入总额的72.7%，较上年下降0.6%；证券评估收入为14.4亿元，占收入总额的13.1%，较上年增长2.5%，证券评估收入增幅不及收入总额增幅。新增机构收入总额为6.7亿元，资产评估业务收入3.6亿元，占新增机构收入总额的53.3%；证券评估收入1 356.2万元，占新增机构收入总额的2.0%，新增机构证券评估收入占比低。

（四）个别证券评估机构多次被查处，商誉减值测试评估为违规高发领域

2022年证监会及其派出机构对1家资产评估机构及其资产评估师作出1家次、2人次的行政处罚，对19家资产评估机构及其资产评估师采取19家次、50人次的行政监管措施。2022年3家证券评估机构被分别采取5

次、4次、2次行政监管措施，查处数量占行政监管措施总量的近六成。从业务性质看，以商誉减值测试为目的的资产评估业务被采取了4家次、11人次的行政监管措施，商誉减值测试评估为问题高发领域。

二、证券资产评估业务情况

根据证券评估机构报备信息统计，2022年度185家证券评估机构出具了9 515份资产评估报告（含估值报告），报告数量相比上年减少8.0%。主要情况如下：

（一）A股上市公司委托报告比例增加

据统计，2022年A股上市公司仍为最主要的评估报告委托方，共委托证券评估机构出具8 229份资产评估报告，占报告总数的86.5%，比例较上年有所上升；挂牌公司委托出具535份资产评估报告，占报告总数的5.6%，比例较上年略有下降；IPO公司委托出具410份资产评估报告，占报告总数的4.3%，比例较上年有所下降。

2022年报备资产评估报告委托方分类统计

序号	委托方类型	委托方数量	委托方比例	报告份数	报告比例
1	上市公司A股	2 344	76.2%	8 229	86.5%
2	股转系统挂牌公司	355	11.5%	535	5.6%
3	拟IPO公司	183	6.0%	410	4.3%
4	上市公司B股	14	0.5%	55	0.6%
5	其他	179	5.8%	286	3.0%
	合计	3 075	100.0%	9 515	100.0%

（二）软件信息服务行业资产评估报告数量最多，重资产行业公司评估需求有所回落

评估对象主要分布在软件和信息技术服务业，房地产业，电力、热力生产和供应业，医药制造业，计算机、通信和其他电子设备制造业，批发业。软件和信息技术服务业资产评估报告数量达到752份，占比7.9%，评估收费占比7.2%。评估报告数量占比排名前十的行业中，传统重资产行业数量相比上年从6个降为4个，分别为电力、热力生产和供应业，医药制造业，房地产业，化学原料及化学制品制造业，上述行

业合计报告数量 2 002 份，同比下降 33.3%，总体来看，重资产行业评估需求有所回落。

2022 年报备资产评估报告前 10 大行业分类统计

序号	上市公司所属行业	报告数量	数量占比	评估收费（万元）	收费比例	报告平均收费（万元）
1	软件和信息技术服务业	752	7.9%	7 165.1	7.2%	9.5
2	电力、热力生产和供应业	703	7.4%	5 621.7	5.6%	8.0
3	计算机、通信和其他电子设备制造业	516	5.4%	5 222.7	5.2%	10.1
4	医药制造业	489	5.1%	5 285.4	5.3%	10.8
5	房地产业	475	5.0%	5 939.0	6.0%	12.5
6	批发业	473	5.0%	4 466.2	4.5%	9.4
7	商务服务业	431	4.5%	4 015.5	4.0%	9.3
8	专业技术服务业	352	3.7%	3 297.9	3.3%	9.4
9	零售业	347	3.6%	3 931.3	3.9%	11.3
10	化学原料及化学制品制造业	335	3.5%	3 865.6	3.9%	11.5

（三）以财报为目的的评估仍为主要经济行为，评估收费下降

资产评估相关经济行为包括以财报为目的的评估、股权和资产的转让、资产收购（不涉及发行股份）、发行股份购买资产（含借壳上市）、股份制改造。本年以财报为目的的资产评估报告数量占比 53.7%，收费金额占比 53.7%，为最主要经济行为，以财报为目的的评估具体包括商誉减值测试评估、公允价值计量评估等。

平均收费方面，2022 年度以财报为目的的资产评估收费均值为 10.5 万元，较上年的 11.2 万元有所下降。发行股份购买资产平均收费最高，为 47.4 万元，相比上年 76.4 万元下降 38.0%，反映出上市公司对评估业务的议价能力有所提升。

2022 年报备资产评估报告经济行为分类统计

序号	评估经济行为	报告数量	数量比例	金额比例	平均收费（万元）
1	以财报为目的的评估	5 114	53.7%	53.7%	10.5
2	股权/资产转让	2 292	24.1%	21.3%	9.3
3	资产收购（不涉及发行股份）	956	10.0%	12.0%	12.5
4	发行股份购买资产（含借壳上市）	72	0.8%	3.4%	47.4
5	股份制改造	53	0.6%	0.9%	16.8
6	其他	1 028	10.8%	8.7%	8.4
	合计	9 515	100.0%	100.0%	10.5

（四）前十资产评估机构出具报告占比超四成，头部效应明显

2022 年，出具资产评估报告（含估值报告）数量最多的十家资产评估机构合计出具报告 3 845 份，数量占比 40.3%，较上年 37.3% 有所提升；报告收费最多的十家资产评估机构合计收费约 40 278.3 万元，占比为 40.5%，较上年 39.6% 有所提升，头部效应进一步显现。

2022 年证券评估机构报备报告数量统计

序号	评估机构	报告数量占比
1	银信资产评估有限公司	10.2%
2	沃克森（北京）国际资产评估有限公司	5.6%
3	坤元资产评估有限公司	3.9%
4	北京中企华资产评估有限责任公司	3.5%
5	北京中同华资产评估有限公司	3.5%
6	中水致远资产评估有限公司	3.0%
7	北京卓信大华资产评估有限公司	3.0%
8	北京北方亚事资产评估事务所（特殊普通合伙）	2.9%
9	万隆（上海）资产评估有限公司	2.6%
10	北京国融兴华资产评估有限责任公司	2.1%
	合计	40.3%

2022 年证券评估机构报备报告收费统计

序号	评估机构	报告收费占比
1	银信资产评估有限公司	8.4%
2	坤元资产评估有限公司	5.3%
3	沃克森（北京）国际资产评估有限公司	5.1%
4	北京中企华资产评估有限责任公司	3.8%
5	中水致远资产评估有限公司	3.3%
6	北京中同华资产评估有限公司	3.2%
7	北京北方亚事资产评估事务所（特殊普通合伙）	3.0%
8	万隆（上海）资产评估有限公司	2.9%
9	中铭国际资产评估（北京）有限责任公司	2.8%
10	上海东洲资产评估有限公司	2.7%
	合计	40.5%

三、重大资产重组评估

2022 年度重大资产重组项目共计 272 宗，其中 112 宗重组已实施完成，80 宗重组失败，其余项目尚在实施过程中。实施完成的项目中置出项目 33 宗，置入项目 79 宗，重组项目实施完成率为 41.2%。

（一）重组完成项目过百，交易规模超五千亿

2020 至 2022 年重大重组项目数量分别为 304 宗、174 宗和 272 宗，当年重组完成项目分别为 149 宗、91 宗和 112 宗。重组项目数量较上年有所回升。2022 年，实施完成的 112 宗重组项目合计资产交易规模为 5 264.47 亿元，置出资产交易规模 500.39 亿元，置入资产交易规模 4 764.08 亿元。其中，主板上市公司重大重组资产交易规模占到全部交易额的 94.9%。

2022 年上市公司重大重组交易情况　　单位：人民币亿元

市场分类	数量	交易额		
		置出	置入	合计
主板	99	425.00	4 571.36	4 996.36
创业板	9	71.09	172.92	244.01

续表

市场分类	数量	交易额		
		置出	置入	合计
科创板	2	—	15.12	15.12
北交所	2	4.30	4.68	8.98
合计	112	500.39	4 764.08	5 264.47

(二) 头部机构优势集中

112宗实施完成的重大资产重组项目由44家证券评估机构和3家证券公司承做。承做5宗及以上的证券评估机构共有6家，分别为中联资产评估集团有限公司、北京中企华资产评估有限责任公司、北京天健兴业资产评估有限公司、中和资产评估有限公司、上海东洲资产评估有限公司和坤元资产评估有限公司。6家评估机构承做项目数量约占总项目数量的50%，头部机构在重大资产重组评估中占比较高，优势集中。

(三) 定价方法仍以资产基础法和收益法为主，置入置出项目定价方法选择存在差异

112宗实施完成的重大资产重组项目中，采用资产基础法、收益法以及市场法定价的比率分别为40%、49%和10%（另1%未具体披露），收益法和资产基础法依然是资本市场最常见的定价方法。同时，置入资产评估结论主要以收益法为主，占比为52%；置出资产评估结论主要以资产基础法为主，占比为46%。定价方法的选择差异基本能够反映置入置出资产的盈利能力、资产质量存在的差异。

(四) 交易定价与评估结论具有密切联系，八成项目差异率在10%以内

112宗实施完成的重大资产重组项目中，除去评估结论为范围值、合理性判断以及未具体披露的项目外，披露了评估结论且为点值的项目共有106个。其中，交易价格等于评估值的项目有36个，占比为34%，差异率在2%以内的项目有28个，占比为25%；差异率在2%—5%之间的项目有18个，占比为16%；差异率在5%—10%之间的项目有8个，占比为7%。上述数据反映出资产评估结论与上市公司重大重组交易定价之间存

在密切关系。

（五）高估值项目定价与评估结论差异较小，行业分布较分散

112 宗实施完成的重大资产重组项目中，标的资产市净率大于 10、市盈率大于 20 且市净率大于 2 的项目共有 9 宗，9 宗项目交易定价与评估结论的差异率基本在 10% 以内，其中 4 宗定价与估值无差异。与全部项目相比，高估值项目的交易定价相比评估结论差异率更小，资产评估的价值参考作用更为突出。从行业分布来看，高估值项目涵盖的领域包括矿产资源行业、电子信息服务及元器件制造行业、经销贸易服务行业等，相对比较分散。

四、基础设施公募 REITs 资产评估

2022 年上市发行的基础设施公募 REITs 为 13 支，募集资金总额 357.77 亿元。按照项目属性看，特许经营权类即收费型基础设施基金 5 支，底层资产包括交通基础设施（4 支）、能源基础设施（1 支）；不动产经营类即租赁型基础设施基金 8 支，底层资产涵盖园区基础设施（4 支）、租赁住房（4 支）。

（一）评估机构承做情况

基础设施公募 REITs 中，8 项不动产经营类基础设施项目由 4 家评估机构承做，其中深圳市戴德梁行土地房地产评估有限公司承做 5 单，仲量联行（北京）房地产资产评估咨询有限公司、中联资产评估集团有限公司、北京国融兴华资产评估有限责任公司各 1 单。深圳市戴德梁行土地房地产评估有限公司和仲量联行（北京）房地产资产评估咨询有限公司出具房地产估价报告，中联资产评估集团有限公司和北京国融兴华资产评估有限责任公司出具资产评估报告；5 项特许经营权类基础设施项目由 4 家评估机构承做，其中北京国友大正资产评估有限公司承做 2 单，中资资产评估有限公司、北京北方亚事资产评估事务所、深圳市世联资产房地产土地评估有限公司各承做 1 单，均出具资产评估报告。

（二）评估报告及评估方法

基础设施公募 REITs 共涉及 21 份评估报告，其中房地产估价报告 12 份，资产评估报告 9 份，差异在于不动产经营类基础设施底层资产主要为房地产项目。上述报告均采用收益法进行评估，并以收益法评估结果作为

最终的评估结论。

（三）折现率选取方式

收益法下，重要评估参数包括现金流预测、收益期限和折现率三项。考虑到公募 REITs 基础设施项目成熟稳定，未来现金流预测相对稳健，盈利预测期一般为有限期间，故折现率成为影响评估结果的关键参数。不动产经营类基础设施项目涉及的 16 份评估报告中，15 份采用风险累加法确定折现率、1 份采用市场类比法确定折现率，折现率集中在 6%—8.25% 区间，平均值为 7.06%。特许经营权类基础设施项目涉及的 5 份评估报告中，折现率的选取方式为加权平均资本成本法（WACC），折现率集中在 7.95%—9.15% 区间，平均值为 8.43%，计算过程基本符合《监管规则适用指引——评估类第 1 号》要求。

2022 年基础设施公募 REITs 项目评估业务承做情况

代码	简称	评估机构	报告类型	报告数量	评估方法	定价方法
180102.SZ	华夏合肥高新REIT	中联资产评估集团有限公司	资产评估报告	2	收益法	收益法
180103.SZ	华夏杭州和达高科产园 REIT	仲量联行（北京）房地产资产评估咨询有限公司	房地产估价报告	1	收益法	收益法
180401.SZ	鹏华深圳能源REIT	北京国友大正资产评估有限公司	资产评估报告	1	收益法	收益法
180501.SZ	红土深圳安居REIT	深圳市戴德梁行土地房地产评估有限公司	房地产估价报告	1	收益法	收益法
508008.SH	国金中国铁建高速 REIT	中资资产评估有限公司	资产评估报告	1	收益法	收益法
508009.SH	中金安徽交控REIT	深圳市世联资产房地产土地评估有限公司	资产评估报告	1	收益法	收益法

续表

代码	简称	评估机构	报告类型	报告数量	评估方法	定价方法
508018.SH	华夏中国交建高速REIT	北京国友大正资产评估有限公司	资产评估报告	1	收益法	收益法
508021.SH	国泰君安临港创新产业园REIT	深圳市戴德梁行土地房地产评估有限公司	房地产估价报告	2	收益法	收益法
508058.SH	中金厦门安居REIT	北京国融兴华资产评估有限责任公司	资产评估报告	2	收益法	收益法
508066.SH	华泰江苏交控REIT	北京北方亚事资产评估事务所	资产评估报告	1	收益法	收益法
508068.SH	华夏北京保障房REIT	深圳市戴德梁行土地房地产评估有限公司	房地产估价报告	2	收益法	收益法
508077.SH	华夏基金华润有巢REIT	深圳市戴德梁行土地房地产评估有限公司	房地产估价报告	2	收益法	收益法
508088.SH	国泰君安东久新经济REIT	深圳市戴德梁行土地房地产评估有限公司	房地产估价报告	4	收益法	收益法

五、证券资产评估折现率计算和披露情况

2021年，证监会发布《监管规则适用指引——评估类第1号》，针对证券服务业务资产评估折现率测算涉及的参数进行规范。为持续跟踪证券评估机构执行情况，本报告对2022年证监会并购重组委审核项目涉及的折现率计算、参数选取的披露情况，进行了统计分析。

（一）WACC模型为折现率计算主要模型

2022年并购重组委审核的40宗项目，披露了67家被评估单位的资产评估作价情况，其中59家单位采用了收益法进行评估，58家单位披露了折现率数值，57家披露了计算折现率所用参数的选取过程，且折现率计算均采用 WACC 模型。

（二）折现率取值范围缩小，取值有所下降

2022 年所有项目折现率取值区间为 6.8% 至 13.2%。相比 2021 年和 2020 年取值范围略有缩小。其中，7 家被评估单位的首期折现率在 8% 以下，占比为 12.1；16 家折现率在 8%—10% 之间，占比为 27.6%；29 家折现率在 10%—12% 之间，占比为 50.0%；6 家被评估单位折现率在 12% 以上，占比为 10.3%。相比 2021 年和 2020 年，折现率取值整体呈现下降趋势。

近三年 WACC 模型折现率取值区间分布情况表

序号	折现率取值区间	2020 年	2021 年	2022 年
1	<10%	16.7%	42.6%	39.7%
2	10%—12%	50.7%	31.3%	50.0%
3	12%—14%	29.7%	25.2%	10.3%
4	>14%	3%	1%	0%

从被评估单位所处行业看，电力、能源等传统行业平均折现率仍然较低，近三年取值波动较小，该类企业经营比较稳定，业务类型相对成熟，折现率总体处于较低水平；文体娱乐、信息技术以及商务服务行业折现率较高，近三年取值波动较大，上述行业经营情况相对复杂，影响因素较多，折现率基本反映行业风险特征。

折现率取值区间行业分布情况表

序号	行业分类	单位家数	平均值	最小值	最大值	差异值
1	电力、热力、燃气及水生产和供应业	9	9.24%	6.79%	11.03%	4.24%
2	农、林、牧、渔业	11	9.34%	7.03%	11.97%	4.94%
3	采矿业	7	9.38%	8.70%	10.33%	1.63%
4	批发和零售业	1	10.21%	10.21%	10.21%	0.00%
5	制造业	20	10.62%	8.21%	12.90%	4.69%
6	居民服务、修理和其他服务业	1	11.06%	11.06%	11.06%	0.00%

续表

序号	行业分类	单位家数	平均值	最小值	最大值	差异值
7	信息传输、软件和信息技术服务业	1	11.31%	11.31%	11.31%	0.00%
8	建筑业	4	11.52%	10.75%	12.61%	1.86%
9	科学研究和技术服务业	1	11.95%	11.95%	11.95%	0.00%
10	文化、体育、娱乐业	4	12.67%	11.71%	13.17%	1.46%

（三）无风险报酬率参数选取披露更为充分，选取方式更为集中

2022年并购重组委审核项目中，涉及收益法评估的被评估单位59家，57家披露了无风险报酬率计算过程，披露比例为96.61%，相比2021年的89.08%，披露比例上升明显。其中，46家被评估单位选取了10年期国债到期收益率作为无风险报酬率，占比为78.0%，相比2021年的50.0%有所提升，10年期国债到期收益率已成为无风险报酬率选取的主要指标。

（四）市场风险溢价均参考中国市场，指数选择以沪深指数为主

57家披露市场风险溢价的被评估单位中，市场风险溢价取值主要集中在6.5%—7.5%之间，占比为77.2%。从选取市场看，57家被评估单位均选取中国市场作为参照市场，较上年更为集中。其中，37家选取沪深300指数、16家选取上证综指作为市场指数，合计占比89.8%，较上年80.5%进一步提升。

市场风险溢价取值区间分布情况表

序号	区间	被评估单位家数	占比
1	7.5%以上	10	17.5%
2	7%—7.5%	33	57.9%
3	6.5%—7%	11	19.3%
4	6.5%以下	3	5.3%
	总计	57	100.0%

（五）贝塔系数和资本结构披露情况有所改善

59家涉及收益法评估的被评估单位中，50家披露了贝塔系数，披露

占比为84.7%，相比上年76.1%有所提升。同时，48家被评估单位披露了资本结构的确定方法，占比为81.4%，相比上年60.8%有所提升，其中参考可比公司或行业平均水平的项目比例为54.2%。贝塔系数和资本结构披露情况有所改善。

（六）特定风险报酬率有所提高

57家披露特定风险报酬率取值的被评估单位中，特定风险报酬率取值范围分布在0—5%之间，相比上年超八成的项目特定风险报酬率集中在0—3%之间，今年分布相对较为平均，同时整体取值相比上年有所提高。其中，建筑业、文体娱乐业呈现较高的特性风险，平均值在4%以上，特定风险报酬率基本能够反映行业特点。

特性风险报酬率取值区间分布情况表

序号	区间分布情况	被评估单位家数	占比情况
1	0—1%	12	21.1%
2	1%—2%	15	26.3%
3	2%—3%	12	21.1%
4	3%—4%	8	14.0%
5	4%—5%	10	17.5%
	总计	57	100.0%

（七）权益报酬率集中在10%—14%间，取值有所下降

59家采用WACC模型的被评估单位中，50家披露了权益报酬率取值情况，披露占比84.7%。从权益报酬率区间分布看，取值主要分布在10%—14%之间，占比为72%。2022年整体取值相比上年有所下降，上年权益报酬率取值在11%以下的仅为5%，2022年该区间内占比达到32%。

权益报酬率取值区间分布情况表

序号	区间分布情况	被评估单位家数	占比情况
1	14%以上	7	14.0%
2	13%—14%	11	22.0%
3	12%—13%	7	14.0%

续表

序号	区间分布情况	被评估单位家数	占比情况
4	11%—12%	9	18.0%
5	10%—11%	9	18.0%
6	10%以下	7	14.0%
	总计	50	100.0%

（八）债权期望报酬率有所下降，选取企业实际债务成本的项目占比大幅提升

48家披露债权期望报酬率的被评估单位中，8家债权期望报酬率在3%—4%之间，占比为16.7%；30家债权期望报酬率在4%—5%之间，占比为62.5%；另有10家取值大于5%。债权期望报酬率整体取值相比去年有所下降。

从取值参考依据看，24家选取企业实际的债务成本作为债权期望报酬率取值参考依据，22家参考全国银行间同业拆借中心公布的贷款市场报价利率（LPR）或依据LPR调整，其余3家参考长期贷款利率。相比上年，选取企业实际债务成本的项目比例达到近50%，较去年大幅提升。

六、证券资产评估问询关注重点

2022年，证券交易所就上市公司信息披露中涉及的资产评估事宜发出287份问询函，问题集中在同一标的历次评估及交易对比分析、评估过程的披露、评估方法和结果的选择、评估结果的分析等方面。具体如下：

（一）同一标的历次评估、交易对比分析

1. 补充论证评估结果差异原因及合理性

对于分步收购同一公司股权的交易，公司应分析同一标的历次交易作价、经营情况及业绩承诺情况，具体说明企业是否因经营模式或行业环境发生明显变化导致本次评估方法选择、评估值与历次交易存在差异。某公司于2015年和2017年分步收购同一公司股权，均采用收益法作为最终评估结果，但评估结论差异巨大。证券交易所指出上市公司及资产评估机构应补充披露历史上收购标的公司股权的背景及主要考虑、补充披露标的公司自公司参股以来历年主要财务数据、对比标的公司实际业绩表现和前期收益法评估的业绩预测情况，说明本期评估作价的公允性。

2. 分析比较评估方法、假设、重要参数的前后一致性

对于评估一致性，公司应充分比较评估方法、相关假设及关键参数与以前年度同一目的的评估是否一致，并分析差异原因。某公司连续三年进行金融资产减值测试，但未披露主要参数情况，证券交易所指出上市公司及资产评估机构应进一步披露历史各期主要参数选取、相关测算依据和结果等，并对前次商誉减值测试和计提资产减值准备结果的主要差异及原因进行分析。

(二) 评估过程的披露

1. 补充披露评估过程

对于评估过程，公司应披露评估方法、评估假设、评估参数及其具体计算过程。某公司交易预案披露标的公司股权预估值及交易作价，以标的公司2021年末股权价值计算的净资产溢价率超过500%，证券交易所指出公司及资产评估机构应结合本次交易的评估方法选取、主要假设以及评估过程，说明评估结论的合理性。

2. 补充披露评估涉及的会计判断和处理

商誉减值测试中，公司应披露商誉减值迹象，说明商誉减值准备计提是否充分。某公司在年报报告中未做充分披露，证券交易所指出公司及资产评估机构应补充披露商誉减值测试选取的具体参数、关键假设和测试过程，并结合最近三年相关财务数据、减值迹象和判断依据出现的时点、期末在手订单、影响业绩的风险和不确定因素等分析说明相关预测参数的是否审慎合理，历次商誉减值准备计提是否及时、充分。

3. 补充分析盈利预测的依据和合理性

对于盈利预测，公司应结合市场准入政策、行业竞争情况等说明盈利预测的可实现性，论证预测指标变动趋势的合理性。某公司评估增值较高，证券交易所指出公司及资产评估机构应结合主营产品的市场价格、行业周期、变动趋势、标的公司近年产品销售价格等，分析说明年销售收入的预测依据及合理性。

4. 补充披露折现率参数计算过程

对于折现率，公司应说明折现率计算涉及参数的取值来源、可比上市公司选择的依据，以及近年来案例的对比情况。某公司在收益法评估中对

折现率计算说明的不充分，证券交易所指出公司及资产评估机构应补充披露收益法评估中折现率计算过程、主要参数的取值依据及完整计算过程，并与近年来的可比案例对比说明本次交易评估采用的折现率的合理性。

（三）评估方法和结果的选择

1. 解释说明评估方法选择的合理性

对于评估方法的选择，公司应论证选择某评估方法是否与企业经营状况、行业特性相符。某公司在企业持续亏损的情况下采用收益法进行评估，证券交易所指出公司应当结合亏损情况，说明选择收益法进行资产评估的合理性与审慎性，并结合可比交易案例说明相关评估作价是否公允。

2. 补充分析选取不同评估方法得出结果的合理性

对于不同评估方法得出的评估结论，公司应说明不同方法得出的结果存在较大差异的原因，以及最终选取某一评估结果作为评估结论的原因及合理性。某公司进行评估时分别选取了资产基础法和收益法对全部股权价值进行评估，两种方法评估结果差异率超过100%，公司最终采用评估结果较高的收益法得出的结果作为最终评估结论。证券交易所指出公司及资产评估机构应说明资产基础法和收益法评估结果差异较大的原因，相关原因是否符合行业及公司当前实际经营、预期未来经营状况，以及最终选择收益法的合理性。

（四）评估结果的分析

1. 分析说明评估增值较高原因

对于评估增值较高的情形，公司应解释评估价值大幅增加的原因及合理性。某公司的评估标的持续亏损，但估值却大幅增加，证券交易所指出公司应当结合同行业公司或可比交易估值情况，说明标的公司评估价值大幅增加的主要原因。

2. 补充分析评估结果与交易定价存在较大差异的原因

对于最终评估结果与交易定价存在较大差异的情形，公司应说明交易定价是否公允。某公司最终交易定价明显高于标的公司最新评估值，证券交易所指出公司应结合交易定价的作价依据、形成过程，补充说明交易定价明显高于评估值的原因、合理性，以及交易定价的公允性。

七、证券资产评估执业问题

本报告对 2022 年资产评估机构处理处罚和证券评估机构执业情况进行了分析,发现存在主要问题如下:

(一) 盈利预测核查不到位

一是收入核查不到位。如收入核查验证时,在历史上同一客户不同业务、规模及增长率均存在重大差异时,采用同样增长率且未分析验证合理性;以实际收入作为预测基数的,未验证实际收入确认计量的准确性。二是毛利率核查验证程序不到位。在历史期间毛利率发生较大变化时,未分析验证影响毛利率变化的关键因素及变化合理性,同时对于部分没有核心技术要求的业务毛利率预测结果高于正常合理范围,不符合商业逻辑的情况未进行核查。三是人工成本核查验证程序不到位。人工成本核查验证中,当被评估单位历史期间人均薪酬与可比公司存在重大差异时,未验证人均薪酬的合理性,且计算平均工资时直接采用了员工人数期末数,未考虑员工入职日期对平均工资测算的影响。

(二) 折现率确认依据不充分、计算错误

一是折现率确定依据欠缺。债务成本确定依据不充分,在被评估对象实际借款利率与 LPR 存在较大差异的情况下,评估机构直接采用 LPR 计算债务成本,未作必要分析;特定风险报酬率确定依据不充分,对于同一项目中相似标的特定风险报酬率不同的情况,未说明差异原因和确定依据。二是折现率取值错误。相关参数未在评估基准日取值、基准日同一项目的不同子项目采用的无风险报酬率不同且无合理解释、减值测试主要参数取值方式在各年度间不一致且无充分理由。三是折现率取值底稿依据不充分。最终稿与折现率计算表显示的个别风险取值不一致,评估机构未说明修改的过程和原因;可比对象选取依据不充分,标的公司所在行业存在多家上市公司,底稿中无可比公司的分析选择过程,且选取样本中包含不可比公司。

(三) 评估方法选取不恰当

一是评估方法选取不恰当。如未充分考虑收益法的评估环境、适用条件等因素。二是单项资产评估方法选取不恰当。如在建工程停工情况下未考虑是否需扣除可能存在的贬值情况,未考虑房屋建筑物、土地使用权变

现时税费对评估价值的影响。

（四）计算公式错误、参数取值不合理

一是计算公式错误。如收益法测算时，测算净利润和营运资金时未考虑研发费用，营运资金计算时使用的"折旧或摊销"数据错误。二是有关参数取值不合理。如对商誉减值测试的相关资产组组合可回收价值进行评估时，相同评估对象不同年度的营运资金预测方法及参数取值差异较大，同类业务增值税税率取值不一致。

（五）资产评估报告及说明存在错误、披露不符合规定

一是评估报告、评估说明存在多处错误。如某评估说明中"机器设备的评估"记录的评估对象是笔记本电脑，技术参数中显示为中央空调；在对表外无形资产进行评估时，评估报告、评估说明、评估底稿中披露的可比公司不一致等。二是评估报告编制存在疏漏。如对某房屋建筑物和土地使用权进行评估时，评估报告遗漏部分法律法规依据和准则依据、部分法规未更新及获取的产权证明与报告记录不一致。三是特别事项披露前后不一致且有重大疏漏。如特别事项披露与事实不符，期后重大事项未披露与被收购公司在评估基准日后签订的战略合作协议。

（六）评估底稿编制存在疏漏

一是未保存部分纸质现场勘查记录，包括详细的在建工程、土地使用权的纸质勘查记录等。二是未记录访谈程序履行情况。评估报告特别事项中提及相关访谈情况，但底稿中未见相关访谈记录，此外部分访谈记录未见访谈人签字和具体访谈时间。三是缺少询证函、购置发票等重要底稿。四是盘点底稿存在瑕疵。部分盘点表无盘点人员签字和盘点时间，且与评估明细表不符。五是底稿复核记录不完整。评估底稿档案只有三级审核表，无复核意见及修改记录。

（七）内部治理、质量控制、独立性管理方面不到位

一是内部治理不到位。如未建立质量控制分类管理制度、未建立统一的分支机构管理信息系统、未建立全面的员工业绩评价标准、未对检查发现问题提出整改要求并在考核评价时予以考虑。二是质量控制不到位。如签字评估师实际未承做项目、内部审核流于形式、项目执业评估师与复核人员为同一人等。三是独立性管理不到位。如独立性相关制度不健全、独

立性制度执行不到位。

上述问题反映出部分证券评估机构执业行为不规范，内部治理、质量控制程序不到位，部分资产评估人员专业胜任能力欠缺、工作认真程度不足。证监会已对相关问题进行查处，并将持续强化证券评估监管，从严惩治违法违规行为，同时加强与行业主管部门及行业协会的监管协作，切实督促证券评估机构勤勉尽责、规范执业。

附录 4　法律法规制度一览表

序号	名称	文号	发布日期	发文机构
		一、通用类		
1	中华人民共和国公司法	中华人民共和国主席令第 15 号	2023/12/29	
2	中华人民共和国证券法	中华人民共和国主席令第 37 号	2019/12/28	
3	中华人民共和国期货和衍生品法	中华人民共和国主席令第 111 号	2022/4/20	
4	中华人民共和国资产评估法	中华人民共和国主席令第 46 号	2016/7/2	
5	中华人民共和国刑法修正案（十二）	中华人民共和国主席令第 18 号	2023/12/29	
6	中华人民共和国行政处罚法	中华人民共和国主席令第 70 号	2021/1/22	
7	最高人民法院关于审理证券市场虚假陈述侵权民事赔偿案件的若干规定	法释〔2022〕2 号	2022/1/21	最高人民法院
8	最高人民法院 中国证券监督管理委员会关于适用《最高人民法院关于审理证券市场虚假陈述侵权民事赔偿案件的若干规定》有关问题的通知	法〔2022〕23 号	2022/1/21	最高人民法院、中国证监会

附录4 法律法规制度一览表

续表

序号	名称	文号	发布日期	发文机构
9	最高人民法院关于在经济犯罪审判中参照适用《最高人民检察院、公安部关于公安机关管辖的刑事案件立案追诉标准的规定（二）》的通知	法发〔2010〕22号	2010/6/21	最高人民法院
10	关于印发《最高人民检察院、公安部关于公安机关管辖的刑事案件立案追诉标准的规定（二）》的通知		2022/4/29	最高人民检察院、公安部
11	中共中央办公厅 国务院办公厅印发《关于进一步加强财会监督工作的意见》的通知		2023/2/9	中共中央办公厅、国务院办公厅
12	国务院关于加强监管防范风险推动资本市场高质量发展的若干意见	国发〔2024〕10号	2024/4/4	国务院
13	国务院办公厅转发证监会关于开展创新企业境内发行股票或存托凭证试点若干意见的通知	国办发〔2018〕21号	2018/3/30	国务院办公厅
14	国务院办公厅关于贯彻实施修订后的证券法有关工作的通知	国办发〔2020〕5号	2020/2/29	国务院办公厅
15	资产评估机构从事证券服务业务备案办法	财资〔2020〕114号	2020/11/3	财政部、中国证监会
16	上市公司股权激励管理办法	证监会令第148号	2018/8/15	中国证监会
17	上市公司收购管理办法（2020年修订）	证监会令第166号	2020/3/20	中国证监会
18	证券期货市场诚信监督管理办法（2020年修订）	证监会令第166号	2020/3/20	中国证监会
19	可转换公司债券管理办法	证监会令第178号	2020/12/30	中国证监会
20	公司债券发行与交易管理办法	证监会令第222号	2023/10/20	中国证监会

续表

序号	名称	文号	发布日期	发文机构
21	上市公司信息披露管理办法（2021年修订）	证监会令第182号	2021/3/18	中国证监会
22	首次公开发行股票注册管理办法	证监会令第205号	2023/2/17	中国证监会
23	上市公司证券发行注册管理办法	证监会令第206号	2023/2/17	中国证监会
24	证券发行上市保荐业务管理办法	证监会令第207号	2023/2/17	中国证监会
25	证券发行与承销管理办法	证监会令第208号	2023/2/17	中国证监会
26	优先股试点管理办法	证监会令第209号	2023/2/17	中国证监会
27	上市公司重大资产重组管理办法	证监会令第214号	2023/2/17	中国证监会
28	存托凭证发行与交易管理办法（试行）	证监会令第215号	2023/2/17	中国证监会
29	鼓励发行上市公司股票回购实施办法	证监会令第216号	2023/2/17	中国证监会
30	中国证券监督管理委员会行政许可实施程序规定	证监会令第217号	2023/2/17	中国证监会
31	公司信用类债券信息披露管理办法	中国人民银行 国家发展和改革委员会证监会公告〔2020〕第22号	2020/12/25	中国人民银行、发展改革委、中国证监会
32	证券服务机构从事证券服务业务备案管理规定	证监会公告〔2020〕52号	2020/7/24	中国证监会、司法部、财政部
33	中国证监会关于北京证券交易所上市公司转板的指导意见	证监会公告〔2023〕50号	2023/8/10	中国证监会
34	关于加强注册制下中介机构廉洁从业监管的意见	证监会公告〔2022〕37号	2022/5/31	中国证监会、司法部、财政部

附录4 法律法规制度一览表

续表

序号	名称	文号	发布日期	发文机构
35	公开发行证券的公司信息披露内容与格式准则第2号——年度报告的内容与格式（2021年修订）	证监会公告〔2021〕15号	2021/6/28	中国证监会
36	公开发行证券的公司信息披露内容与格式准则第3号——半年度报告的内容与格式（2021年修订）	证监会公告〔2021〕16号	2021/6/28	中国证监会
37	公开发行证券的公司信息披露内容与格式准则第5号——公司股份变动报告的内容与格式（2022年修订）	证监会公告〔2022〕8号	2022/1/5	中国证监会
38	公开发行证券的公司信息披露内容与格式准则第15号——权益变动报告书（2020年修订）	证监会公告〔2020〕20号	2020/3/20	中国证监会
39	公开发行证券的公司信息披露内容与格式准则第16号——上市公司收购报告书（2020年修订）	证监会公告〔2020〕20号	2020/3/20	中国证监会
40	公开发行证券的公司信息披露内容与格式准则第24号——公开发行公司债券募集申请文件（2023年修订）	证监会公告〔2023〕53号	2023/10/20	中国证监会
41	关于修改《公开发行证券的公司信息披露内容与格式准则第26号——上市公司重大资产重组》的决定	证监会公告〔2023〕57号	2023/10/27	中国证监会
42	公开发行证券的公司信息披露内容与格式准则第32号——发行优先股申请文件	证监会公告〔2023〕9号	2023/2/17	中国证监会
43	公开发行证券的公司信息披露内容与格式准则第33号——发行优先股预案和发行情况报告书	证监会公告〔2023〕10号	2023/2/17	中国证监会

续表

序号	名称	文号	发布日期	发文机构
44	公开发行证券的公司信息披露内容与格式准则第34号——发行优先股募集说明书	证监会公告〔2023〕11号	2023/2/17	中国证监会
45	公开发行证券的公司信息披露内容与格式准则第40号——试点红筹企业公开发行存托凭证并上市申请文件	证监会公告〔2023〕13号	2023/2/17	中国证监会
46	公开发行证券的公司信息披露内容与格式准则第57号——招股说明书	证监会公告〔2023〕4号	2023/2/17	中国证监会
47	公开发行证券的公司信息披露内容与格式准则第58号——首次公开发行股票并上市申请文件	证监会公告〔2023〕5号	2023/2/17	中国证监会
48	公开发行证券的公司信息披露内容与格式准则第59号——上市公司发行证券申请文件	证监会公告〔2023〕6号	2023/2/17	中国证监会
49	公开发行证券的公司信息披露内容与格式准则第60号——上市公司向不特定对象发行证券募集说明书	证监会公告〔2023〕7号	2023/2/17	中国证监会
50	公开发行证券的公司信息披露内容与格式准则第61号——上市公司向特定对象发行证券募集说明书和发行情况报告书	证监会公告〔2023〕8号	2023/2/17	中国证监会
51	公开发行证券的公司信息披露编报规则第15号——财务报告的一般规定（2023年修订）	证监会公告〔2023〕64号	2023/12/22	中国证监会

续表

序号	名称	文号	发布日期	发文机构
52	试点创新企业境内发行股票或存托凭证并上市监管工作实施办法	证监会公告〔2023〕12号	2023/2/17	中国证监会
53	《首次公开发行股票注册管理办法》第十二条、第十三条、第三十一条、第四十四条、第四十五条和《公开发行证券的公司信息披露内容与格式准则第57号——招股说明书》第七条有关规定的适用意见——证券期货法律适用意见第17号	证监会公告〔2023〕14号	2023/2/17	中国证监会
54	《上市公司证券发行注册管理办法》第九条、第十条、第十一条、第十三条、第四十条、第五十七条、第六十条有关规定的适用意见——证券期货法律适用意见第18号	证监会公告〔2023〕15号	2023/2/17	中国证监会
55	《上市公司收购管理办法》第六十二条、第六十三条及《上市公司重大资产重组管理办法》第四十六条有关限制股份转让的适用意见——证券期货法律适用意见第4号	证监会公告〔2023〕36号	2023/2/17	中国证监会
56	《上市公司重大资产重组管理办法》第十四条、第四十四条的适用意见——证券期货法律适用意见第12号	证监会公告〔2023〕37号	2023/2/17	中国证监会
57	《上市公司重大资产重组管理办法》第二十九条、第四十五条的适用意见——证券期货法律适用意见第15号	证监会公告〔2023〕38号	2023/2/17	中国证监会

续表

序号	名称	文号	发布日期	发文机构
58	上市公司监管指引第 7 号——上市公司重大资产重组相关股票异常交易监管	证监会公告 [2023] 39 号	2023/2/17	中国证监会
59	上市公司监管指引第 9 号——上市公司筹划和实施重大资产重组的监管要求	证监会公告 [2023] 40 号	2023/2/17	中国证监会
60	境内企业境外发行证券和上市管理试行办法	证监会公告 [2023] 43 号	2023/2/17	中国证监会
61	关于加强境内企业境外发行证券和上市相关保密和档案管理工作的规定	证监会公告 [2023] 44 号	2023/3/24	中国证监会
62	关于深化债券注册制改革的指导意见	证监会公告 [2023] 46 号	2023/6/20	中国证监会
63	关于注册制下提高中介机构债券业务执业质量的指导意见	证监会公告 [2023] 47 号	2023/6/20	中国证监会
64	监管规则适用指引——发行类第 3 号		2023/2/17	中国证监会
65	监管规则适用指引——发行类第 4 号		2023/2/17	中国证监会
66	监管规则适用指引——发行类第 5 号		2023/2/17	中国证监会
67	监管规则适用指引——发行类第 6 号		2023/2/17	中国证监会
68	监管规则适用指引——发行类第 7 号		2023/2/17	中国证监会
69	监管规则适用指引——发行类第 8 号：股票发行上市注册工作规程		2023/2/17	中国证监会
70	监管规则适用指引——发行类第 9 号：研发人员及研发投入		2023/11/24	中国证监会

附录4 法律法规制度一览表

续表

序号	名称	文号	发布日期	发文机构
71	监管规则适用指引——境外发行上市类第1号		2023/2/17	中国证监会
72	监管规则适用指引——境外发行上市类第2号：备案材料内容和格式指引		2023/2/17	中国证监会
73	监管规则适用指引——境外发行上市类第3号：报告内容指引		2023/2/17	中国证监会
74	监管规则适用指引——境外发行上市类第4号：备案沟通指引		2023/2/17	中国证监会
75	监管规则适用指引——境外发行上市类第5号：境外证券公司备案指引		2023/2/17	中国证监会
76	监管规则适用指引——境外发行上市类第6号：境内上市公司境外发行全球存托凭证指引		2023/5/16	中国证监会
77	监管规则适用指引——非上市公众公司类第1号（2023年2月修订）		2023/2/17	中国证监会
78	监管规则适用指引——上市类第1号		2020/7/31	中国证监会
79	监管规则适用指引——评估类第1号		2021/1/22	中国证监会
80	会计监管风险提示第5号——上市公司股权交易资产评估		2013/2/6	中国证监会
81	会计监管风险提示第7号——轻资产类公司收益法评估		2017/6/5	中国证监会
82	会计监管风险提示第8号——商誉减值		2018/11/16	中国证监会

续表

二、上交所

序号	名称	文号	发布日期	发文机构
83	科创板上市公司持续监管办法（试行）	证监会令第154号	2019/3/1	中国证监会
84	关于在上海证券交易所设立科创板并试点注册制的实施意见	证监会公告〔2019〕2号	2019/1/28	中国证监会
85	上海证券交易所股票发行上市审核规则	上证发〔2023〕28号	2023/2/17	上海证券交易所
86	上海证券交易所上市公司证券发行上市审核规则	上证发〔2023〕29号	2023/2/17	上海证券交易所
87	上海证券交易所上市公司重大资产重组审核规则	上证发〔2023〕30号	2023/2/17	上海证券交易所
88	上海证券交易所股票上市规则（2023年8月修订）	上证发〔2023〕127号	2023/8/4	上海证券交易所
89	上海证券交易所科创板股票上市规则（2023年8月修订）	上证发〔2023〕128号	2023/8/4	上海证券交易所
90	上海证券交易所首次公开发行证券发行与承销业务实施细则	上证发〔2023〕33号	2023/2/17	上海证券交易所
91	上海证券交易所上市公司证券发行与承销业务实施细则	上证发〔2023〕34号	2023/2/17	上海证券交易所
92	上海证券交易所优先股试点业务实施细则	上证发〔2023〕38号	2023/2/17	上海证券交易所
93	上海证券交易所发行上市审核规则适用指引第1号——申请文件受理	上证发〔2023〕44号	2023/2/17	上海证券交易所
94	上海证券交易所发行上市审核规则适用指引第2号——上市保荐书内容与格式	上证发〔2023〕45号	2023/2/17	上海证券交易所

附录4 法律法规制度一览表

续表

序号	名称	文号	发布日期	发文机构
95	上海证券交易所发行上市审核规则适用指引第3号——现场督导	上证发〔2023〕46号	2023/2/17	上海证券交易所
96	上海证券交易所发行上市审核规则适用指引第4号——创新试点红筹企业财务报告信息披露	上证发〔2023〕47号	2023/2/17	上海证券交易所
97	上海证券交易所上市公司自律监管指引第6号——重大资产重组（2023年修订）	上证发〔2023〕49号	2023/2/17	上海证券交易所
98	上海证券交易所发行上市审核业务指南第1号——审核业务系统业务办理	上证函〔2023〕375号	2023/2/17	上海证券交易所
99	上海证券交易所发行上市审核业务指南第2号——发行上市申请文件	上证函〔2023〕376号	2023/2/17	上海证券交易所
100	上海证券交易所发行上市审核业务指南第3号——业务咨询沟通	上证函〔2023〕377号	2023/2/17	上海证券交易所
101	上海证券交易所发行上市审核业务指南第4号——常见问题的信息披露和核查要求自查表第一号 上市公开发行	上证函〔2023〕657号	2023/3/17	上海证券交易所
102	上海证券交易所发行上市审核业务指南第4号——常见问题的信息披露和核查要求自查表第二号 上市公司向不特定对象发行证券	上证函〔2023〕657号	2023/3/17	上海证券交易所
103	上海证券交易所发行上市审核业务指南第4号——常见问题的信息披露和核查要求自查表第三号 上市公司向特定对象发行证券	上证函〔2023〕657号	2023/3/17	上海证券交易所

续表

序号	名称	文号	发布日期	发文机构
104	上海证券交易所发行上市审核业务指南第4号——常见问题的信息披露和核查要求自查表第四号 上市公司以简易程序向特定对象发行证券	上证函〔2023〕657号	2023/3/17	上海证券交易所
105	上海证券交易所发行上市审核业务指南第4号——常见问题的信息披露和核查要求自查表第五号 上市公司重大资产重组	上证函〔2023〕657号	2023/3/17	上海证券交易所
106	上海证券交易所科创板企业发行上市申报及推荐暂行规定（2023年8月修订）	上证发〔2023〕138号	2023/8/25	上海证券交易所
107	北京证券交易所上市公司向上海证券交易所科创板转板办法（试行）	上证发〔2022〕34号	2022/3/4	上海证券交易所
108	上海证券交易所科创板发行上市审核规则适用指引第3号——转板上市申请文件	上证发〔2021〕57号	2021/7/23	上海证券交易所
109	上海证券交易所科创板发行上市审核规则适用指引第4号——转板上市报告书内容与格式	上证发〔2021〕58号	2021/7/23	上海证券交易所
110	上海证券交易所科创板发行上市审核规则适用指引第6号——转板上市股份相关事项	上证发〔2021〕60号	2021/7/23	上海证券交易所
111	上海证券交易所上市公司自律监管指引第1号——规范运作（2023年12月修订）	上证发〔2023〕193号	2023/12/15	上海证券交易所
112	上海证券交易所上市公司自律监管指引第2号——信息披露事务管理	上证发〔2022〕3号	2022/1/7	上海证券交易所

附录4 法律法规制度一览表

续表

序号	名称	文号	发布日期	发文机构
113	上海证券交易所上市公司自律监管指引第3号——行业信息披露	上证发〔2022〕4号	2022/1/7	上海证券交易所
114	上海证券交易所上市公司自律监管指引第5号——交易与关联交易	上证发〔2022〕6号	2022/1/7	上海证券交易所
115	上海证券交易所上市公司自律监管指引第10号——纪律处分实施标准	上证发〔2024〕9号	2024/1/19	上海证券交易所
116	上海证券交易所上市公司自律监管指引第12号——可转换公司债券	上证发〔2022〕119号	2022/7/29	上海证券交易所
117	上海证券交易所上市公司自律监管指引第13号——破产重整等事项	上证发〔2022〕41号	2022/3/31	上海证券交易所
118	上海证券交易所科创板上市公司自律监管指引第1号——规范运作（2023年12月修订）	上证发〔2023〕194号	2023/12/15	上海证券交易所
119	上海证券交易所科创板上市公司自律监管指引第2号——自愿信息披露	上证发〔2022〕14号	2022/1/7	上海证券交易所
120	上海证券交易所科创板上市公司自律监管指引第3号——科创属性持续披露及相关事项	上证发〔2022〕14号	2022/1/7	上海证券交易所
121	上海证券交易所公司债券发行上市审核规则（2023年修订）	上证发〔2023〕162号	2023/10/20	上海证券交易所

续表

序号	名称	文号	发布日期	发文机构
122	上海证券交易所公司债券上市规则（2023年修订）	上证发〔2023〕164号	2023/10/20	上海证券交易所
123	上海证券交易所公司债券发行上市审核规则适用指引第1号——申请文件及编制（2023年修订）	上证发〔2023〕167号	2023/10/20	上海证券交易所
124	上海证券交易所公司债券发行上市审核规则适用指引第3号——审核重点关注事项（2023年修订）	上证发〔2023〕169号	2023/10/20	上海证券交易所
125	上海证券交易所债券自律监管规则适用指引第1号——公司债券持续信息披露（2023年10月修订）	上证发〔2023〕175号	2023/10/20	上海证券交易所
126	上海证券交易所纪律处分和监管措施实施办法（2023年8月修订）	上证发〔2023〕138号	2023/8/25	上海证券交易所

三、深交所

127	创业板上市公司持续监管办法（试行）	证监会令第169号	2020/6/12	中国证监会
128	深圳证券交易所股票上市规则（2023年8月修订）	深证上〔2023〕701号	2023/8/4	深圳证券交易所
129	深圳证券交易所创业板股票上市规则（2023年8月修订）	深证上〔2023〕702号	2023/8/4	深圳证券交易所
130	深圳证券交易所股票发行上市审核规则	深证上〔2023〕94号	2023/2/17	深圳证券交易所
131	深圳证券交易所上市公司证券发行上市审核规则	深证上〔2023〕95号	2023/2/17	深圳证券交易所
132	深圳证券交易所上市公司重大资产重组审核规则	深证上〔2023〕96号	2023/2/17	深圳证券交易所
133	深圳证券交易所行业咨询专家库工作规则（2023年修订）	深证上〔2023〕97号	2023/2/17	深圳证券交易所

附录4 法律法规制度一览表

续表

序号	名称	文号	发布日期	发文机构
134	深圳证券交易所优先股试点业务实施细则（2023年修订）	深证上〔2023〕99号	2023/2/17	深圳证券交易所
135	深圳证券交易所首次公开发行证券发行与承销业务实施细则	深证上〔2023〕100号	2023/2/17	深圳证券交易所
136	深圳证券交易所上市公司证券发行与承销业务实施细则	深证上〔2023〕101号	2023/2/17	深圳证券交易所
137	关于未盈利企业在创业板上市相关事宜的通知	深证上〔2023〕105号	2023/2/17	深圳证券交易所
138	深圳证券交易所股票发行上市审核业务指引第1号——申请文件受理	深证上〔2023〕106号	2023/2/17	深圳证券交易所
139	深圳证券交易所股票发行上市审核业务指引第2号——上市保荐书内容与格式	深证上〔2023〕107号	2023/2/17	深圳证券交易所
140	深圳证券交易所股票发行上市审核业务指引第3号——创业板试点红筹企业财务报告信息披露	深证上〔2023〕108号	2023/2/17	深圳证券交易所
141	深圳证券交易所股票发行上市审核业务指引第4号——保荐业务现场督导	深证上〔2023〕109号	2023/2/17	深圳证券交易所
142	深圳证券交易所股票发行上市审核业务指南第1号——业务咨询沟通	深证上〔2023〕117号	2023/2/17	深圳证券交易所
143	深圳证券交易所股票发行上市审核业务指南第2号——发行上市申请文件受理关注要点	深证上〔2023〕118号	2023/2/17	深圳证券交易所

续表

序号	名称	文号	发布日期	发文机构
144	关于进一步督促会员提升保荐业务执业质量的通知	深证会〔2023〕51号	2023/2/17	深圳证券交易所
145	深圳证券交易所发行与承销业务指引第1号——股票上市公告书内容与格式	深证上〔2023〕112号	2023/2/17	深圳证券交易所
146	深圳证券交易所发行与承销业务指引第2号——存托凭证上市公告书内容与格式	深证上〔2023〕113号	2023/2/17	深圳证券交易所
147	深圳证券交易所股票发行上市审核业务指南第3号——首次公开发行审核关注要点	深证上〔2023〕182号	2023/3/17	深圳证券交易所
148	深圳证券交易所股票发行上市审核业务指南第4号——上市公司向不特定对象发行证券审核关注要点	深证上〔2023〕182号	2023/3/17	深圳证券交易所
149	深圳证券交易所股票发行上市审核业务指南第5号——上市公司向特定对象发行证券审核关注要点（简易程序）	深证上〔2023〕182号	2023/3/17	深圳证券交易所
150	深圳证券交易所股票发行上市审核业务指南第6号——上市公司向特定对象发行证券审核关注要点	深证上〔2023〕182号	2023/3/17	深圳证券交易所
151	深圳证券交易所股票发行上市审核业务指南第7号——上市公司重大资产重组审核关注要点	深证上〔2023〕182号	2023/3/17	深圳证券交易所
152	深圳证券交易所创业板企业发行上市申报及推荐暂行规定（2022年修订）	深证上〔2022〕1219号	2022/12/30	深圳证券交易所

附录4 法律法规制度一览表

续表

序号	名称	文号	发布日期	发文机构
153	深圳证券交易所关于北京证券交易所上市公司向创业板转板办法（试行）	深证上〔2022〕219号	2022/3/4	深圳证券交易所
154	深圳证券交易所创业板发行上市审核业务指引第3号——全国中小企业股份转让系统挂牌公司向创业板转板上市报告书内容与格式	深证上〔2021〕726号	2021/7/23	深圳证券交易所
155	深圳证券交易所创业板发行上市审核业务指引第4号——全国中小企业股份转让系统挂牌公司向创业板转板上市申请文件	深证上〔2021〕727号	2021/7/23	深圳证券交易所
156	深圳证券交易所创业板发行上市审核业务指引第5号——转板上市股份相关事项	深证上〔2021〕730号	2021/7/23	深圳证券交易所
157	深圳证券交易所上市公司自律监管指引第1号——主板上市公司规范运作（2023年12月修订）	深证上〔2023〕1145号	2023/12/15	深圳证券交易所
158	深圳证券交易所上市公司自律监管指引第2号——创业板上市公司规范运作（2023年12月修订）	深证上〔2023〕1146号	2023/12/15	深圳证券交易所
159	深圳证券交易所上市公司自律监管指引第3号——行业信息披露（2023年修订）	深证上〔2023〕78号	2023/2/10	深圳证券交易所
160	深圳证券交易所上市公司自律监管指引第4号——创业板行业信息披露（2023年修订）	深证上〔2023〕79号	2023/2/10	深圳证券交易所
161	深圳证券交易所上市公司自律监管指引第5号——信息披露事务管理	深证上〔2022〕17号	2022/1/7	深圳证券交易所

续表

序号	名称	文号	发布日期	发文机构
162	深圳证券交易所上市公司自律监管指引第 7 号——交易与关联交易（2023 年修订）	深证上〔2023〕21 号	2023/1/13	深圳证券交易所
163	深圳证券交易所上市公司自律监管指引第 8 号——重大资产重组（2023 年修订）	深证上〔2023〕114 号	2023/2/17	深圳证券交易所
164	深圳证券交易所上市公司自律监管指引第 12 号——纪律处分实施标准（2024 年修订）	深证上〔2024〕31 号	2024/1/12	深圳证券交易所
165	深圳证券交易所上市公司自律监管指引第 13 号——保荐业务	深证上〔2022〕25 号	2022/1/7	深圳证券交易所
166	深圳证券交易所上市公司自律监管指引第 14 号——破产重整等事项	深证上〔2022〕325 号	2022/3/31	深圳证券交易所
167	深圳证券交易所上市公司自律监管指引第 15 号——可转换公司债券	深证上〔2022〕731 号	2022/7/29	深圳证券交易所
168	深圳证券交易所公司债券上市规则（2023 年修订）	深证上〔2023〕974 号	2023/10/20	深圳证券交易所
169	深圳证券交易所公司债券发行上市审核规则（2023 年修订）	深证上〔2023〕983 号	2023/10/20	深圳证券交易所
170	深圳证券交易所公司债券发行上市审核业务指引第 1 号——申请文件及其编制要求（2023 年修订）	深证上〔2023〕984 号	2023/10/20	深圳证券交易所
171	深圳证券交易所公司债券发行上市审核业务指引第 2 号——审核重点关注事项（2023 年修订）	深证上〔2023〕985 号	2023/10/20	深圳证券交易所

续表

序号	名称	文号	发布日期	发文机构
172	深圳证券交易所自律监管措施和纪律处分实施办法（2024年修订）	深证上〔2024〕30号	2024/1/12	深圳证券交易所
四、北交所					
173	北京证券交易所上市公司持续监管办法（试行）	证监会令第189号	2021/10/30	中国证监会
174	北京证券交易所向不特定合格投资者公开发行股票注册管理办法	证监会令第210号	2023/2/17	中国证监会
175	北京证券交易所上市公司证券发行注册管理办法	证监会令第211号	2023/2/17	中国证监会
176	公开发行证券的公司信息披露内容与格式准则第53号——北京证券交易所上市公司年度报告	证监会公告〔2021〕33号	2021/10/30	中国证监会
177	公开发行证券的公司信息披露内容与格式准则第54号——北京证券交易所上市公司中期报告	证监会公告〔2021〕34号	2021/10/30	中国证监会
178	公开发行证券的公司信息披露内容与格式准则第55号——北京证券交易所上市公司权益变动报告书、上市公司收购报告书、要约收购报告书、被收购公司董事会报告书	证监会公告〔2021〕35号	2021/10/30	中国证监会
179	公开发行证券的公司信息披露内容与格式准则第46号——北京证券交易所公司招股说明书	证监会公告〔2023〕16号	2023/2/17	中国证监会
180	公开发行证券的公司信息披露内容与格式准则第47号——向不特定合格投资者公开发行股票并在北京证券交易所上市申请文件	证监会公告〔2023〕17号	2023/2/17	中国证监会

续表

序号	名称	文号	发布日期	发文机构
181	公开发行证券的公司信息披露内容与格式准则第48号——北京证券交易所上市公司向不特定合格投资者公开发行股票募集说明书	证监会公告〔2023〕18号	2023/2/17	中国证监会
182	公开发行证券的公司信息披露内容与格式准则第49号——北京证券交易所上市公司向特定对象发行股票募集说明书和发行情况报告书	证监会公告〔2023〕19号	2023/2/17	中国证监会
183	公开发行证券的公司信息披露内容与格式准则第50号——北京证券交易所上市公司向特定对象发行可转换公司债券募集说明书和发行情况报告书	证监会公告〔2023〕20号	2023/2/17	中国证监会
184	公开发行证券的公司信息披露内容与格式准则第51号——北京证券交易所上市公司向特定对象发行优先股募集说明书和发行情况报告书	证监会公告〔2023〕21号	2023/2/17	中国证监会
185	公开发行证券的公司信息披露内容与格式准则第52号——北京证券交易所上市公司发行证券申请文件	证监会公告〔2023〕22号	2023/2/17	中国证监会
186	公开发行证券的公司信息披露内容与格式准则第56号——北京证券交易所上市公司重大资产重组	证监会公告〔2023〕23号	2023/2/17	中国证监会
187	北京证券交易所股票上市规则（试行）	北证公告〔2023〕49号	2023/8/4	北京证券交易所
188	北京证券交易所上市委员会和并购重组委员会管理细则	北证公告〔2022〕47号	2022/12/23	北京证券交易所
189	北京证券交易所向不特定合格投资者公开发行股票并上市审核规则	北证公告〔2023〕10号	2023/2/17	北京证券交易所

附录4 法律法规制度一览表

续表

序号	名称	文号	发布日期	发文机构
190	北京证券交易所上市公司证券发行上市审核规则	北证公告〔2023〕11号	2023/2/17	北京证券交易所
191	北京证券交易所上市公司重大资产重组审核规则	北证公告〔2023〕12号	2023/2/17	北京证券交易所
192	北京证券交易所业务咨询委员会管理细则	北证公告〔2023〕13号	2023/2/17	北京证券交易所
193	北京证券交易所证券发行上市保荐业务管理细则	北证公告〔2023〕14号	2023/2/17	北京证券交易所
194	北京证券交易所证券发行与承销管理细则	北证公告〔2023〕15号	2023/2/17	北京证券交易所
195	北京证券交易所股票向不特定合格投资者公开发行与承销业务实施细则	北证公告〔2023〕55号	2023/8/21	北京证券交易所
196	北京证券交易所上市公司向特定对象发行优先股业务细则	北证公告〔2023〕17号	2023/2/17	北京证券交易所
197	北京证券交易所上市公司向特定对象发行可转换公司债券业务细则	北证公告〔2023〕18号	2023/2/17	北京证券交易所
198	北京证券交易所上市公司证券发行与承销业务规则适用指引第1号	北证公告〔2023〕19号	2023/2/17	北京证券交易所
199	北京证券交易所上市公司重大资产重组业务指引	北证公告〔2023〕20号	2023/2/17	北京证券交易所
200	北京证券交易所向不特定合格投资者公开发行股票并上市业务办理指南第1号——申报与审核	北证公告〔2023〕21号	2023/2/17	北京证券交易所
201	北京证券交易所向不特定合格投资者公开发行股票并上市业务办理指南第2号——发行与上市	北证公告〔2023〕22号	2023/2/17	北京证券交易所
202		北证公告〔2023〕56号	2023/8/21	北京证券交易所

续表

序号	名称	文号	发布日期	发文机构
203	北京证券交易所上市公司证券发行业务办理指南第1号——向不特定合格投资者公开发行股票	北证公告〔2023〕57号	2023/8/21	北京证券交易所
204	北京证券交易所上市公司证券发行业务办理指南第2号——向特定对象发行股票	北证公告〔2023〕23号	2023/2/17	北京证券交易所
205	北京证券交易所上市公司证券发行业务办理指南第3号——向原股东配售股份	北证公告〔2023〕24号	2023/2/17	北京证券交易所
206	北京证券交易所上市公司向特定对象发行优先股业务办理指南第1号——发行与挂牌	北证公告〔2023〕25号	2023/2/17	北京证券交易所
207	北京证券交易所上市公司向特定对象发行优先股业务办理指南第2号——存续期业务办理	北证公告〔2023〕26号	2023/2/17	北京证券交易所
208	北京证券交易所上市公司向特定对象发行可转换公司债券业务办理指南第1号——发行与挂牌	北证公告〔2023〕27号	2023/2/17	北京证券交易所
209	北京证券交易所上市公司持续监管指引第2号——季度报告	北证公告〔2021〕35号	2021/11/2	北京证券交易所
210	北京证券交易所上市公司持续监管指引第3号——股权激励和员工持股计划	北证公告〔2021〕36号	2021/11/2	北京证券交易所
211	北京证券交易所上市公司持续监管指引第6号——内幕信息知情人管理及报送	北证公告〔2021〕39号	2021/11/2	北京证券交易所

续表

序号	名称	文号	发布日期	发文机构
212	北京证券交易所上市公司持续监管指引第7号——转板	北证公告〔2023〕72号	2023/10/8	北京证券交易所
213	北京证券交易所上市公司业务办理指南第6号——定期报告相关事项	北证公告〔2022〕57号	2022/12/30	北京证券交易所
214	北京证券交易所上市公司业务办理指南第7号——信息披露业务办理	北证公告〔2022〕58号	2022/12/30	北京证券交易所
215	北京证券交易所自律监管措施和纪律处分实施细则	北证公告〔2021〕47号	2021/11/2	北京证券交易所
216	北京证券交易所债券上市规则	北证公告〔2023〕81号	2023/10/20	北京证券交易所
217	北京证券交易所公司债券发行上市审核规则	北证公告〔2023〕79号	2023/10/20	北京证券交易所
218	北京证券交易所公司债券发行上市审核规则适用指引第1号——申请文件及编制	北证公告〔2023〕84号	2023/10/20	北京证券交易所
219	北京证券交易所公司债券发行上市审核规则适用指引第3号——审核重点关注事项	北证公告〔2023〕86号	2023/10/20	北京证券交易所

五、股转系统

序号	名称	文号	发布日期	发文机构
220	非上市公众公司收购管理办法（2020年修订）	证监会令第166号	2020/3/20	中国证监会
221	关于修改非上市公众公司信息披露管理办法的决定	证监会令第191号	2021/10/30	中国证监会
222	非上市公众公司监督管理办法	证监会令第212号	2023/2/17	中国证监会
223	非上市公众公司重大资产重组管理办法	证监会令第213号	2023/2/17	中国证监会

续表

序号	名称	文号	发布日期	发文机构
224	非上市公众公司信息披露内容与格式准则第 5 号——权益变动报告书、收购报告书、要约收购报告书	证监会公告〔2020〕20 号	2020/3/20	中国证监会
225	非上市公众公司监管指引第 6 号——股权激励和员工持股计划的监管要求（试行）	证监会公告〔2020〕57 号	2020/8/21	中国证监会
226	非上市公众公司信息披露内容与格式准则第 9 号——创新层挂牌公司年度报告	证监会公告〔2020〕5 号	2020/1/13	中国证监会
227	非上市公众公司信息披露内容与格式准则第 10 号——基础层挂牌公司年度报告	证监会公告〔2020〕6 号	2020/1/13	中国证监会
228	非上市公众公司信息披露内容与格式准则第 15 号——创新层挂牌公司中期报告	证监会公告〔2020〕49 号	2020/7/22	中国证监会
229	非上市公众公司信息披露内容与格式准则第 16 号——基础层挂牌公司中期报告	证监会公告〔2020〕50 号	2020/7/22	中国证监会
230	非上市公众公司信息披露内容与格式准则第 1 号——公开转让说明书	证监会公告〔2023〕24 号	2023/2/17	中国证监会
231	非上市公众公司信息披露内容与格式准则第 2 号——公开转让股票申请文件	证监会公告〔2023〕25 号	2023/2/17	中国证监会
232	非上市公众公司信息披露内容与格式准则第 3 号——定向发行说明书和发行情况报告书	证监会公告〔2023〕26 号	2023/2/17	中国证监会

续表

序号	名称	文号	发布日期	发文机构
233	非上市公众公司信息披露内容与格式准则第 4 号——定向发行申请文件	证监会公告〔2023〕27 号	2023/2/17	中国证监会
234	非上市公众公司信息披露内容与格式准则第 6 号——重大资产重组报告书	证监会公告〔2023〕28 号	2023/2/17	中国证监会
235	非上市公众公司信息披露内容与格式准则第 7 号——定向发行优先股说明书和发行情况报告书	证监会公告〔2023〕29 号	2023/2/17	中国证监会
236	非上市公众公司信息披露内容与格式准则第 8 号——定向发行优先股申请文件	证监会公告〔2023〕30 号	2023/2/17	中国证监会
237	非上市公众公司信息披露内容与格式准则第 18 号——定向发行可转换公司债券说明书和发行情况报告书	证监会公告〔2023〕31 号	2023/2/17	中国证监会
238	非上市公众公司信息披露内容与格式准则第 19 号——定向发行可转换公司债券申请文件	证监会公告〔2023〕32 号	2023/2/17	中国证监会
239	非上市公众公司监管指引第 2 号——申请文件	证监会公告〔2023〕33 号	2023/2/17	中国证监会
240	非上市公众公司监管指引第 4 号——股东人数超过二百人的未上市股份有限公司申请行政许可有关问题的审核指引	证监会公告〔2023〕34 号	2023/2/17	中国证监会
241	全国中小企业股份转让系统股票挂牌规则	股转公告〔2023〕34 号	2023/2/17	股转系统
242	全国中小企业股份转让系统挂牌委员会管理细则	股转公告〔2023〕35 号	2023/2/17	股转系统

续表

序号	名称	文号	发布日期	发文机构
243	全国中小企业股份转让系统股票挂牌审核业务规则适用指引第1号	股转公告〔2023〕36号	2023/2/17	股转系统
244	全国中小企业股份转让系统主办券商推荐挂牌业务指引	股转公告〔2023〕37号	2023/2/17	股转系统
245	全国中小企业股份转让系统股票公开转让并挂牌业务指南第1号——申报与审核	股转公告〔2023〕38号	2023/2/17	股转系统
246	全国中小企业股份转让系统股票公开转让并挂牌业务指南第2号——挂牌手续办理	股转公告〔2023〕39号	2023/2/17	股转系统
247	全国中小企业股份转让系统挂牌公司持续监管指引第1号——筹备发行上市	股转公告〔2023〕55号	2023/2/17	股转系统
248	全国中小企业股份转让系统非上市公众公司重大资产重组业务细则	股转公告〔2023〕43号	2023/2/17	股转系统
249	全国中小企业股份转让系统非上市公众公司重大资产重组业务规则适用指引第1号——重大资产重组	股转公告〔2023〕48号	2023/2/17	股转系统
250	全国中小企业股份转让系统非上市公众公司重大资产重组业务指南第1号——非上市公众公司重大资产重组内幕信息知情人报备指南	股转公告〔2023〕51号	2023/2/17	股转系统
251	全国中小企业股份转让系统非上市公众公司重大资产重组业务指南第2号——非上市公众公司发行股份购买资产构成重大资产重组文件报送指南	股转公告〔2023〕52号	2023/2/17	股转系统

附录4　法律法规制度一览表

续表

序号	名称	文号	发布日期	发文机构
252	全国中小企业股份转让系统股票定向发行规则	股转公告〔2023〕40号	2023/2/17	股转系统
253	全国中小企业股份转让系统股票定向发行业务指南	股转公告〔2023〕49号	2023/2/17	股转系统
254	全国中小企业股份转让系统股票定向发行业务规则适用指引第1号	股转公告〔2023〕44号	2023/2/17	股转系统
255	全国中小企业股份转让系统可转换公司债券定向发行与转让细则	股转公告〔2023〕41号	2023/2/17	股转系统
256	全国中小企业股份转让系统可转换公司债券定向发行业务指南第1号——发行和挂牌	股转公告〔2023〕50号	2023/2/17	股转系统
257	全国中小企业股份转让系统优先股业务细则	股转公告〔2023〕42号	2023/2/17	股转系统
258	全国中小企业股份转让系统优先股业务指引第1号——发行和挂牌的申请文件与程序	股转公告〔2023〕45号	2023/2/17	股转系统
259	全国中小企业股份转让系统优先股业务指引第2号——主办券商推荐工作报告的内容与格式	股转公告〔2023〕46号	2023/2/17	股转系统
260	全国中小企业股份转让系统优先股业务指引第3号——法律意见书的内容与格式	股转公告〔2023〕47号	2023/2/17	股转系统
261	关于发布《全国中小企业股份转让系统挂牌公司信息披露规则》的公告	股转系统公告〔2021〕1007号	2021/11/12	股转系统
262	全国中小企业股份转让系统分层管理办法	股转公告〔2023〕347号	2023/9/1	股转系统

续表

序号	名称	文号	发布日期	发文机构
263	全国中小企业股份转让系统自律监管措施和纪律处分实施细则	股转系统公告〔2021〕1015号	2021/11/12	股转系统
六、基础设施领域不动产投资信托基金（REITs）				
264	中华人民共和国证券投资基金法（2015年修正）	中华人民共和国主席令第23号	2015/4/24	
265	国务院办公厅关于进一步盘活存量资产扩大有效投资的意见	国办发〔2022〕19号	2022/5/19	国务院办公厅
266	公开募集证券投资基金信息披露管理办法（2020年修订）	证监会令第166号	2020/3/20	中国证监会
267	中国证监会 国家发展改革委关于推进基础设施领域不动产投资信托基金（REITs）试点相关工作的通知	证监发〔2020〕40号	2020/4/24	中国证监会、国家发展改革委
268	国家发展改革委办公厅关于进一步做好基础设施领域不动产投资信托基金（REITs）试点工作的通知	发改投资〔2021〕958号	2021/6/29	国家发展改革委
269	国家发展改革委办公厅关于加快推进基础设施领域不动产投资信托基金（REITs）有关工作的通知	发改办投资〔2021〕1048号	2021/12/31	发改委办公厅
270	国家发展改革委办公厅关于做好基础设施领域不动产投资信托基金（REITs）新购入项目申报推荐有关工作的通知	发改办投资〔2022〕617号	2022/7/7	发改委办公厅
271	国家发展改革委关于规范高效做好基础设施领域不动产投资信托基金（REITs）项目申报推荐工作的通知	发改投资〔2023〕236号	2023/3/1	国家发展改革委

附录4　法律法规制度一览表

续表

序号	名称	文号	发布日期	发文机构
272	国家发展改革委关于修订印发《国家发展改革委投资咨询评估管理办法》的通知	发改投资规〔2022〕632号	2022/4/16	国家发展改革委
273	公开募集基础设施证券投资基金指引（试行）	证监会公告〔2020〕54号	2020/8/7	中国证监会
274	关于修改《公开募集基础设施证券投资基金指引（试行）》第五十条的决定	证监会公告〔2023〕55号	2023/10/20	中国证监会
275	中国证监会办公厅 国家发展改革委办公厅关于规范做好保障性租赁住房试点发行基础设施领域不动产投资信托基金（REITs）有关工作的通知	证监办发〔2022〕53号	2022/5/24	证监会办公厅、发改委办公厅
276	关于进一步推进基础设施领域不动产投资信托基金（REITs）常态化发行相关工作的通知	证监发〔2023〕17号	2023/3/7	中国证监会
277	上海证券交易所公开募集基础设施证券投资基金（REITs）业务办法（试行）	上证发〔2021〕9号	2021/1/29	上海证券交易所
278	上海证券交易所公开募集基础设施证券投资基金（REITs）规则适用指引第1号——审核关注事项（2023年修订）	上证发〔2023〕81号	2023/5/12	上海证券交易所
279	上海证券交易所公开募集基础设施证券投资基金（REITs）规则适用指引第2号——发售业务（试行）	上证发〔2021〕11号	2021/1/29	上海证券交易所
280	上海证券交易所公开募集基础设施证券投资基金（REITs）规则适用指引第3号——新购入基础设施项目（试行）	上证发〔2022〕83号	2022/5/31	上海证券交易所

续表

序号	名称	文号	发布日期	发文机构
281	上海证券交易所公开募集基础设施证券投资基金（REITs）规则适用指引第4号——保障性租赁住房（试行）	上证发〔2022〕109号	2022/7/15	上海证券交易所
282	上海证券交易所公开募集基础设施证券投资基金（REITs）规则适用指引第5号——临时报告（试行）	上证发〔2023〕182号	2023/10/27	上海证券交易所
283	深圳证券交易所公开募集基础设施证券投资基金业务办法（试行）	深证上〔2021〕144号	2021/1/29	深圳证券交易所
284	深圳证券交易所公开募集基础设施证券投资基金业务指引第1号——审核关注事项（2023年修订）	深证上〔2023〕404号	2023/5/12	深圳证券交易所
285	深圳证券交易所公开募集基础设施证券投资基金业务指引第2号——发售业务（试行）	深证上〔2021〕144号	2021/1/29	深圳证券交易所
286	深圳证券交易所公开募集基础设施证券投资基金业务指引第3号——新购入基础设施项目（试行）	深证上〔2022〕530号	2022/5/31	深圳证券交易所
287	深圳证券交易所公开募集基础设施证券投资基金业务指引第4号——保障性租赁住房（试行）	深证上〔2022〕675号	2022/7/15	深圳证券交易所
288	深圳证券交易所公开募集基础设施证券投资基金业务指引第5号——临时报告（试行）	深证上〔2023〕1009号	2023/10/27	深圳证券交易所
289	公开募集基础设施证券投资基金尽职调查工作指引（试行）		2021/2/8	中国证券投资基金业协会
290	公开募集基础设施证券投资基金运营操作指引（试行）		2021/2/8	中国证券投资基金业协会

附录4 法律法规制度一览表

续表

序号	名称	文号	发布日期	发文机构
七、财政部和中国资产评估协会				
291	资产评估行业财政监督管理办法	财政部令第 97 号	2019/1/2	财政部
292	关于做好资产评估机构备案管理工作的通知	财资 [2017] 26 号	2017/8/1	财政部
293	资产评估行业随机抽查工作细则	财资 [2016] 51 号	2016/10/26	财政部
294	资产评估机构职业风险基金管理办法	财企 [2009] 26 号	2009/3/3	财政部
295	加强资产评估行业联合监管若干措施	财办监 [2021] 7 号	2021/2/19	财政部
296	中国资产评估协会章程			中国资产评估协会
297	中国资产评估协会会员管理办法	中评协 [2023] 13 号	2023/6/18	中国资产评估协会
298	中国资产评估协会会费管理办法	中评协 [2023] 15 号	2023/8/25	中国资产评估协会
299	资产评估执业质量自律检查办法	中评协 [2023] 20 号	2023/10/24	中国资产评估协会
300	中国资产评估协会会员信用档案管理办法	中评协 [2023] 24 号	2023/12/21	中国资产评估协会
301	中国资产评估协会会员执业行为自律惩戒办法	中评协 [2018] 23 号	2018/5/28	中国资产评估协会
302	评估机构内部治理指引	中评协办 [2010] 121 号	2010/7/27	中国资产评估协会
303	资产评估机构首席评估师管理办法	中评协办 [2021] 33 号	2021/7/5	中国资产评估协会
304	中国资产评估协会执业会员继续教育管理办法	中评协 [2019] 62 号	2019/7/8	中国资产评估协会
305	中国资产评估协会投诉举报受理处理暂行办法	中评协 [2021] 32 号	2021/7/5	中国资产评估协会
306	中国资产评估协会会员申诉管理办法	中评协 [2018] 43 号	2018/11/20	中国资产评估协会
307	中国资产评估协会资产评估业务报备管理办法	中评协 [2021] 30 号	2021/12/24	中国资产评估协会
308	中评协关于推广应用电子签章的通知	中评协办 [2021] 4 号	2021/1/15	中国资产评估协会

续表

序号	名称	文号	发布日期	发文机构
八、评估准则和专家指引				
309	资产评估基本准则	财资〔2017〕43号	2017/8/29	财政部
310	资产评估职业道德准则	中评协〔2017〕30号	2017/9/13	中国资产评估协会
311	资产评估执业准则——资产评估报告	中评协〔2018〕35号	2018/10/30	中国资产评估协会
312	资产评估执业准则——资产评估程序	中评协〔2018〕36号	2018/10/30	中国资产评估协会
313	资产评估执业准则——资产评估档案	中评协〔2018〕37号	2018/10/30	中国资产评估协会
314	资产评估执业准则——资产评估委托合同	中评协〔2017〕33号	2017/9/13	中国资产评估协会
315	资产评估执业准则——利用专家工作及相关报告	中评协〔2017〕35号	2017/9/13	中国资产评估协会
316	资产评估执业准则——企业价值	中评协〔2018〕38号	2018/10/30	中国资产评估协会
317	资产评估执业准则——无形资产	中评协〔2017〕37号	2017/9/13	中国资产评估协会
318	资产评估执业准则——不动产	中评协〔2017〕38号	2017/9/13	中国资产评估协会
319	资产评估执业准则——机器设备	中评协〔2017〕39号	2017/9/13	中国资产评估协会
320	资产评估执业准则——珠宝首饰	中评协〔2017〕40号	2017/9/13	中国资产评估协会
321	资产评估执业准则——森林资源资产	中评协〔2017〕41号	2017/9/13	中国资产评估协会
322	资产评估执业准则——资产评估方法	中评协〔2019〕35号	2019/12/10	中国资产评估协会
323	资产评估执业准则——知识产权	中评协〔2023〕14号	2023/8/21	中国资产评估协会
324	企业国有资产评估报告指南	中评协〔2017〕42号	2017/9/13	中国资产评估协会
325	金融企业国有资产评估报告指南	中评协〔2017〕43号	2017/9/13	中国资产评估协会
326	以财务报告为目的的评估指南	中评协〔2017〕45号	2017/9/13	中国资产评估协会

附录4 法律法规制度一览表

续表

序号	名称	文号	发布日期	发文机构
327	资产评估机构业务质量控制指南	中评协〔2017〕46号	2017/9/13	中国资产评估协会
328	资产评估价值类型指导意见	中评协〔2017〕47号	2017/9/13	中国资产评估协会
329	企业并购投资价值评估指导意见	中评协〔2020〕30号	2020/12/7	中国资产评估协会
330	资产评估对象法律权属指导意见	中评协〔2017〕48号	2017/9/13	中国资产评估协会
331	专利资产评估指导意见	中评协〔2017〕49号	2017/9/13	中国资产评估协会
332	著作权资产评估指导意见	中评协〔2017〕50号	2017/9/13	中国资产评估协会
333	商标资产评估指导意见	中评协〔2017〕51号	2017/9/13	中国资产评估协会
334	文化企业无形资产评估指导意见	中评协〔2016〕14号	2016/5/13	中国资产评估协会
335	金融不良资产评估指导意见	中评协〔2017〕52号	2017/9/13	中国资产评估协会
336	投资性房地产评估指导意见	中评协〔2017〕53号	2017/9/13	中国资产评估协会
337	实物期权评估指导意见	中评协〔2017〕54号	2017/9/13	中国资产评估协会
338	人民法院委托司法执行财产处置资产评估指导意见	中评协〔2019〕14号	2019/5/7	中国资产评估协会
339	珠宝首饰评估程序指导意见	中评协〔2019〕36号	2019/12/10	中国资产评估协会
340	体育无形资产评估指导意见	中评协〔2022〕1号	2022/1/14	中国资产评估协会
341	数据资产评估指导意见	中评协〔2023〕17号	2023/9/8	中国资产评估协会
342	资产评估准则术语2020	中评协〔2020〕31号	2020/12/7	中国资产评估协会
343	资产评估专家指引第1号——金融企业评估中应关注的金融监管指标	中评协〔2015〕62号	2015/8/27	中国资产评估协会

续表

序号	名称	文号	发布日期	发文机构
344	资产评估专家指引第 2 号——金融企业首次公开发行上市资产评估方法选用	中评协〔2015〕63 号	2015/8/27	中国资产评估协会
345	资产评估专家指引第 3 号——金融企业收益法评估模型与参数确定	中评协〔2015〕64 号	2015/8/27	中国资产评估协会
346	资产评估专家指引第 4 号——金融企业市场法评估模型与参数确定	中评协〔2015〕65 号	2015/8/27	中国资产评估协会
347	资产评估专家指引第 5 号——寿险公司内部精算报告及价值评估报告评估中的利用	中评协〔2015〕66 号	2015/8/27	中国资产评估协会
348	资产评估专家指引第 6 号——上市公司重大资产重组评估报告披露	中评协〔2015〕67 号	2015/8/27	中国资产评估协会
349	资产评估专家指引第 7 号——中小评估机构业务质量控制	中评协〔2015〕68 号	2015/8/27	中国资产评估协会
350	资产评估专家指引第 8 号——资产评估中的核查验证	中评协〔2019〕39 号	2020/1/9	中国资产评估协会
351	资产评估专家指引第 9 号——数据资产评估	中评协〔2019〕40 号	2020/1/9	中国资产评估协会
352	资产评估专家指引第 10 号——在新冠肺炎疫情期间合理履行资产评估程序	中评协〔2020〕6 号	2020/3/12	中国资产评估协会
353	资产评估专家指引第 11 号——商誉减值测试评估	中评协〔2020〕37 号	2021/1/4	中国资产评估协会
354	资产评估专家指引第 12 号——收益法评估企业价值中折现率的测算	中评协〔2020〕38 号	2021/1/4	中国资产评估协会

续表

序号	名称	文号	发布日期	发文机构
355	资产评估专家指引第13号——境外并购资产评估	中评协〔2021〕31号	2021/12/31	中国资产评估协会
356	资产评估专家指引第14号——科创企业资产评估	中评协〔2021〕32号	2021/12/31	中国资产评估协会
357	资产评估专家指引第15号——知识产权侵权损害评估	中评协〔2023〕21号	2023/11/23	中国资产评估协会
358	资产评估专家指引第16号——计算机软件著作权资产评估	中评协〔2023〕23号	2023/12/11	中国资产评估协会